U0634236

2014年江苏省社会科学基金资助项目（14ZWB003）

2015年教育部人文社会科学基金资助项目（15YJAZH111）

2016年江苏省第五期"333高层次人才培养工程"中青年学术技术带头人资助项目

综合创新文化资源的理论与方法
建构了符合扬州文化资源的基本规律和特点的分类框架　为扬州文化资源研究提供基本的理论工具

运河迢迢洗铅华
画舫悠悠录文渊 ——扬州文化资源研究

张兴龙　著

YangZhou WenHua ZiYuan YanJiu

本书按照物质资源、社会资源和审美资源三大分类原则，对内容丰富、层面繁多的扬州文化资源进行比较系统的梳理与编码。

本书为扬州文化资源的开发、创意和产业化提供素材和要素系统，并为其研究提供基本的理论工具。

故人西辞黄鹤楼　烟花三月下扬州

光明日报出版社

图书在版编目（CIP）数据

运河迢迢洗铅华 画舫悠悠录文渊：扬州文化资源
研究 / 张兴龙著 . -- 北京：光明日报出版社，2018.12
ISBN 978 - 7 - 5194 - 4352 - 8

Ⅰ.①运… Ⅱ.①张… Ⅲ.①地方文化—文化研究—
扬州 Ⅳ.①G127.533

中国版本图书馆 CIP 数据核字（2018）第 281770 号

运河迢迢洗铅华 画舫悠悠录文渊——扬州文化资源研究
YUNHE TIAOTIAO XI QIANHUA HUAFANG YOUYOU LU WENYUAN—
YANGZHOU WENHUA ZIYUAN YANJIU

著　者：张兴龙

责任编辑：杨　茹　　　　　　　　责任校对：赵鸣鸣
封面设计：中联学林　　　　　　　责任印制：曹　净

出版发行：光明日报出版社
地　　址：北京市西城区永安路 106 号，100050
电　　话：010-67014267（咨询），63131930（邮购）
传　　真：010 - 67078227，67078255
网　　址：http://book. gmw. cn
E - mail：yangru@ gmw. cn
法律顾问：北京德恒律师事务所龚柳方律师

印　　刷：三河市华东印刷有限公司
装　　订：三河市华东印刷有限公司
本书如有破损、缺页、装订错误，请与本社联系调换，电话：010-67019571

开　　本：170mm×240mm
字　　数：247 千字　　　　　　　印　张：15
版　　次：2019 年 4 月第 1 版　　　印　次：2019 年 4 月第 1 次印刷
书　　号：ISBN 978 - 7 - 5194 - 4352 - 8
定　　价：58.00 元

版权所有　　翻印必究

自 序

　　法国学者斯宾格勒在《西方的没落》一书中说，"世界历史，即是城市的历史"。"最重要的一点是：如果我们不能理解到，逐渐自乡村的最终破产之中脱颖而出的城市，实在是高级历史所普遍遵行的历程和意义，我们便根本不可能了解人类的政治史和经济史。"① 即使此说还值得进一步商榷，但是，要了解一个民族的文明历史需要充分关注这个民族的城市文明史，这一点是不争的事实。

　　按照这个观点，在中国城市文明的漫长历史中，那些曾经叱咤风云的都市个体，本应该成为我们探究整个民族文化历史的重要对象。然而，在"两千年看西安，一千年看北京，一百年看上海"的城市社会学视野中，当无数社会学家和城市学者，把目光聚焦于中国历史上少数几个北方都市，以及近代经济金融中心城市的时候，曾经辉煌到极点而后迅速销声匿迹的扬州，却被严重忽视了。正如现代作家曹聚仁曾自豪地宣称，扬州成为世界城市，有 1500 年的光辉历史，比之巴黎、伦敦更早。它是我们艺术文化集大成的所在，比之希腊、罗马而无愧色。当代人则更为直接地高喊："扬州是唤起中华民族自豪感的地方。""扬州和关于扬州的文史，正是其中最有力量的历史博物馆，它站在这里，每天给人们讲课。它说：

---

① （德）斯宾格勒．西方的没落［M］．陈晓林，译．哈尔滨：黑龙江教育出版社，1988：353.

'请看，这个伟大民族曾经创造过并还在创造着多么让人神往的人类精神文明！'"①

扬州究竟在中国古代都市文明历史进程中扮演怎样的角色，创造了怎样灿烂的文化？这些文化资源还有多少鲜活地存在于世人面前？它们具有怎样诗性审美的本质和特征？这些文化资源在今天如何开发？这些既是我们当下进行扬州文化研究的对象，同时，也是我们进一步了解江南地区，乃至整个中国古代都市文化资源分布不可缺少的课题。

首先，在区域文化学层面上，地域文化研究长盛不衰，尤其是自古以来在中国文人心目中占据特殊地位的长江下游江南地区，学界对此各种形式的叙事、歌咏和阐释，都标志着这片土地是中国区域文化研究中的"显学"。虽然在地理区域上，扬州并不属于严格意义上的"江南"，但是，在历代文人歌赋诗词中，扬州被赋予的审美文化精神，与江南文化有着家族遗传的类似性。对江南区域文化的研究，也往往溢出了太湖流域，而辐射到江淮地区的扬州，由此导致了扬州与江南之间暧昧纠葛的关系。尤其重要的是，扬州被作为宽泛意义上的江南范畴加以叙事和研究时，往往停留在秀丽的自然地理风光、浪漫的诗情画意这一"宏大叙事"层面上，缺少对扬州文化资源的系统梳理，为此需要对扬州文化资源加以"微观叙事"，彻底廓清、梳理一下扬州文化资源的矿藏。

其次，在中西文化语境纷争的层面上，自 20 世纪末开始在中国凸显强势地位的西方话语（包括都市文化），一度引发了学界对中国话语和本土经验缺失的焦虑和恐慌，无论这种焦虑、恐慌和对抗是否合理，一个不可否认的事实是，构建中国话语和本土经验的声音日渐高涨。以所谓的本土地方经验和话语来彰显中国文化语境，其细节和局部固然需要进一步推敲，但是，构建一个与西方都市文化语境不同的深层结构，无疑是中国文化应对都市全球化风雨的一个必要选择。而以扬州文化资源为对象，从文

---

① 宋振庭. 扬州文化和建设社会主义精神文明 [N]. 新华日报，1983－10－12.

化学、文学、历史学等综合视角，对其加以研究，无疑是构建中国话语和本土经验深层结构的延续和细化。

最后，在现实意义层面上，都市全球化的狂潮席卷整个中国，包括扬州在内的长三角城市不仅被裹挟进了这次伟大的进程，而且，成为中国都市化发展水平最高的地区。都市化进程为中国城市带来了充满诱惑的物质利益、生活消费、感官享受和刺激娱乐的同时，也把都市人缠绕在快速的生活节奏、紧张的心理压力等问题上。在日益明显的现代"都市病"面前回顾、眷恋和开掘古代中国都市的审美文化资源，已经成为都市化进程下的中国都市文化建设必须面对的课题之一。扬州在历史上一度创造出高度自由的审美文化，其成就不应仅仅随着那个时代的结束而消失，从思想资源借鉴、再生产的角度来说，扬州都市文化厚重的审美思想资源，既可以为当下扬州都市文化建设提供重要的参考，也能够对整个长三角地区城市，甚至都市化进程中的中国城市审美文化建设起到很好的比照、借鉴和生发作用。

是为序。

张兴龙

2018 年 9 月

目　录
CONTENTS

第一章

维扬文脉，丝丝缕缕润芳华

——扬州文化资源类型及其阐释

本文所说的文化资源概念，并非指自然资源之外的人类劳动创造的一切成果，而是专指在人类文化中得以传承具有"时间性"，在社会发展中可以开发具有"效用性"，在文化生产中能够创造财富具有"生产性"的那部分成果。

由于文化资源是文化发展最直接、最现实的对象，也是文化软实力发展的基础。对扬州文化发展的一切相关命题的讨论，都应该以扬州文化资源的梳理为逻辑起点。只有把扬州文化资源的构成、类型等"家底子"摸清楚，才能有效避免当前文化传承、保护与开发中暴露的盲目性与无效性。因此，对扬州文化资源的研究，首先从对它的构成、类型、内涵等基础理论的阐释开始。

文化资源的类型是扬州文化资源类型划分的理论框架和现实标尺。目前学界对文化资源类型的划分，由于对文化资源概念内涵的理解、划分标准的不同而存在差异。例如，从文化资源的形态上看，文化资源分为物质文化资源、非物质文化资源；从文化资源产生时间上看，文化资源分为历史文化资源、现代文化资源；从文化资源城乡形态上看，文化资源分为乡村文化资源、城市文化资源。

本书借鉴刘士林提出的江南文化资源划分为物质文化资源（主要包括生态系统资源、土特产品资源、古建筑资源以及它们的具体情况）、社会文化资源（主要包括农业文化资源、工业文化资源、历史文化与民俗文化资源以及它们的具体情况）、审美文化资源（口头文学、音乐歌舞、游戏竞技、民间艺术等）的"三分法"①。其学理性依据在于，一方面，较之把文化资源普遍划分为物质文化资源、非物质文化资源的"二分法"，将非物质文化资源区分出社会文化资源和审美文化资源，更有利于实现对扬州文化资源的"微观叙事"，避免资源梳理上过于粗放模糊的问题；另一方面，更重要的原因在于，作为江南文化资源类型研究主要框架的"三分法"，更适合于扬州文化资源的划分，因为在文化意义上，历史上的扬州一直被作为"江南"而存在，扬州文化与江南文化有着家族遗传类似性，扬州文化资源本身就是江南文化资源的一部分，以江南文化资源类型划分的方法作为本书研究的理论框架，更切合扬州文化资源类型的本质。

一、扬州文化资源的构成

首先，就物质文化资源而言，悠久的建城历史与繁荣的经济，为扬州积累了丰富的物质文化，虽屡遭战火洗劫，仍有珍贵遗存。

物质文化资源的多少，与城市历史的长短及经济发展的强弱有直接关联。一般而言，城市建造历史越久远，经济越繁荣，越容易积累丰富的物质文化。至于保存数量的多少，又与城市经历政治环境的安危有关。历史上的扬州经济繁华号称"扬一益二"，由此奠定了物质文化的基础，同时，扬州也是一个饱受战火浩劫的多灾多难的城市，在其城市经济最繁荣的唐宋明清时期，遭受无数次战火洗劫，无数物质文化资源遭到严重破坏，能够保留下来的弥足珍贵。

以古建筑为例，古建筑是物质文化资源的代表，对扬州历史的延续、传承有着其他物质文化资源无法比拟的优势。扬州古建筑资源具有类型多

---

① 刘士林.上海浦江镇文化资源与发展框架研究［J］.南通大学学报，2009（2）；刘士林，刘新静.江南文化资源的类型及其阐释［J］.江苏行政学院学报，2011（5）.

样，构成繁多的特点。

从宏观上看，古城扬州是首批"中国历史文化名城"，从公元前 486 年吴王夫差修筑邗城开始算起，扬州古城已经拥有近 2500 年城市建筑的历史，考古学研究表明，自春秋时期在蜀冈筑邗城，扬州城址"在蜀冈上的这个大位置基本没变。但是，唐代已开始在蜀冈下筑罗城，古代扬州城址的变化就是从这个时候开始的。至宋代则建宋大城，完全在蜀冈下，濒临运河"①。虽然由于历史的久远和战火的焚毁，古邗城、汉代广陵城、隋唐扬州城的古城墙、城门等基础建筑设施已经损毁殆尽，但是，随着考古学发掘成果的不断扩大，唐代扬州城门遗址和宋大城遗址均被发现，成为扬州古城建筑文化资源的代表。

例如，在扬州城建历史上规模最大的唐代，城市由子城和罗城两部分组成，规模仅次于长安、洛阳两京，而子城南门是唐代扬州最为壮观的城门，利用隋江都宫江都门修筑而成。今考古勘探，南门设三门道，进深 14 米，中间门道宽 7 米，两侧门道均宽 5 米。门道之间隔梁厚 2 米多。城南门遗址包含唐、北宋、南宋、明、清等多个时期修筑或修缮的陆门遗存和与水门、水关遗址相关的一些遗迹现象。虽历经 1200 余年，扬州城南门的位置始终未变，城城相叠，沿袭至今，被考古学界、史学界、建筑界誉为"中国城门通史"②。古城遗址的发掘，为今天扬州建设古城遗址公园，复建城墙门楼，再现唐代扬州城建筑的规划布局与宏伟壮丽，提供了宝贵文化资源。

---

① 傅崇兰. 中国运河城市发展史 [M]. 成都：四川人民出版社，1985：94.

② 陶敏，邵伟. 门址超 6000 平方米　宋代元代仍沿用　唐子城南门：扬州"最壮观城门" [N]. 扬州晚报，2015 - 03 - 31.

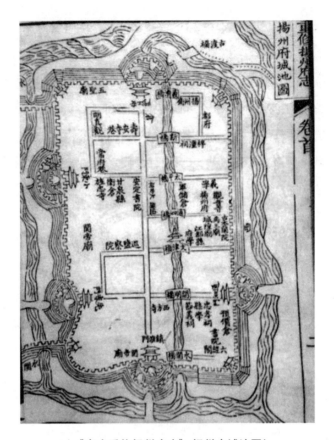

（《嘉庆重修扬州府志》扬州府城池图）

从中观上看，扬州保留了大量历代修建的园林建筑。明代，园林遍布扬州城垣的内外。清代更是扬州园林艺术的全盛时代。李斗在《扬州画舫录》卷六中引用刘大观的话："杭州以湖山胜，苏州以市肆胜，扬州以园亭胜，三者鼎峙，不可轩轾。"① 园林建筑中的亭台楼榭等建筑设施，集中了扬州物质文化资源、社会文化资源和审美文化资源的智慧。

从微观上看，扬州拥有明清盐商豪宅建筑群。近年来，扬州加大对明清盐商豪宅建筑的统计、保护与开发工作，从遗存的盐商住宅及其演变过

---

① 李斗. 扬州画舫录［M］. 北京：中华书局，1960：151.

程看，清朝中期盐商住宅多集中在东关街、东圈门一带，后期多在南河下、丁家湾区域。扬州盐商住宅（含名人名居）尚有 70 多处。① 例如，被誉为"盐商第一楼"的卢氏盐商豪宅，是保存至今的青砖黛瓦的高大古建筑群。此宅建于清光绪年间，占地面积万余平方米，当年兴建此宅耗银 7 万余两，如今已经成为扬州住宅建筑的文化符号。

其次，就社会文化资源而言，扬州在特殊历史时期发生的重大事件，为其积淀了深厚的社会文化资源。

每一座城市的兴起，都有着自身独特的原因。扬州的繁荣离不开两个特殊时代发生的两件事，一是隋唐时代大运河的全线贯通，另一个是明清时期的盐运兴盛。前者造就了扬州是一座"运河飘来的城市"，后者则让扬州成为一座"白盐堆起来的城市"。大运河与盐业的命运自此与扬州城市发展息息相关，由此积淀了以运河文化资源、都市文化资源、工业文化资源为代表的社会文化资源。

以运河文化资源为例，隋炀帝时期，征调淮南十余万人开邗沟，自山阳至扬子江。"大业四年（608）开永济渠，引沁水沟通黄、淮，北通涿郡。于是可以从扬州行船，直达涿郡。"② 大运河的全线贯通，直接推动了扬州政治地位的提升和城市经济的繁荣，为扬州积累了一笔深厚而丰富的文化遗产。一方面，依靠运河兴起的扬州，在政治命运和经济发展方式上被打上了运河城市文化的烙印，使之不同于当时北京、洛阳、长安等典型的北方政治型城市，也有别于苏州、杭州等典型的江南商业型城市。"与人工开凿的大运河关系如此密切，使运河城市与其他中国城市在发生上有很大的区别。"③ 另一方面，政治制度、建筑风格、节日庆典、习俗风尚、消费观念、宗教信仰等社会文化也形成自身特色。在社会制度上，

① 扬州金粟山房等 5 处古建筑将修缮　修旧如旧［N］. 扬州日报，2014 - 08 - 15.

② 傅崇兰. 中国运河城市发展史［M］. 成都：四川人民出版社，1985：61.

③ 刘士林，耿波，李正爱. 中国脐带：大运河城市群叙事［M］. 沈阳：辽宁人民出版社，2008：9.

具有强烈的"去政治化"色彩；在社会发展方式上，具有明显的工商业文明的活泼清新气息；在社会伦理形态上，具有鲜明的"非主流政治话语"模式。① 这些社会文化资源既见证了扬州历史的繁荣，也成为今天保护和开发扬州地方文化特色的宝库。

再次，就审美文化资源而言，扬州物质文化的极度繁荣，引领着市民注重娱乐享受的审美趣味，孕育了地方色彩浓郁的审美文化资源。

杜佑在《通典》中说："扬州人性轻扬，而尚鬼好祀。"② 唐、明、清时期，扬州物质文化皆极度繁荣，唐人于邺依据杜牧事迹写的小说《扬州梦记》，描绘了扬州风月之城的繁华景观，"扬州，胜地也。每重城向夕，娟楼之上，常有绛灯万数，辉罗耀列空中。九里三十步街中，珠翠填咽，邈若仙境。"③ 市民审美趣味受到地方文化习俗以及城市物质文化的影响，表现出了注重感官享受、娱乐消费的倾向，由此激发了戏曲小说、歌舞游戏等文学艺术，园林文化、山林文化等审美文化资源的生产。

以小说为例，唐宋以来，叙事文学创作成就凸显，扬州名满天下，以扬州为故事发生背景，描写扬州人事风物的小说逐渐增多。到了明清，小说和扬州城市经济双双攀至巅峰，出现了以扬州地理空间作为小说故事发生的重要场景，以扬州社会生活、文化风情、价值观念等社会空间和审美文化空间为主要内容，典型地体现当时扬州人的心态，表达对扬州生活独特反思，风格旨趣相近的话本、小说和笔记等"扬州小说"。在这些小说中，富贵与风月成为两大主题。一个城市的经济繁荣，可以激发以城市命名的小说创作现象的出现，这并不是当时每个物质文化发达的城市都可以做到的，由此可见，扬州审美文化的发达，也为今天保护和开发审美文化提供了丰富的资源。

---

① 张兴龙. 唐代以前扬州城市的人文学阐释 [N]. 上海师范大学学报，2010 (3).

② （唐）杜佑. 通典 [M]. 北京：中华书局，1988：969.

③ 催令钦教坊记 [M]. 北京：中华书局，1985：287.

二、扬州文化资源的类型

一是扬州古镇文化资源。

相比作为中国古镇文化符号的江南古镇，扬州古镇显得过于低调。一方面，在自然景观上，紧邻长江的扬州拥有与以太湖流域为核心区的江南极其相似的"水镇"特征，这里水网密布，河汊众多，属于典型的鱼米之乡。这可以从分别代表苏州、扬州两大地域文化的陆文夫、汪曾祺的作品中得到验证。

> 这小巷铺着长长的石板，石板下还有流水淙淙作响。……河两岸都是人家。每家都有临河的长窗和石码头。那码头建造得十分奇妙，简单而又灵巧，是用许多长长的条石排列而成的。那条石一头腾空，一头嵌在石驳岸上，一级一级地扞进河来，像一条条石制的云梯挂在家家户户的后门口，洗菜淘米的女人便在云梯上凌空上下。①

> 这是个很动人的地方，风景人物皆有佳胜处。在这里出入的，多是戴瓦块毡帽系鱼裙的朋友。乘小船往北顺流而下，可以在垂杨柳、脆皮榆、茅棚、瓦屋之间，高爽地段，看到一座比较整齐的房子，两旁八字粉墙，几个黑漆大字，鲜明醒目；夏天门外多用芦席搭一凉棚，绿缸里渍着凉茶，任人取用；冬天照例有卖花生薄脆的孩子在门口踢毽子；树顶上飘着做会的纸幡或一串红绿灯笼的，那是"行"。一种是鲜货行，买卖鱼虾水货、荸荠茨菇、山药芋艿、薏米鸡头，诸种杂物。一种是鸡鸭蛋行。②

另一方面，在深层精神结构上，扬州古镇拥有与江南古镇相同的商业发达的"富镇"特征。江南古镇在历史上一向以经商富庶著称，例如，南

---

① 陆文夫. 梦中的天地［A］//深巷里的琵琶声［M］. 上海：上海文艺出版社，2005：139－140.

② 汪曾祺. 鸡鸭名家［M］. 哈尔滨：北方文艺出版社，2016：36.

浔古镇，刘大均《吴兴农村经济》有记载：

> 南浔以丝商起家者，其家财之大小，一随资本之多寡及经手人关系之亲疏以为断。所谓"四象、八牛、七十二狗"者，皆资本雄厚，或自为丝通事，或有近亲为丝通事者。财产达百万以上者称之曰"象"。五十万以上不过百万者，称之曰"牛"，其在二十万以上不达五十万者则譬之曰"狗"。所谓"象""牛""狗"，皆以其身躯之大小，象征丝商财产之巨细也。①

扬州古镇深受运河文化的影响，许多古镇的诞生和繁荣依赖运河的开通与运河商贸的繁荣，开放逐利的商业文化之风浓厚，更有利于积聚财富。"在运河文化体系中，商业往来是最活跃的分子，商业文化占据着主导的地位。……商业发达的区域里，商品交换、彼此往来是社会运行的主体，由此带来的是思想观念的开放。"② 盐业属于"暴利行业"，乾隆时期就有人指出，"天下第一等贸易为盐商，故谚曰：'一品官，二品商。'商者谓盐商也，谓利可坐获，无不致富，非若他途交易，有盈有缩也"③。例如，瓜州镇、邵伯镇皆因运河而生，在运河商贸繁荣时期，这些小镇成为南北往来必经之路，无数商船停靠在这里，形成了舟车相继，商贾云集的繁华景观。

二是扬州饮食文化资源。

扬州历史上饮食文化的繁荣，已经到了令人咋舌的程度。

一方面，以富商为代表的"高消费群体"，力行奢靡浮华的饮食消费观念，导致扬州在饮食制作上食不厌精、脍不厌细，并由此推出极尽奢华的菜肴。例如，乾隆时期位居八大盐商之首的黄均泰每天早上都要"饵燕窝，进参汤"，然后吃两个鸡蛋，据说他所吃的鸡蛋是由用专门饲料喂养

---

① 南浔镇志编纂委员会．南浔镇志［M］．上海：上海科学技术文献出版社，1995：392．
② 李泉．中国运河文化及其特点［J］．聊城大学学报，2008（4）．
③ （清）欧阳昱．见闻琐录：盐丁苦［M］．长沙：岳麓书社，1986：227．

的母鸡所生。而另外一则扬州地方故事讲的是一位穷书生娶了一位盐商的婢女，书生想要妻子炒一盘韭黄肉丝，妻子嘲笑说，你一个穷书生哪里吃得起这道菜。书生不解，一盘韭黄肉丝有何吃不起？原来，当初婢女在盐商家里，要用十几只猪的面肉切成丝才能够做成一盘韭黄肉丝。清代著名盐商亢氏，其富有程度足以敌国，人称"亢百万"，生活上也是"享用奢靡，埒于王侯"。①

另一方面，以普通市民为代表的大众消费群体，追求普通食材的精细加工，既推进了扬州饮食业的繁荣，也成就了后来的淮扬菜。在唐朝，扬州酒楼茶楼遍布城内，出现了"无事到扬州，相携上酒楼"的赞誉。"扬州饮食发展至唐代已进入了其兴盛时期，各种烹调方法如清蒸、蒸煮、煎炸、焐烩、腌制等差不多均已出现，与近代相去不远的烹饪理论也较为成熟。"② 淮扬菜以清淡见长，号称"油而不腻，酥而不烂"。淮扬菜系选取食材并不昂贵，但是，烹制讲究色、香、味、形俱全。在米饭制作上，就有"饭类主要有水晶饭（糯米饭）、青粳饭、荷包饭、团油饭等。其中'荷包饭'以香米杂鱼肉等用荷叶蒸成"③。扬州的包子更是精致美味，从朱自清笔下的扬州包子可见一斑。

> 扬州的小笼点心，肉馅儿的，蟹肉馅儿的，笋肉馅儿的且不用说，最可口的是菜包子菜烧卖，还有干菜包子。菜选那最嫩的，剁成泥，加一点儿糖一点儿油，蒸得白生生的，热腾腾的，到口轻松地化去，留下一丝儿余味。干菜也是切碎，也是加一点儿糖和油，燥湿恰到好处；细细地咬嚼，可以嚼出一点橄榄般的回味来。这么着每样吃点儿也并不太多。④

作为扬州大众饮食招牌菜的大煮干丝和扬州炒饭，食材都很普通，这

---

① 韦明铧. 两淮盐商［M］. 福州：福建人民出版社，1999：71.
② 见世君. 唐代扬州的餐饮业［J］. 首都师范大学学报，2004年增刊.
③ 见世君. 唐代扬州的餐饮业［J］. 首都师范大学学报，2004年增刊.
④ 朱自清. 说扬州［A］//马家鼎. 扬州文选［C］. 苏州：苏州大学出版社，2001：112.

充分说明扬州饮食的奢靡只是特定历史时期、局限于特定消费群体的一个表象，扬州饮食的深层意义在于扬州人的精心创意，这是只有肯在吃喝上花功夫、挖心思的扬州人才能体会到的实实在在的生活滋味。

> 烫干丝先将一大块方的白豆腐干飞快地切成薄片，再切为细丝，放在小碗里，用开水一浇，干丝便熟了；逼去了水，抟成圆锥似的，再倒上麻酱油，搁一撮虾米和干笋丝在尖儿，就成。说时迟，那时快，刚瞧着在切豆腐干，一眨眼已端来了。烫干丝就是清得好，不妨碍你吃别的。①

有人形容扬州人的生活是“早上皮包水，晚上水包皮”，指的是扬州人习惯早上喝茶吃点心，晚上泡澡休息。扬州茶社并不是单纯喝茶的地方，同时出售各种面点食品，其饮食品种繁多。其中，开设于晚清光绪初年的富春茶社最为著名，其丰富的饮食见证了扬州饮食文化的精细巧妙。

> 该社的点心花色繁多，约有一百二十多种。常年供应的有生肉包、稀沙包、小菜包、干菜包、水晶包、金丝卷等，而以翡翠烧卖和千层油糕最为出名。还有随季节上市的蟹黄包、野鸭包等。另有以鸡丁、笋丁、肉丁作馅的三丁包，美味可口，很受顾客欢迎。富春茶社还出售菜肴，特别是富春干丝很有名，分烫干丝和煮干丝两种，配料讲究，味道鲜美。②

三是城市文化资源。

芒福德认为，城市在本质上具有“容器”和“磁石”的双重功能，从其起源时代开始就是一种“用最小的空间容纳最多的设施”的“特殊的构造”。③ 芒福德的城市理论为我们研究城市文化资源的类型提供了重要启示。

一方面，城市是以地理空间为直观形态的物质“容器”，其内部既容

---

① 朱自清. 说扬州［A］//马家鼎. 扬州文选［C］. 苏州：苏州大学出版社，2001：112.

② 王鸿. 扬州散记［M］. 南京：江苏古籍出版社，1985：136.

③（美）刘易斯·芒福德. 城市发展史——起源、演变和前景［M］. 宋俊岭，倪文延，译. 北京：中国建筑工业出版社，2005：33.

纳了自然景观、生态环境、地方物产,也包括了经过人们长期经营建设而形成的园林、街道、民居、寺庙等人工建筑设施,它们属于典型的物质文化资源,是城市存在的物质基础和空间结构,是人们形象化认识城市的逻辑前提。提到城市,人们首先想到的往往是城市独具特色的地质、地貌特征,以及个性化的地标建筑。在漫长的城市发展进程中,物质文化资源往往随着时间的流逝与空间的转换而褪色、消减,甚至消亡,因而对这部分资源的保护、传承和开发更具紧迫性。

另一方面,城市的特殊构造还在于并非是物质实体的机械堆积,而是以特有的制度文明将物质与非物质资源有机组合起来的文化形态,具体包括了城市物质环境所负载的社会结构、组织制度、价值观念、思维方式、文学艺术、娱乐节日、民俗活动等内部蕴涵,它们是城市存在的非物质性人文基础和历史结构,是为建筑物灌注生气理念的"城市的灵魂"。与城市物质文化资源相对应,它们通常被表述为城市社会文化资源和审美文化资源,在城市发展过程中,并不会随着时间的流逝与空间的转化而褪色、消减,可以"超越时空,具有长久的渗透力和影响力",① 是物质文化资源具有磁石一样吸引力的隐性力量和"内在蕴涵"。

从类型上看,形式多样、向度多元的扬州城市文化资源,包括以城市建筑设施为代表的"硬资源"和以市民风尚、节日庆典为代表的"软资源"。两者都被深深打上"人的本质力量对象化"的烙印,属于人工创造的城市文化资源,相对于城市自然景观、地方物产、生态环境等城市文化资源而言,城市建筑、市民风尚和节日庆典堪称城市文化资源的"第二自然",是城市居民审美理念的感性显现。

以扬州城市建筑为例,隋炀帝在扬州兴建了无数建筑,显示了其城市宏大壮观、奢华富丽的文化气度。

于城西北七里大仪乡境筑江都宫,中有成象殿,规模宏丽,为举

---

① 武廷海. 中国城市文化发展史上的"江南现象"[J]. 华中建筑,2000 (3).

行大典之地；于城北五里长阜苑内筑归雁、回流、松林、枫林、大雷、小雷、春草、九华、光汾、九里等十宫；于城南十五里扬子津（又名扬子渡、扬子桥）筑临江宫（又名扬子宫），中有凝晖殿，为眺望大江、大宴百官之所；于城东五里亦筑新宫（在禅智寺附近）；而最豪华的是城西北的新宫，即所谓"迷楼"，因其千门万户，复道连绵，洞房亘互，回望若一，入其中意夺神迷，不知所往，故以"迷楼"呼之，非正式名称。楼上设有四座宝帐：一曰"散春愁"，二曰"醉忘归"，三曰"夜含光"，四曰"延秋月"，皆集宝儿成（据《南部烟花录》）。宫室之外有上林苑、萤苑，上林苑为驰猎之场，萤苑为放萤之所。秋夜出游，不燃灯火，聚萤放之，灿若星光。江都四面皆在琼楼珠殿、奇花珍木簇拥之中。①

再以扬州市民风尚为例，扬州人喜欢在吃喝玩乐上下功夫，形成一种热爱园林、花草、戏曲、饮食、绘画、诗文的风尚。在许多慷慨激昂的士大夫眼中，这是"玩物丧志"的生活，却成为扬州的一个重要习俗。虽然类似的风尚，在同时代的其他城市也普遍存在，但是，一方面，扬州市民风尚显示出不论贫富贵贱，"全城皆好玩"的味道。如"扬州人不分贫富贵贱，都十分喜爱花卉。大家富户一般都有花园，稍次一点的，也有花房。这些花园、花房里一年四季都是繁花似锦、花木葱茏"②。另一方面，同样是吃喝玩乐，能够将其玩出水平、玩出文化的并不多见，扬州却将"审美的日常化"和"日常生活的审美化"做到了极致，世俗的日常生活渗透着高雅的审美情趣，清高孤傲的文人个性寄托在慵懒安逸的日常生活中。今天，享誉国内的扬州园林、扬州花卉、扬州戏曲、扬州菜、扬州八怪绘画、诗文，见证了历史上扬州市民风尚对城市文化资源积累的重要意义。

---

① 李廷先. 唐代扬州史考［M］. 南京：江苏古籍出版社，2002：20.
② 刘士林，刘新静. 江南文化资源的类型及其阐释［J］. 江苏行政学院学报，2011（5）.

四是交通运输文化资源。

历史上的扬州总是与诗文绘画、戏曲青楼、园林美食紧密联系在一起，这在彰显扬州诗性审美文化特性的同时，也掩盖了扬州交通运输文化资源的巨大贡献。历史上的扬州曾拥有发达的造船、冶铜、铸钱、铸镜、制盐工业。

以唐代扬州造船业为例，历史上的扬州是一个江海交汇的港口城市，独特的港口地理位置，加上隋炀帝开凿贯通大运河，扬州成为江、海、运河交汇的港口，由此推动了造船业的发展，成为当时全国造船中心。考古学证实，距今大约 6500 年前，古扬州位于长江和大海的交汇处，地理位置上非常类似于今天的上海，属于典型的"襟江带海"，形成"陵山触岸，从直赴曲"的地理态势。① 作为扬州最早的城市形态，邗城就紧邻长江断崖。"古邗城南沿临蜀冈南麓断崖，断崖下即为长江。"② 汉唐时期，长江仍在扬州城附近流入大海，直至唐朝大历年间（766—779），曲江淤塞，瓜洲并岸，涌潮始消失。③ 唐代的扬州港在地理位置上位于长江入海口的北侧，距离海洋很近。据史书记载，扬州向东至海陵（今泰州）界九十八里，自海陵东至海一百七里。扬州港是当时唐朝"海上丝绸之路"的重要海港。满载丝绸、瓷器等中国货物的商船，从扬州起航后横渡东海抵达日本奄美大岛、屋久大岛、种子大岛，到达日本的博多。或东出长江口经明州、广州与大食、波斯等西亚各国通商。9 世纪中叶，扬州与交、广、泉三州并列为东方四大港口之一。

扬州造船业始于西汉时期，当时扬州设立了官方的造船厂。到了唐代，更是进一步发展壮大。唐代宗大历年间，盐铁转运使刘晏在扬州建成了十个大型造船场，在他任职期间，共造了 2000 多艘船只。除制造适合

---

① 钱久钢，姜天蔚. 长江广陵潮消失之谜［N］. 扬子晚报，2006 – 05 – 22.
② 朱福烓，许凤仪. 扬州史话［M］. 南京：江苏古籍出版社，1985：7.
③ 王育民. 中国历史地理概论（上册）［M］. 北京：人民教育出版社，1985：185.

江河中行驶的船只外,扬州还能制造大型的海船和端午节各地举办龙舟竞渡用的比赛船只。特别是从 1960 年开始,扬州陆续出土的古船,都出自唐代,可见,扬州造船业的悠久历史和便利的水上交通。① 《朝野佥载》卷三云:"中宗令扬州造方丈镜,铸铜为桂树,金花银叶。帝每骑马自照,人马并在镜中。专知官高邮县令幼临也。"②

今天的扬州,已经不再具有江海交汇的自然地理景观,但是,造船业依旧发达。报道指出,扬州已经建成了一批高水平和先进的造船基础设施,完成了仪征、广陵、江都三大产业集群的空间布局,成为江苏省三大远扬造船基地之一。在造船规模上,扬州产能约占全省的三分之一、全国的十分之一。③

五是运河文化资源。

扬州因运河而兴,这是不争的事实。隋朝京杭大运河的全线贯通,使扬州成为沟通中国南北交通的枢纽,由此奠定了此后东南大都的地位。其实,运河带给扬州的远远不只是城市经济的繁华景观,滔滔运河既是经济商贸之河,也是自然生态、文学艺术、风尚习俗、价值观念之河,它对运河沿岸扬州城乡的自然景观、城乡生态、生活方式、道德观念、习俗风尚都产生了深远的影响,由此聚集了扬州运河文化的丰富资源。

以文学创作为例,隋炀帝三下江都时,"从长安带来了大量的图书典籍,倡导学术、文学活动。博学多才之士潘徽、诸葛颖、虞世基等齐聚江都"④。上述文学才士在扬州期间,曾创作出大量的文学作品,虽然大部分已经失传,但是,其创作成就却被真实地记录在《隋书》《北史》《新唐书》等历史典籍中,它们成为扬州运河文化资源的宝贵财富。隋炀帝本

---

① 陶敏.扬州古船再现水上都会 见证扬州造船业历史 [J].扬州晚报,2010 – 05 – 17.
② 葛永海.古代小说与城市文化研究 [M].上海:复旦大学出版社,2005:74.
③ 石默然.扬州成全省三大远洋造船基地 产能约占全国十分之一 [N].中国江苏网:2015 – 08 – 28.
④ 李廷先.唐代扬州史考 [M].南京:江苏古籍出版社,2002:20.

人在扬州期间，也创作过许多诗歌作品。据学者考证，今天可以确定为隋炀帝南下江都所作的作品至少有《春江花月夜》两首，"暮江平不动，春花满正开。流波将月去，潮水共星来"。隋炀帝在江都所作还有《江都宫乐歌》《泛龙舟》《四时白纻歌·江都夏》等。虽然从内容上说，这些诗大多数是宣扬享乐，并没有太多的积极意义。但是，帝王积极推崇诗歌创作的行为，很容易刺激臣下和整个地区纷纷效仿，尤其是对扬州都市繁华生活、秀媚景观的歌颂，大大提高了扬州在国内的影响力，使得更多人对扬州充满了向往和憧憬。

运河虽然与长江、黄河一样，同属于河流文明，但是又有自己的特殊性。"如果说一般的河流文明在起源上主要依托于自然界的大江大河，那么人工开凿疏浚的河流则是运河文明发生与成长的摇篮。这是运河文明的独特本质所在。"① 运河文化的独特性决定了运河文学与一般河流文学的差异，即与"人工开凿疏浚"相关的批评、争议与想象的文学特征明显，由此形成了以诗歌为主导文学形态的扬州运河文学资源。

大业元年，隋炀帝开通济渠和邗沟之时，"渠广四十步，渠旁皆筑御道，树以柳。自长安至江都，置离宫四十馀所"②。运河两岸杨柳依依的美景，成为一代暴君荒淫误国的罪证。在唐代，诗人们或讥讽隋炀帝荒淫残暴，或怜悯苍生，或吊古伤今，隋炀帝与扬州运河成为唐代诗歌创作的一个重要审美对象。白居易的新乐府诗《隋堤柳》："二百年来汴河路，沙草和烟朝复暮。后王何以鉴前王，请看隋堤亡国树。"③ 杜牧的《隋宫春》："龙舟东下事成空，蔓草萋萋满故宫。亡国亡家为颜色，露桃犹自恨春风。"④ 罗邺的《汴河》："炀帝开河鬼亦悲，生民不独力空疲。至今鸣

① 刘士林. 中国脐带：大运河城市群叙事［M］. 沈阳：辽宁人民出版社，2008：5.
② 司马光. 资治通鉴：卷一百八十［M］. 北京：中华书局，1956：5619.
③ 曹寅等编. 全唐诗［M］. 北京：中华书局，1960：4709.
④ 曹寅等编. 全唐诗［M］. 北京：中华书局，1960：6014.

咽东流水，似向清平怨昔时。"① 隋代有一首名为《挽舟者歌》的民歌，流传甚广，写的是隋炀帝下扬州强迫人民为龙舟背纤绳的痛苦不堪："我兄征辽东，饿死青山下。今我挽龙舟，又困隋堤道。方今天下饥，路粮无些小。前去三千程，此身安可保。寒骨枕荒沙，幽魂泣烟草。悲损门内妻，望断吾家老。安得义男儿，焚此无住尸。引其孤魂回，负其白骨归。"②

隋炀帝开凿运河，乘龙舟南下扬州寻欢作乐，给国家和人民带来巨大的灾难，但在客观上刺激了扬州经济和文化的发展。清代历史家谈迁在《北游录》中谈到邗沟时说："吴、隋虽轻用民力，今漕河赖之。西门豹曰：今父老子弟患苦我，百岁后期令子孙思我。谅哉！"③ "虽一时徭役殷繁，贾怨百姓，然自是南北之商途畅通，遂开后此千百余载之富源，功罪固不可相掩也。"④ 基于此，唐代有诗人对隋炀帝开凿运河去扬州游玩提出了比较客观的看法。唐代诗人皮日休在《汴河怀古》一诗中说："尽道隋亡为此河，至今千里赖通波。若无水殿龙舟事，共禹论功不较多。"这些诗歌都成为扬州运河文化资源的宝藏。

六是园林文化资源。

扬州以园林胜。历史上的扬州盛行造园之风，为今天的扬州提供了宝贵的园林文化资源。唐代，扬州已经呈现"园林多是宅，车马少于船"（姚合《扬州春词三首》）的园林盛景。南宋以后，园林之胜，首推湖、杭、苏、扬四州。明代，扬州著名的园林有皆春堂、竹西草堂、康山草堂、休园、荣园、影园、偕乐园、学廨苜蓿园、小车园、行台西圃等。当时从瘦西湖到平山堂一带，更是"两堤花柳全依水，一路楼台直到山"⑤。

———————————

① 曹寅等编. 全唐诗［M］. 北京：中华书局，1960：7522.
② 朱福烓，许凤仪. 扬州史话［M］. 南京：江苏古籍出版社，1985：46.
③ 朱福烓，许凤仪. 扬州史话［M］. 南京：江苏古籍出版社，1985：36.
④ 王孝通. 中国商业史［M］. 北京：团结出版社，2007：96.
⑤ 傅崇兰. 中国运河城市发展史［M］. 成都：四川人民出版社，1985：143.

清代，扬州造园之风依旧，清初，扬州建有王洗马园、汴园、员园、贺园、冶春园、南园、郑御史园、蓧园等，号称八大名园。个园、何园更是享誉全国。至今仍然有大小 30 处保存比较完整的园林，其中，片石山房、个园、寄啸山庄、小盘古、逸圃、余园、怡庐和蔚圃等园林都"具有典型性"①。

　　明清的扬州园林，大部分是作为盐商大贾私家花园而修建的，例如，江氏兄弟修建的"康山草堂""紫玲珑阁"，马氏兄弟的"小玲珑山馆""行庵"和"师古斋"，郑超宗的"休园""影园""嘉树园"，黄晟兄弟的"易园"等。这些园林凝聚了各种造园艺术的精华，为今天研究和建造园林提供了宝贵的思想资源。扬州园林的一个重要特点是吸收南北园林的艺术风格，兼有北方园林的开阔舒朗与江南园林的细腻柔媚，同时，明清时代的扬州还吸收了西方造园技术，成为研究古代中国南北园林艺术，以及西方园林艺术的现实参考。例如，有"晚清江南第一名园"之称的何园，主体建筑为两排新颖别致的西洋楼，每幢楼面阔六大间，上下两层，串廊环绕，富丽堂皇。其清水红墙、木栏串廊、弧形拱券、百叶落地长窗，洋味十足。②

　　另外，扬州园林丰富的文化资源不仅为今天研究和建造园林提供了思想宝库，还为城市文化的积淀与提升提供了范本。明清扬州园林是扬州城市文化的一部分，对生活富足的中上阶层产生了重要的影响，他们通过观赏园林品味休闲人生，这成为令人羡慕的一种文化景观，并由此形成扬州独特而雅致从容的文化趣味。扬州富商们建筑私家园林并不是纯粹为私自享用，而是用来招待四方的文人墨客，作为诗文雅会的幽静之所。这就扩大了私人花园的公共功能，使得当时在城市中占据相当部分的读书人可以

---

①　陈从周编著. 扬州园林 ［M］. 路秉杰，村上泰昭，沈丽华，译. 上海：同济大学出版社，2007：8.
②　刘士林等. 风泉清听：江南文化理论 ［M］. 上海：上海人民出版社，2010：201－202.

到这里游览赏玩。这些园林皆藏有大量图书，招纳四方文人名士，为其提供优越的物质生活条件，供其在园林内读书唱和。扬州在历史上能够积淀深厚的城市文化，园林功不可没。

七是曲艺文化资源。

扬州曲艺包括评话、弹词（弦词）和清曲等。扬州平话和扬州弦词都是以"说"为主的艺术，在历史上本是同源，所以往往合称为"扬州说书"。扬州清曲则是以"唱"为主的艺术，又称"扬州小唱""扬州小曲""扬州小调"等。这些作品虽然表现方式不同，但是，在艺术形式上大多清新自然，具有浓厚的江南文化艺术审美特征。

扬州评话是扬州最具有地方文化特色的曲艺。评话也叫作"说话"，产生于明代中叶至明末之间，后来成为扬州市民最为熟悉和喜爱的一种民间曲艺形式。《扬州画舫录》记载了清代扬州城里说书市场的繁荣状况。

> 郡中称绝技者：吴天绪《三国志》、徐广如《东汉》、王德山《水浒记》、高晋公《五美图》、浦天玉《清风闸》、房山年《玉蜻蜓》、曹天衡《善恶图》、顾进章《靖难故事》、邹必显《飞砣传》、谎陈四《扬州话》——皆独步一时。近今如王景山、陶景章、王朝干、张破头、谢寿子、陈达山、薛家洪、谌耀庭、倪兆芳、陈天恭，亦可追武前人。①

清代同治、光绪年间，扬州评话艺人达到二三百人之多，光是说《三国》和《水浒》这两部书的艺人，就将近百人。② 其中，柳敬亭和龚午亭就是最著名的两个。柳敬亭原为扬州属下泰州人，吴伟业在《柳敬亭传》中专门描写这位当时最著名的平话艺人的高超技艺。龚午亭则是清代扬州另一位传奇评话艺人，被誉为"空今古而独造者"，其演说《清风闸》享誉全国。据朱黄《龚午亭传》记载："上自公卿士大夫，下至村妇牧竖，

---

① （清）李斗 . 扬州画舫录［M］. 北京：中华书局，1960：257－258.
② 韦人，韦明铧 . 扬州曲艺史话［M］. 北京：中国曲艺出版社，1985：12.

莫不知有午亭。其名声流布海内。道过扬州者归其乡，人必问曰：'闻龚午亭《清风闸》否？'或无以应，则诽笑之，以为怪事。是以过扬州者，以得闻为幸，恒夸于众，以鸣得意。"① 乃至当年的扬州坊间盛传一句谚语，叫"要听龚午亭，吃饭莫打停"。意思是吃饭耽误了时间，龚午亭的书场就抢不到位子了。

除了评话、弦词、清曲等当时最普遍的市民文艺之外，戏曲也是当时市民非常喜爱的一种文艺形式。扬州本土戏曲之风向来就很浓郁，到了明清时代更是百花齐放。盐商们对戏曲特别喜爱，为了满足自身对戏曲艺术的消费需求，不惜重金发展戏曲艺术。明清时期扬州戏曲艺术之所以如此繁荣，盐商的资本投入和个人喜好起到了决定性的作用。他们往往蓄养家庭戏班，在重要节日和日常生活中随时欣赏，不惜重金聘请名角加盟，为扬州戏曲艺术的繁荣输送了新鲜的血液。还聘请制曲名家，招集各地戏曲班社会演。在盐商们的大力资助下，扬州成为清代全国著名的戏曲中心，全国各地戏曲班社纷纷来这里表演，国内城市南北曲剧名流也大多聚于此。据《扬州画舫录》卷五记载：

> 天宁寺本官商士民祝釐之地，殿上敬设经坛，殿前盖松棚为戏台，演仙佛麟凤太平击壤之剧，谓之大戏，事竣拆卸。迨重宁寺构大戏台，遂移大戏于此。两淮盐务例蓄花、雅两部，以备大戏。雅部即昆山腔。花部为京腔、秦腔、弋阳腔、梆子腔、罗罗腔、二黄调，统谓之乱弹。②

三、扬州文化资源的现代困境

作为一个拥有 2500 年历史的文化古城，扬州对文化资源的保护工作一直给予了充分的重视，由此在文化资源保护上获得了许多成功经验。早

---

① 韦人，韦明铧. 扬州曲艺史话［M］. 北京：中国曲艺出版社，1985：13.
② （清）李斗. 扬州画舫录［M］. 北京：中华书局，1960：107.

在 2001 年，扬州市编制了老城控制性详规，将 5.09 平方千米的明清古城分成 12 个街坊，逐一编制规划。① 这一举措为今天扬州古城保护的完整性奠定了基础。2012 年 3 月 1 日，《扬州市文化遗产保护管理办法》正式施行，这标志着扬州文化资源保护的系统工作正式上升到政府立法的层面。特别是 2014 年 6 月，扬州作为牵头城市引领的大运河申报世界文化遗产终获成功，证明了扬州在文化资源保护与开发方面取得了重大突破。

但是，扬州文化资源特别丰富的现状，对于保护工作来说，是一柄双刃剑。文化资源的丰富便于明确保护对象，而"家底子太厚实"也不利于甄别筛选。这使得扬州在文化资源保护上，固然不必担心"巧妇难为无米之炊"，但是，也产生了"米太多让巧妇无从下手"的困境。更重要的是，文化资源保护既涉及空间、经济等基础性的硬件条件，也牵涉行政、管理和公共服务等基本的制度环境，还关涉人的保护意识、审美观念等深层次主体要素，对此，在肯定扬州文化资源保护取得成就的同时，也需要清醒认识到遭遇的困境。

一是"不保护""等保护"。历史上遗留下来的扬州文化资源，经历了数百年甚至上千年的风风雨雨，损毁情况一般较为严重。特别是古镇老街建筑文化资源，其物质形态的损耗更为明显。如果不及时进行保护，许多资源有可能从此消失。

2014 年，已经获批为省级历史文化名镇的江都大桥镇，仅团结街上就有 100 多处古宅，这些古宅大多为清代、民国建筑，房龄大多为百年左右，但是，这些老宅多数沦为空关房，大多数木架结构没有维护，任由破败，多数已经成为危房。不保护的客观原因固然在于"整体性保护经费缺乏"，但是，更严重的问题不是缺钱导致的"不保护"，而是消极的"等保护"。例如，该镇正在申报国家级的历史文化名镇，"如果申报成功，将

---

① 吕林荫. 发现扬州的发现［N］. 解放日报，2006－06－09.

加大对大桥镇古建保护的投入"①。历史上的旌忠寺是六朝遗址，清代为阮元治学之地，亦是纪念岳飞之地，后成为宗教寺院，这种历史变异使之面目全非。扬州历史上的 11 个名镇，今天除少数保存完好的外，相当一部分名镇已几乎无遗存。如宝应汜水镇拆晚清著名华家大院，以致汜水镇几乎无历史文化遗存。②

级别不够高，国家划拨保护经费太少，文化资源就任由"露天暴晒"；级别升高，国家重视，保护经费充足，文化资源就可以"遮阴纳凉"。从表面上看，这是扬州古镇文化资源保护中的个案，从深层来看，当前扬州文化资源保护普遍面临着这样的困境。既然扬州文化资源如此丰富，国家保护经费就显得"僧多粥少"，不可能做到每一处文化资源都获批国家级的待遇，那么，如何去保护尚未申报、正在申报的"国字头""世界头"的文化资源，以及没有申报、申报"国字头""世界头"失败的文化资源，一味等待国家经费到手再去保护，之前让文化资源处于不保护和等保护状态的做法，都是对文化资源保护工作的一种漠视。这无疑是当前扬州文化资源保护亟待走出的一大困境。

二是"伪保护""破坏性保护"。文化资源需要多种保护措施来"设防"，但是，设防必须以合理、规范与科学为标准，违背了这个原则，就变质为一种"伪保护"，不仅无法起到保护文化资源的作用，还会造成"二次伤害"，最终成为"破坏性保护"。一个值得关注的现象是，许多文化资源不被列入保护对象，往往处于一种"温水煮青蛙"的"渐进式消亡"状态，一旦地方政府、媒体和公众的关注更频繁，破坏的程度就更严重，消亡的速度也更快，从而演变为"沸水煮青蛙"的"突然死亡"。

这通常表现在五个方面：一是某些古老的村落被确定为保护区之后，

①　刘旺，嵇尚东.大桥镇上百处百年老宅"求保护"［N］.扬州晚报，2014 - 03 - 04.
②　周新国，朱季康.文化扬州建设与扬州历史文化名城保护［J］.扬州大学学报，2007（2）.

便进行过度的旅游开发，修建许多与村落不协调的旅游服务设施，严重影响古村落景观；二是某遗产被评定为国家或省级名录后，便片面地去开发它的经济价值，按照某些肤浅时尚的审美趣味加以改造，传统的民间手工艺制作被大量机械复制；三是为了追求经济效益而刻意营造一些与当地民俗差异很大的"伪民俗"；四是错误地认为越原始、越落后、越怪僻就越能吸引人，把历史上某一时段的民俗或部分地区的民俗作为当代全民族的习俗；五是"西化"现象严重，模仿西式风格和模式进行装饰，半土半洋。①

　　扬州文化资源保护也面临着这个困境，这与融入长三角城市群的地理区位，以及扬州本土文化特性有关。

　　一方面，1993 年，上海正式提出推动"长三角大都市圈"发展的战略构想，扬州第一次融入长三角城市群。2008 年，国务院《关于进一步推进长江三角洲地区改革开放与经济社会发展的指导意见》发布，扬州完全融入了长三角城市群。这给扬州城市经济带来重大机遇，也把它裹挟进了以上海为核心的现代都市化建设的浪潮中，从而给扬州古城保护带来前所未有的冲击。"20 世纪 90 年代中、后期，在城市化进程快速推进的影响下，有开发商把目光瞄准古城，想在扬州古城开发建设中分一杯羹，开始出现大拆大建的苗头，古城保护面临着极为严峻的挑战。"② 2010 年，扬州在城市建设过程中，发生过唐代瓮城古城墙遭到人为严重破坏的事情。③如何在保持城市群或经济圈一体化的战略下，避免新城建设对古城的破坏，在保证经济发展的同时，保护古城，成为融入长三角城市群后的扬州文化资源面临的困境。

---

① 肖国忠. 非物质文化遗产保护要注重科学性［N］. 光明日报，2009 - 06 - 12.
② 张孔生. 30 年前扬州打响"古城保护战役"两起"控高拆违"事件大快人心［N］. 扬州晚报，2015 - 08 - 31.
③ 杨守华，唐野苍. 扬州唐城遗址部分古城墙和护城河遭到挖掘性破坏. 中国广播网：2010 - 05 - 17.

　　另一方面，扬州审美文化深层结构的一个重要特征，在于充满江南诗性文化的柔媚舒缓气质。这一特质深刻地烙印在扬州社会文化资源和审美文化资源上，而现代化过程最严重的问题就是审美精神的迷失，都市是名利场，都市中的男女早已经失去了"月上柳梢头，人约黄昏后"的兴致和耐心，人们的休闲娱乐方式也发生了惊人的转变。① 被裹挟进入长三角城市群的都市化进程之后，现代都市人的生活方式、价值观念、审美趣味，将对扬州审美文化精神产生前所未有的冲击。

　　芒福德认为，如果城市所实现的生活不是它自身的一种褒奖，那么为城市的发展形成而付出的全部牺牲就将毫无代价。② 同样，对于扬州文化资源而言，如果各种保护和开发不是对扬州人审美生存状态的一种褒奖，而是出于纯粹的经济利益驱动，那么，城市付出的牺牲也就毫无意义。因此，如何对扬州文化资源进行抢救性挖掘、保护与开发，是正在建设文化扬州、现代扬州的文化资源保护亟待解决的难题。

---

① 刘士林，刘新静 . 江南文化资源的类型及其阐释 [J] . 江苏行政学院学报，2011（5）.
② （美）刘易斯·芒福德 . 城市发展史——起源、演变和前景 [M] . 宋俊岭，倪文延，译 . 北京：中国建筑工业出版社，2005：119.

第二章

古镇渡口，明灭灯火照运河

——扬州古镇文化资源研究

瓜洲，这个扬州历史上因运河而绚烂至极的重镇，一度成为大运河沿岸最炫目的渡口，却在晚清交通工具的巨变中，谜一样悄然随波逝去。今天，古老的运河依旧流淌，只是瓜洲已不再是当年"瞰京口，接建康，际沧海，襟大江，实七省咽喉"的重镇，没有了"每岁漕舟数百万，浮江而至，百州贸易迁徙之人，往返络绎"的繁华。

运河逝波，古镇浮沉，瓜洲古镇留给后人太多的谜团去解：那个距今近一千年前的夜晚，政治失意的北宋宰相，望着瓜洲渡口，钟山明月，怀着怎样的落寞吟咏"京口瓜洲一水间，钟山只隔数重山"的诗句；那个距今五百年前的早晨，心中绝望的青楼女子，看着瓜洲波涌，江心云暗，怀着怎样的悲愤"抱持宝匣，向江心一跳"。漕运、盐商、情感……匆匆合上的古代大运河历史幕布，遮住了瓜洲古镇太多的鲜活人物与运河往事！

瓜洲古镇，是扬州古镇的文化符号，就在这个符号的背后，隐藏着无数的运河古镇名字：邵伯、湾头、高邮、真州、界首……

扬州古镇文化资源丰厚，与国内其他著名古镇文化资源相比，具有诸多共性特征，如经济富庶，文化底蕴深厚等，但是，较之北京、开封、西安等典型的北方和西部地区的古镇，除了经济的富庶，更多一份江南特有的诗文氤氲的浪漫气息；较之江南的苏州、金陵等地区的古镇，除了诗文氤氲、崇尚奢靡、教育发达的特点，更多了一份历史冲突中演绎的儿女悲情。

这种"亦南亦北"的特点形成，从根本上说，源自扬州地理区域位于以太湖流域为核心的"江南"的边缘地带，江南文化的精神足以辐射、影响这里，使之具有江南古镇常见的依水近河、商贾富庶、诗文灿烂的特点。当下对扬州古镇文化资源的保护与开发，尤其是在打造特色小镇成为古镇开发主导趋势的现实背景下，梳理出扬州古镇文化资源独特的文脉根系特征，为扬州古镇文化建设提供参考，无疑具有积极的现实意义。

一、运河古镇的兴衰沉浮

扬州古镇的文化形态丰富多样，如何尽可能全面客观地加以把握，需要借鉴马克思的"人体解剖是猴体解剖一把钥匙"的方法论，即以扬州古镇文化最成熟的形态作为研究对象，由于在扬州不同历史阶段和同一历史区间上的不同文化形态中，运河古镇是扬州古镇文化中的"最高逻辑环节"，正如古代扬州的盛衰，从根本上源自大运河的命运一样，运河的兴衰也决定了扬州古镇的命运，如果从扬州古镇各种特点中提炼一个"总特征"，那么，运河古镇更具有统领性、主导性，扬州境内著名的古镇如瓜洲、湾头、邵伯、车逻、高邮、界首、范水、安宜、射阳湖、真州和十二圩等，悉数在运河沿线，其经济文化的繁荣也与运河休戚相关。因此，本文将以运河古镇为核心，追溯扬州运河古镇文化资源的历史生成、典型代表与文化特色。

在解决了扬州古镇以什么为代表的问题后，剩下的是古镇的界定。在我国，镇一直是一个十分模糊的概念，其具体所指在不同的语境下也并不相同。一般而言，古镇指的是古代城镇、市镇、乡镇。具体而言，在居民聚集、商业功能与军事管理等方面，这些城镇、市镇、乡镇既不同于大城市高密度的人口聚集，区域中心主导地位的繁荣经济，以及重要的军事管理功能，也有别于乡村那种松散的人口聚集，自给自足的乡村经济，以及次要的军事地位。

综合学界对镇的研究，界定镇的概念，有几个因素不可缺少，一是商业功能，二是空间规模，三是城乡距离。

从商业功能角度考察，镇其实是介于城市和乡村之间、起到城乡商业联系纽带作用的居民聚集单位。较之全国性或地区性的中心城市，城镇、市镇、乡镇规模更小，堪称"缩减版"的城市，却比城市、都市更紧密地联系乡村；较之乡村，城镇、市镇、乡镇凸显了商业功能。古人对城镇、市镇、乡镇的界定，也多着眼于商业因素，如明代弘治《湖州府志》称"商贾聚集之处，今皆称为市镇"。弘治《吴江县志》称"人烟辏集之处谓之市镇"。正德《姑苏志》称"民居所聚谓之村，商贾所集谓之镇"，就是以商业功能界定"镇"。简言之，它是"介于县城与乡村之间的具有相对独立性的商业实体"。①

从空间规模角度看，市与镇不可混淆。如钱大昕就认为市与镇不同："东南之俗，称乡之大者曰镇，其次曰市，小者曰村，曰行。"② 乾隆《吴江县志》称："民人屯聚之所谓之村，有商贾贸易者谓之市，设官将禁防者谓之镇，三者名称之正也。其在流俗，亦有不设官而称镇，既设官而仍称村者，凡县邑皆然。"③ 也就是说，市与镇在聚居点的空间规模上有着差异。

从城乡距离上看，古代市镇、城镇大多与区域中心城市、县城保持着或远或近的距离，《海盐县图经》云："远于城而民聚居焉者古曰聚，名

---

① 任放.学术规范与中国经济史研究——以目前长江中游市镇经济研究为例［J］//教育部人文社会科学重点研究基地，武汉大学中国传统文化研究中心.人文论丛.武汉：武汉大学出版社，2003.

② 钱大昕.徐良辅墓志铭［M］//陈文和.嘉定钱大昕全集：潜研堂文集：卷四十八［M］.南京：江苏古籍出版社，1997：791.

③ 何荣昌.明清江南市镇的发展［J］.苏州大学学报，1984（3）；梅新林，陈国灿.江南城市化进程与文化转型研究［M］.杭州：浙江大学出版社，2005：46；洪焕椿编.明清苏州农村经济资料［M］.南京：江苏古籍出版社，1988：268.

镇。"① "明清时代江南的地质、地形不但给予明清江南城市、市镇、乡村的空间分布以某种规定性，同时也对城市、市镇、乡村之间的联系给予了某种约定。市镇一般距离县治都比较近，根据现有史料可知，最远者不超过百里，大部分在三、四十里范围以内，而最近者只有百数步。"② 这其实正说明了古代市镇、城镇、乡镇对中心城市的商业性和乡村的农业性的依赖程度。

本书中扬州古镇是一个较为宽泛的概念，既包括作为当时地区性中心的郡县规模的古城，如仪征（真州），虽然这些当年的运河重镇在历史上较之一般乡镇规模更大，在后来甚至升级为县级市，但是，相对于当时扬州城市而言，仍然是介于大规模的城市与偏远的乡村之间的聚居点，总体上起到了连接城乡桥梁的商业纽带作用；也包括具有一定规模且相对较为稳定的农村工商业中心的"市镇""城镇"，以及从乡村基层的商品贸易点的"草市"发展形成的"乡镇"。

在我国古代城镇化进程中，不同的历史阶段，城镇化发展的速度与规模不同，对扬州古镇文化资源的梳理，也可以依据历时性的顺序，划分出古镇发展的不同阶段。

由于镇最初是作为军事性质的据点出现的，③ 隋唐之前，扬州城市经济尚处于起步阶段，城市的政治性、军事性功能占据主导地位，对市镇经济发展影响作用有限。这可以从扬州郡县城市的密度之地看出来。西汉时期，隶属扬州的丹阳郡，"其辖域面积仅占全国的1.33%，西汉时期设置县城17座，东汉时为16座，是荆、扬两州城市分布密度最高的区域，但即使是丹阳郡，西汉时期县城平均密度为3092平方千米一座，与当时全国城市分布密度最高的冀州（每501平方公里分布一座城市）相比，仅相

---

① 黄正建. 中晚唐社会与政治研究［M］. 北京：中国社会科学出版社，2006：285.

② 罗时进. 明清江南市镇及其文学群落的形成——以空间分布、流动汇聚、环境生态为视角［J］. 社会科学，2017（8）.

③ 陈国灿. 江南城镇通史：六朝隋唐五代卷［M］. 上海：上海人民出版社，2017：39.

当于后者 1/6 左右"①。虽然六朝时期，扬州郡县城市较之此前有了发展，但是，从总体上看，从秦汉到六朝，扬州市镇依然数量少，规模小，影响力有限，作为军事据点的功能更为突出。

　　直到隋炀帝时，随着大运河的贯通，扬州才成为连接黄河、淮河、长江的"南北舟车之会"的交通枢纽，军事色彩逐渐淡化，商业氛围日渐加重。唐代，镇的军事据点功能虽然没有完全褪去，但是，市的商业经济功能在加强。"从江南地区来看，在唐末五代，部分军镇渐渐具有经济意义，呈现向工商业镇市演变的发展趋势。"② 据郑学檬先生研究："唐后期草市发展得较快，特别在江南，这种草市分布在沿江要津，成为地方小市场的中心。""其中心也有许多草市得到进一步发展，成为商品经济中心——市镇。"③ 这个阶段，扬州古镇的商业经济因此日益活跃，工商业兴盛，经济色彩增强，但是，军事据点功能依然显著。如扬州著名古镇瓜洲，形成于汉代，因为江中涨有形状如瓜的沙碛，故名"瓜洲"。又称瓜埠洲，到了唐代开元后，成为南北襟喉之处，唐末渐有城垒。唐代诗人白居易《长相思》："汴水流，泗水流，流到瓜洲古渡头。"张祜《题金陵渡》一诗："金陵津渡小山楼，一宿行人自可愁。潮落夜江斜月里，两三星火是瓜州。"说明唐代的瓜洲镇已经具有相当大的影响力。湾头镇湾头古称为"茱萸湾"，是隋唐时京杭大运河由此向南进入扬州 13 道湾的第一道湾，并由此得名。邵伯镇又称邵伯埭，因东晋谢安于此筑埭而得名，唐宋以后日益兴盛，是京杭运河线上闻名遐迩的繁华商埠。隋唐时期，扬州能够与杭州、淮安、苏州并称为东南"四大都市"，唐代尤为兴盛，"当南北大冲，百货所集……列置邸肆"④，唐代扬州商业繁荣离不开众多市镇的

---

①　陈国灿 . 江南城镇通史：先秦秦汉卷 [M] . 上海：上海人民出版社，2017：196.

②　陈国灿 . 江南城镇通史：六朝隋唐五代卷 [M] . 上海：上海人民出版社，2017：42.

③　郑学檬 . 五代十国商品经济的初步考察 [A] //中国唐史研究会 . 唐史研究会论文集 [C] . 西安：陕西人民出版社，1983.

④　王溥 . 唐会要：卷八六 [M] . 上海：上海古籍出版社，1991：1874.

贡献。

宋代时扬州市镇的经济功能进一步增强，为明清时期全面形成商业市镇奠定了基础。宋金对峙时期，扬州成为南宋抵御金兵南犯的边境，一度被金兵占领，扬州的军事地位再次凸显，大规模的军事冲突导致该地区大量城镇受损严重。扬州从"淮左名都，竹西佳处"，沦落为"废池乔木"的空城，唐代勃兴的市镇经济遭到重创，"楼船夜雪瓜洲渡，铁马秋风大散关"。从南宋爱国诗人陆游的诗中，不难看出宋金对峙时期瓜洲具有的军事色彩。

但是，一方面，在这场大规模军事冲突发生前夜的北宋，扬州市镇经济仍然获得了重要发展。如瓜洲镇在宋乾道四年开始筑城，号籈箕城。"京口瓜洲一水间，钟山只隔数重山。春风又绿江南岸，明月何时照我还。"虽然一直到了明清时期，瓜洲镇才全面成为扬州乃至运河沿岸著名的商业市镇，但是，后人对于瓜洲的认识，却很大程度上源自王安石的这首诗，在扬州众多古镇中，没有哪一个是因为诗人的描写比瓜洲更出名的。早在唐代，扬州繁荣的经济与奢华的生活，引发无数诗人向往，"十年一觉扬州梦，赢得青楼薄幸名"。诗人所到之处，留下大量歌咏怀古的诗文。但是，较之王安石的这首《泊船瓜洲》，其他古镇虽不乏诗人垂青，却没有这么幸运因诗而家喻户晓。瓜洲古镇，由此积淀了浓厚的人文色彩。

另一方面，即使在宋金对峙时期，扬州市镇经济衰落，也是较之以前相对衰落而已。唐代全国共有镇、戍587个，今人傅宗文统计，两宋时期，扬州市镇数目为11个，其中包括江都市瓜洲镇、邵伯镇、板桥镇、宜陵镇、大仪镇、扬子镇、湾头镇、挞扒店，泰兴的柴墟镇、永丰镇、新城。[①] 何适的统计结果则是"整个两宋时期，扬州境内的市镇，最多时数

---

① 傅宗文．宋代草市镇研究［M］．福州：福建人民出版社，1989：419.

目达到十七八，虽少也有十三四"①。这说明两宋时期的扬州市镇仍然具有一定的规模。

明清时期，扬州运河在漕运中的地位凸显，运河沿岸的城镇经济获得空前繁荣，古镇文化进入辉煌时代。这个时期，拥有运销特权的盐商垄断暴富，其中扬州的两淮盐商最富，"百万以下者，皆谓之小商"。富商云集的扬州城镇，不仅以庞大的财富支撑了城镇发展，而且，为扬州古镇注入了奢华的消费文化形态。乃至今日，提到扬州古镇，首先想到的是财富。当时的瓜洲镇，镇内市肆鳞比，商贾云集，宅第密布。《嘉庆瓜洲志》记载："瓜洲虽弹丸，然瞰京口，接建康，际沧海，襟大江，实七省咽喉，全扬保障也。且每岁漕舟数百万，浮江而至，百州贸易迁徙之人，往返络绎，必停于是，其为南北之利，讵可忽哉？"清代康熙年间，瓜洲开始坍江，光绪十年，瓜洲城全部坍入江中。但是瓜洲城西北的四里铺、江滨渡口仍是南北交通枢纽，后来在此基础上，逐渐形成了新的瓜洲镇，并开始繁华起来，直到清末，瓜洲坍岸又开始淤涨稳定。但是，此时的大运河已经随着津浦铁路的通车优势顿失，当年商贾云集的繁华景象已经不再，只保存了部分古镇风貌。

二、运河古镇文化资源三种形态

正如扬州城市的兴起源自运河一样，扬州市镇的兴衰也与运河的兴衰息息相关。探寻扬州古镇的特点，必须从运河自身的特点中获得答案。概括而言，扬州运河古镇的文化资源表现为三种形态。

首先，以徽州盐业商贸为重要功能的工商文化形态。

隋炀帝开通大运河以后，扬州的经济地位凸显，宋代以后，特别是明清时期，江南地区商品经济获得空前发展，整个江南地区的市镇文化形态

---

① 何适.从内地到边郡——宋代扬州城市与经济研究［D］.上海师范大学博士学位论文，2016：171.

发生了本质转变，早期的草市、军镇转变为专业性、综合性的市镇。大量市镇、乡镇成为运河商业贸易的重要渡口。全国各地的客商纷纷涌入这些市镇，为这些市镇注入大量商业资本的同时，也在生活方式、消费观念等诸多方面深刻地影响着扬州市镇，使得这些市镇形成了一种既不同于中心大都市，也不同于乡村的工商文化形态。其中，徽州商人对扬州市镇的工商业发展起到了重要作用。

"无徽不成市""无徽不成镇"。徽商的存在是明清江南地区市镇经济繁荣的重要原因和表现形态。胡适曾说，一个地方如果没有徽州人，那这个地方就只是个村落。徽州人住进来了，他们就开始成立店铺；然后逐渐扩张，就把小村落变成小市镇了。徽州商人对扬州文化的影响是多元而且深刻的。王振忠认为，扬州城市文化是明代中叶以来伴随着两淮盐务制度的改革而崛起的徽州文化之表征，它以集大成的形式成为闭关时代城市文化的顶峰。①

在这个意义上，我们可以把徽州商人的商贸活动行为称为乡村城镇化的重要手段。由于徽州商人遍布江南地区，这使得徽商成为江南城镇商业贸易的普遍形态。但是，一方面，徽商在整个江南地区的分布密度不同，另一方面，徽商从事的商业贸易活动也存在差异，这使得扬州市镇的工商文化形态与江南商镇还存在一定的差异。

就前者而言，扬州市镇的徽商数量庞大，明代万历年间，扬州平均每20个商人中就有19个是外地商人，其中，徽州人又占了绝大多数，清代《（嘉庆）两淮盐法志》中所列80名盐商，徽州盐商就占了60名。②"不仅是淮、扬等大城市有徽商西贾麇居，而且滨海荒陬、僻野乡村也都有新安人的足迹。"这些徽州商人的涌入，"形成了团、场、坝、市、镇等多层次的市镇类型，为两淮地区盐业的持续发展提供了坚实的基础。在这一过

---

① 王振忠. 两淮盐业与明清扬州城市文化［J］. 盐业史研究，1995（3）.

② 黄禹康. 寻找扬州盐商古宅［J］. 钟山风雨，2009（6）.

程中，淮、扬城市的地位有了显著的提高"①。一个非常有趣的现象是，大量徽商进入扬州，那么，扬州本地人为什么没有在巨大的商业诱惑面前心动呢？韦明铧研究指出：

> 扬州虽然是个有商业传统的城市，但扬州人更愿意从事那些既能赚钱而又不冒风险的职业。做盐商不但要有雄厚的资本，而且要付出很多的精力，承担巨大风险。这种行当，仿佛天生是让那些来自深山峻岭的徽州人和来自穷乡僻壤的山西人来做的。扬州人则最适宜在盐商家里做做管家，当当清客。他们在盐商的庇荫之下，既能享受到优裕的生活，却又不承担任何风险。②

与扬州本地人对盐商行业的不主动、不积极相比，徽州商人却对这个行业抱着浓厚的兴趣，常常为此弃学从商甚至弃官从商。《潭渡黄氏族谱》记载徽州人黄惟文"以家艰，绝意进取，从贾维扬，孺人总家政"。《济阳江氏族谱》记载歙县人江人龙"以家业中落，决意弃儒业蹉广陵，家声由此大振，名播江淮楚豫间"③。徽州人积极从商，也是出于生计所需。也就是说，儒学无望之时，投身扬州从事盐商可以实现富贵理想。因此，在扬州市镇工商文化形态的形成中，徽州商人起到了至关重要的作用。

就后者而言，扬州市镇的徽商从事的商业活动以盐业贸易最为著名。明代中叶以前，徽商中的新安商贾主要经营"文房四宝"、生漆、林木和茶叶等，在工业上远远不足以和窖粟业盐的山、陕商人骈肩称雄。但是，明代成弘、弘治以后，"大批盐商辐集扬州，形成了颇具影响的河下盐商社区"。"扬州盐商以徽商为主体，新安贾客的足迹，遍及全国各地。"④

---

① 王振忠. 明清徽商与淮扬社会变迁［M］. 北京：生活·读书·新知三联书店，1996：7.

② 韦明铧. 两淮盐商［M］. 福州：福建人民出版社，1999：24.

③ 韦明铧. 两淮盐商［M］. 福州：福建人民出版社，1999：25.

④ 王振忠. 明清徽商与淮扬社会变迁［M］. 北京：生活·读书·新知三联书店，1996：7，151.

这些徽商大部分从事盐业贸易，这与同样徽商云集的江南商镇形成的丝绸商贸等工商文化形态有着重要区别。以明清江南市镇的典型苏州的盛泽镇为例，"镇之丰歉不仅视田亩之荒熟，而视绸业之盛衰。倘商贩稀少，机户利薄，则凋敝立形，生计萧索，市肆也为之减色矣"①。与之相比，来扬州从商的人，更愿意加入盐商的行业，甚至为了从事盐商而弃官，如清朝曾任广信知府的何昉，字莲舫，易宗夔《新世说》云："何莲舫自广信罢官，隐居邗上，托业淮鹾。"可见扬州盐商对当时商人的巨大诱惑力。

这种差异既反映了东南地区自然物产的差异，也说明了大运河在商业贸易类型上起到的重要作用。扬州地区固然拥有较为发达的农桑种植业，但是，较之大运河而言，从事盐运等商贸活动更为有利可图。大量商人的涌入，导致城市人口的膨胀，城市有限的地理空间越来越无法容纳商人，同时，盐商为了商贸的便利，选择靠近运河边的河下地带聚集居住，运河边的河下地带，原先是盐商的"积盐区"，由于盐商聚族而居，因而很快形成聚落。沿着运河两岸的乡镇密布，后来又形成新的城区。《扬州新城记》记载："扬州城四方舟车商贾之所萃，生齿聚繁，数倍于往昔。又运司余盐银独当，天下赋税之半，而商人实居旧城之外，无藩篱之限。"从此以后，扬州旧城东、南靠近运河的地方逐渐发展起来，大批人员集聚于此，形成新的市镇。如明代成、弘时期内徙的田姓边商，卜居河下北端西侧，后来的田家巷即由此得名。在南河下东端，后来的徐凝门一带，也是盐商萃居的一个中心，在此基础上，形成了井巷口市。至于传统的城镇，因为拥有一定的生活设施基础，更有利于吸引盐商定居。瓜洲、邵伯、真州等镇都在因运河盐业商贸繁华。

明洪武初年，淮南批验所改建在瓜洲镇，"前代制盐渚上，冠盖络绎，商贾繁盛，居民殷阜，第宅蝉联，甲於扬郡"。（嘉庆《瓜洲志》卷首

---

① （清）仲廷机．盛湖志：卷三"风俗"［M］//谭其骧，史念海，傅振伦．中国地方志集成·乡镇志专辑：第11册［M］．南京：江苏古籍出版社，1992：458.

《凡例》）因为大量盐商聚集于此从事盐业商贸，形成了一条盐仓巷。盐商依托运河进行盐业贸易的同时，利用运河进行大米等物资贸易，扬州西山一带居民以种田为业，富人较多，陈家集、僧渡桥"商贾市廛甲第相属"，甚至有"小扬州"之称。乾隆年间，"镇中号全盛，收藏名迹极富，名流多往来于此"。（林溥《扬州西山小志》，"西山渔唱·形势六首""轶事十二首"）邵伯镇因运河而生，码头众多，其中的"大码头"曾被称为"运河第一渡""水上城坊"，是明清时期连接淮河与长江的重要码头。

真州（仪真、仪征）是运河盐运的重要枢纽，元代马可波罗就指出这一重镇的地位："大城镇真州从这里出口的盐，足够供应所有的邻近省份。大汗从这种海盐所收入的税款，数额之巨，简直令人不可相信。"① 仪征又称"真州""仪真"。洪武十六年，淮南批验所移建于仪真，瓜洲受此影响而萧条，但是，仪征却因此而迅速发展，"一邑数万家，顾城不及其什之二、三"（隆庆《仪真县志》卷十四《艺文考》）仪征凭借大运河盐运的优势，一跃成为运河沿岸的商业重镇。可以从明代中叶嘉靖三十五年，尹台《皇明增筑月城记》的描述看出当时的盛况。

> 仪真东南偏邑也，然其地居江淮之会，近接吴楚，远极蜀黔，水浮陆走，贡筐漕艘，货贾醹商，竹箭木材麻丝布绮粳粟器殖所传输，东南际万里，寸产尺供，辐集京师，莫不于是焉达之。故县上下仅一水，凡绕折不数里间，津梁市巷，鳞次栉比，掣挽诺呼，朝昏不绝，即名都巨镇，其盛鲜或过之。②

其次，充满商业气息的奢侈消费文化形态。

江南社会自古富庶繁荣，无论是城市还是乡村社会都普遍崇尚奢侈、追求享受。扬州盐商更是把这种奢华消费发挥到了登峰造极的地步，盐商

---

① 马可波罗游记：第六十八章［M］．陈开俊等，译．福州：福建科学技术出版社，1981：168.
② 王振忠．明清徽商与淮扬社会变迁［M］．北京：生活·读书·新知三联书店，1996：94.

的资产，相当一部分用在奢侈性的消费上。纪晓岚称"广陵名都，繁华从古；圜阓鱼盐，楼台歌舞；户拥高赀，地称沃土"①。这种消费方式的形成，与两个因素直接相关。

一是江南社会的生活方式一向注重奢华。南宋范成大就指出江南地区"俗多奢少俭，竞节物，好游遨"②，尤其是江南杭州、苏州等地区，缙绅富商阶层穷奢极欲地消费方式，已经成为一种普遍现象。明人王士性如此描述："杭俗儇巧繁华，恶拘检而乐游旷，大都渐染南渡余习，而山川又足以鼓舞之，然皆勤劬自食，出其余以乐残日。男女自五岁以上，无无活计者，即缙绅家亦然。城中米珠取于湖，薪桂取于严，本地止以商贾为业，人无担石之储，然亦不以储蓄为意。即舆夫仆隶，奔牢终日，夜则归市殽酒，夫妇团醉而后已，明则又别为计。"③ 整个明清时期，"逾礼越制的现象不断出现，奢侈风气到处蔓延"。④ 扬州在这方面，深受江南生活习俗的影响，一向具有"人性轻扬"的特点。再加上富有的盐商阶层积聚了庞大财富，为穷奢极欲的生活消费提供了物质基础。如清代扬州盐商季氏，原为扬州属邑泰兴人，其富有程度全国著名，号称"南季北亢"。季氏家族生活奢靡，据《觚剩续编》卷三"季氏之富"记载：

> 日至高春，晨睡方起，即索饮人参、龙眼等汤，梳盥甫毕，已向午矣。制食必依精庖为之，乃始下箸。食后辄按牙歌曲，或吹洞箫一阕，又复理晚妆，寻夜宴。故凡娶季家姬者，绝无声色之娱，但有伺候之烦、经营之瘁也！⑤

另一个因素则是徽州新安人一向重视奢靡的消费方式。众所周知，徽

① 韦明铧. 两淮盐商 [M]. 福州：福建人民出版社，1999：15-16.
② （宋）范成大著，陆振岳校点. 吴郡志 [M]. 南京：江苏古籍出版社，1999：13.
③ （明）王士性著，周振鹤点校. 广志绎：卷四"江南诸省"条 [M]. 北京：中华书局，2006：265.
④ 王卫平. 明清时期江南城市史研究：以苏州为中心 [M]. 北京：人民出版社，1999：299.
⑤ 韦明铧. 两淮盐商 [M]. 福州：福建人民出版社，1999：74.

州盐商是扬州盐商的主体，安东篱在他的《说扬州：1550—1850 年的一座中国城市》一书中指出，16 世纪晚期徽商大规模离开家乡涌入扬州，其中，作为徽州府最重要一个县的歙县，因为大量移民到扬州，导致了在中国文化版图上呈现了新的意义，它是扬州绝大多数盐商的故乡。① 此后两个世纪内，徽商一直是扬州的主导社会群体。到了明朝灭亡的时候，扬州在许多方面都已经成为一个徽州城市。明代城市的徽州商人，在生活消费上一向注重节俭，从不奢华，"他们为人节朴，往往来来，只是布衣草履，徒步肩挑，真个是一文不舍，一文不用，相当俭啬"②。甚至简朴吝啬到了"一年四季都吃猪油"的程度。据说，被公认为文坛盟主的王世贞曾经对朋友说，徽州商人见着苏州文人，就像苍蝇追逐羊肉一般。③ 那么，明清时代生活在扬州的徽州商人，为什么在饮食等世俗性消费上出手阔绰、一掷千金，完全找不到当初为了节俭而"一年四季都吃猪油"的影子呢？一方面，这固然受到扬州本地注重奢靡的消费观念影响，出生于本地的盐商，更是肆无忌惮。另一方面，与扬州的徽商大部分来自新安有直接的关系。明代学者谢肇淛在万历三十年（1602）曾任广西右布政，如此描写扬州的盐商们穷奢极欲的生活方式："富室之称雄者，江南则推新安，江北则推山右。新安大贾，鱼盐为业，藏镪有至百万者，其它二三十万则中贾耳。山右或盐，或丝，或转贩，或窖粟，其富甚于新安。新安则奢而山右俭也。然新安人衣食甚菲啬……惟娶妾、宿妓、争讼，则挥金如土。"④ 也就是说，徽州商贾中的新安商人本身就有着崇尚奢靡的消费方式。清代李斗的《扬州画舫录》记载：

　　初扬州盐务竞尚奢丽，一婚嫁丧葬，堂室饮食，衣服舆马，动辄

① （澳大利亚）安东篱. 说扬州：1550—1850 年的一座中国城市［M］. 李霞，译. 北京：中华书局，2007：52.

② 陈宝良. 飘摇的传统：明代城市生活长卷［M］. 长沙：湖南人民出版社，2006：17－18.

③ 陈宝良. 飘摇的传统：明代城市生活长卷［M］. 长沙：湖南人民出版社，2006：5.

④ 何炳棣. 扬州盐商：十八世纪中国商业资本的研究［J］. 中国社会经济史研究，1999（2）.

费数十万。有某姓者每食，庖人备席十数类，临食时夫妇并坐堂上，侍者抬席置于前，自茶面荤素等色，凡不食者摇其颐，侍者审色则更易其他类。或好马，蓄马数百，每马日费数十金……或好兰……更有足异者，有欲以万金一时费去者，门下客以金尽买金箔，载至金山塔上，向风扬之，顷刻而散……又有三千金，尽买苏州不倒翁，流于水中，波为之塞。有善美者，自司阍以至灶婢，皆选十数龄清秀之辈，或反之而极尽用奇丑者，自镜之以为不称，毁其面以酱敷之，暴于日中。有好人者，以铜为溺，高五六尺，夜欲溺，起就之。一时争奇斗异，不可胜记。

新安商人的奢华之风由扬州城市迅速向外传播，甚至全国各地，乃至整个社会风气大变，"传之京师及四方，成为风俗，奢风流行，以致世乱，扬州盐商与有责焉"。（邓之诚《中华二千年史》卷五下第二分册"明清"下"生业"）余怀《板桥杂记》记载："瓜洲萧伯梁，豪华任侠，倾财结客，好游侠斜，久住曲中，投辖轰饮，俾昼作夜，多拥名姬，簪花击鼓为乐。钱虞山诗所云'天公要断烟花种，醉杀瓜洲萧伯梁'者是也。"这种纸醉金迷的消费方式，正是扬州市镇经济繁荣的缩影。

最后，渗透了浓厚的乡村务实功用特征的"雅趣"文化形态。

中国传统社会以"士、农、工、商"四民为基本阶层格局，在传统江南社会中，除了农民，地主与乡绅、工商业者以在乡镇居者为多数，而在城市与乡村居住的居少数。① 居民构成的特殊性，决定了扬州市镇居民娱乐文化形态的特殊性。

一方面，扬州市镇富有的工商阶层，有着与都市富有阶层相同的"雅趣"。他们大肆修建豪宅园林，像都市中的富有阶层一样，追求一种奢侈之外的雅趣生活。如咸丰七年，惕斋主人在《真州竹枝词》自序中指出：

---

① 苏南土改文献.1952：497－498，苏州档案馆藏//小田.江南乡镇社会的近代转型［M］. 北京：中国商业出版社，1997：37.

"余不获睹仪征之盛，闻故老言，南涵洞口、北拂云亭、东水香村墅、美人石，皆昔日亭台旧址。其时人民富庶，百物蕃昌……"① 这说明扬州市镇在繁盛时期，地主富商阶层对园林建设的重视。更重要的是，明初南掣改移仪真后，虽然已经衰落不堪，但因为一些盐商慕悦风雅，在此建构园林，如乾嘉时期盐商吴家龙的锦春园。② 这种有了条件要享受，没有条件也要创造条件享受的生活趣味，正是江南地区独特的诗性文化特征。

同为扬州重镇的瓜洲，不仅修建了大量景区，"临江风景绝佳"，明清时期，有著名的瓜洲十景：石桥踏月、天池夜雨、江楼阅武、漕舰乘风、东城柳岸、桃坞早莺、芦汀新雁、雪水钓艇、金山塔灯、银岭晴岚。这些风景的出现，表明了当地富商不再满足于富足的物质生活享受，他们也有着和都市人一样的审美趣味，"醝商诗人，携酒赋诗，名流吟啸"，著有《南溪倡和集》。③ 即使如此，较之扬州都市，扬州市镇限于物质体量上与都市存在着较大的差距，居民的娱乐文化消费形态无法获得充分的发展，一个重要的表现就是，扬州以园林著名，但是扬州最著名的园林，普遍建于当时的扬州城内，这说明同为富商，市镇与都市在财富数量和审美追求上还是存在很大差距。

另一方面，市镇是一种不同于都市与乡村的聚落形态，较之都市商人阶层追求的吟诗作赋、欣赏园林、听曲看戏等纯粹的满足精神消费而言，市镇的一些娱乐活动普遍受制于乡村社会的影响，显露出浓郁的生活实用色彩。

"茶兴于唐而盛于宋。"江南地区较之北方更偏好，《封氏闻见记》有

① 王振忠. 明清徽商与淮扬社会变迁［M］. 北京：生活·读书·新知三联书店，1996：174.

② 王振忠. 明清徽商与淮扬社会变迁［M］. 北京：生活·读书·新知三联书店，1996：175.

③ 王振忠. 明清徽商与淮扬社会变迁［M］. 北京：生活·读书·新知三联书店，1996：175.

"南人好饮之，北人初不多饮"之说。明清时期，江南地区饮茶尤为普遍。李斗《扬州画舫录》云："吾乡茶肆甲有天下，多有以此为业者"（李斗《扬州画舫录》第五章），与北方茶馆的叫法不同，扬州茶肆一般称为茶社、茶楼、茶坊。一个重要的原因在于，扬州的茶社大多与花园相连，或者茶社本身就是一座花园。

扬州一向有"早上皮包水，晚上水包皮"之说，所谓皮包水指的是早上去茶社喝茶、吃包子，水包皮则指的是晚上去澡堂洗浴喝茶。这种以追求安逸享受为目的的慢生活节奏，从一个侧面说明了扬州人精神生活的雅趣倾向。但是，较之都市喝茶，同为慢生活的雅趣生活，市镇因为与乡村土地之间天然的血脉纽带关联，导致这种雅趣生活渗透了浓厚的农业乡土文明实用色彩。

研究表明，江南乡镇的茶馆生活与农民的生产活动关系紧密：明清时期江南农村还出现了独特的"茶文化"。从居民万户以上的大镇，到仅有数百户的一般市镇，乃至小型乡村集市，都有一定数量的茶馆。……这些茶馆并不仅仅是饮茶聊天和休闲的处所，更兼有交易、娱乐、赌博等功能。① 镇中的居民去茶馆追求生活的雅趣已经是一种常态。"到镇后即步入茶馆，集相识者于一隅，高谈阔论，议论风生。本地新闻，茧丝价格以及年成好坏，等等，均为主要谈话材料。在茧、丝、新米上市时，乡人即以此地为探听市价之所，因而经营茧、丝、米及其他产品之捎客，亦往往出没于其间，从事撮合，赚取佣金。"② 对于扬州茶馆的悠闲生活，朱自清写道：

> 扬州最著名的是茶馆；早上去下午去都是满满的。吃的花样最多。坐定了沏上茶，便有卖零碎的来兜揽，手臂上挽着一个黧病的柳条筐，筐子里摆满了一些小蒲包分放着瓜子花生炒盐豆之类。又有炒

---

① 陈国灿.中国古代江南城市化研究［M］.北京：人民出版社，2010：318.
② （民国）刘大均.吴兴农村经济［M］.上海：中国经济统计研究所，1939：133.

白果的，在担子上铁锅爆着白果，一片铲子的声音。……细细地咬嚼，可以嚼出一点橄榄般的回味来。这么着每样吃点儿也并不太多。要是有饭局，还尽可以从容地去。但是要老资格的茶客才能这样有分寸；偶尔上一回茶馆的本地人外地人，却总忍不住狼吞虎咽，到了儿捧着肚子走出。①

扬州人喝茶享受慢节奏的生活，但是，并不是纯粹的消磨时光，而是带有浓郁的实用生活细节。"每天上午迎来的第一批客人是喜欢遛鸟的茶客，三五群人在正阳楼坐定，点一壶茶，脱去鸟笼上的布套，顷刻间，所养的百灵、布谷、黄鹊、也有八哥，偶尔学学主人的声音逗乐。下午，换来一批茶客，这批茶客中有走街串巷收买废品旧货的，有放高利贷的，还有吃茶评定事理的，但更多的是做生意的客商在此谈生意，茶馆也就成了交易所。"② 非常有趣的是，扬州人把解决民间纠纷之类的家务事，也用喝茶这种优雅的方式化解。

扬州有句俗语说："饿死了不当当，气死了不告状。"民间有大小纠纷，不见官府，不上法庭，一般都进茶馆吃茶评理"私了"，称为"吃讲茶"。双方恭请族中长者或当地有威望的人士、邻居友好吃茶评理。理亏的一方最后替对方和大家斟茶，以示赔礼或致谢。自然，茶东也是理亏的一方付了。③

三、扬州古镇文化资源的开发

余秋雨在他的《江南小镇》一文中说："江南小镇很可以成为我们的作家艺术家的小岛，有了这么一个个宁静的家院在身后，作家艺术家们走在都市街道间的步子也会踏实一点，文坛中的烦心事也会减少大半。而

---

① 朱自清. 说扬州［A］//马家鼎. 扬州文选［C］. 苏州：苏州大学出版社，2001：112.
② 居敏. 扬州古代茶馆与现代茶馆之比较［D］. 中国农业科学院硕士学位论文，2011：6.
③ 黄继林. 从"皮包水"说起——扬州的茶文化及其他［J］. 档案与建设，1999（12）.

且，由于作家艺术家驻足其间，许多小镇的文化品位和文化声望也会大大提高。"① 其实，江南古镇文化资源的发掘，所具有的价值何止是"我们的作家艺术家"诗意栖息的"小岛"？对于当下生活在都市喧嚣生活中，动辄就产生莫名惆怅的都市人而言，清幽的古镇审美空间，也可以涤荡都市人浮躁不安的心灵，唤醒沉睡的文化记忆，洗涤都市生活中的焦虑与惆怅，从而让千年古镇因为"文化激活"而获得新的生命。

目前扬州古镇资源开发已经取得了一定的成绩，但是，仍然存在许多问题，如资源开发缺乏整体性、科学性的"一盘棋"规划与设计，城市与村镇，城镇与城镇，城镇内部不同资源之间，往往处于一种"各自为战"的状态，整体协调的意识。资源特色提炼不鲜明，文化内涵和功能展示不充分，缺乏具有独特吸引力的旅游活动等。

首先，在物质文化资源开发层面，要充分重视扬州古镇的文化遗址、建筑群落、自然生态系统建设和开发。扬州保留了丰富的商人住宅及私人园林，这些都是旅游开发的宝贵资源。如高邮拥有新时期时代"邱墩遗址"、秦邮古驿等，其中"盂城驿"是我国现存唯一规模最大的古驿站，占地1.6万平方米，始建于明代洪武八年，现在保存有主、附建筑120多涧，虽然历经600多年风雨和战火，损毁严重，但是，仍有一部分建筑得以保存。2002年，全面修复了马厂、夫厂、"驿丞宅"、官立招待所"秦邮公馆"等古建筑，整治马饮塘景区，形成了古盂城驿的完整风貌。②

明清时期，扬州盐商云集，大批盐商为了追求生活的奢华，大肆修建住宅园林，为今天扬州古镇开发积累了宝贵的资源。这是扬州古镇旅游开发的财富。目前扬州遗存的有据可查的盐商老宅共有22处，其中规模较大的如卢氏盐商住宅，拥有各类大小房间200余间，占地面积近万平方

---

① 余秋雨．文化苦旅［M］．上海：东方出版社中心，2006：99－100.
② 潘宝明．扬州运河旅游资源整合开发刍议［J］．扬州大学学报，2003（4）.

米，规模小的也有1000多平方米，几十间房屋。① 运河沿岸的盐商住宅群落，虽然经过战争焚毁，遭到相当严重的破坏，保留至今的盐商住宅尚有充足的开发旅游空间。这些盐商住宅是明清扬州历史性民居的典型代表，它集建筑、艺术、文化、民俗为一体，展示了当时匠心独具的建筑工艺、审美情趣，蕴含了深厚的扬州地方文化底蕴。目前，只有极少数盐商住宅得到了开发，大部分或被占用、或闲置，未能得到相应保护与开发。这些盐商住宅大部分集中在今天的扬州市区，城镇保留的较少，这对于古镇开发更应该是弥足珍贵的资源。

从遗存盐商住宅及其演变过程看，清中期多集中在东关街一线，后期多在南河下、丁家湾一线。盐商卢绍绪住宅当年花费七万白银建造，原来有建筑前后九进，为市区现存最大的盐商住宅。②

为此，可以在精细和特色上下功夫，住宅园林体量少是劣势，如果能凝练出自身的特色，就可以化劣势为优势。为此，需要对瓜洲、邵伯、仪征等历史重镇中的盐商古镇资源加以系统梳理，按照不同类型加以区分，进而提炼出这些富商豪宅、园林会馆在建筑风格、审美理念等方面的差异性，利用古镇周围得天独厚的乡村资源优势，开发水乡或山村资源为中心的扬州古镇古建筑与村落。例如，瓜洲镇就拥有独特的孙氏烟商建筑群，该建筑群建于清代，面积2300平方米。整个建筑群房屋架构布局完整，保存较为完好。孙氏烟商建筑群规模宏大，代表了扬州沿江地区民居建筑风格。

其次，扬州古镇文化资源建设，要重视社会文化资源的发掘，从乡镇民俗、历史名人、庙会文化、生产活动、农事节日等方面，开展农业文化体验与旅游活动，为现代都市人提供休闲娱乐服务。

---

① 杨欣. 扬州盐商住宅园林旅游资源可持续开发研究》［D］. 扬州大学硕士学位论文，2008：13.

② 杨欣. 扬州盐商住宅园林旅游资源可持续开发研究》［D］. 扬州大学硕士学位论文，2008：11.

　　较之扬州大都市社会文化资源的丰厚，扬州古镇拥有生态环境的优势。扬州历史上以盐盛，这在很大程度上掩盖了扬州农业文化资源丰厚的特点，扬州古镇是扬州都市与乡镇联系的纽带，兼具了都市与乡镇的特点。由于都市的发展是以恶性损耗原生态的自然环境为前提，传统乡镇生活方式随着都市化进程渐行渐远，无论是出于对传统乡镇社会中美好东西的挽留，还是出于人性中怀旧情绪的渲染，在不可阻挡的都市化进程中，再次体验失去的乡镇生活的美好，已经是人生活中不可或缺的一部分。这为扬州古镇社会资源的开发提供了重要契机。为此，可以充分发掘扬州古镇富有特色的民俗文化、节日习俗，在扬州独特的市镇、城镇、乡镇文化风情中，打造浓厚的文化底蕴。如瓜洲、邵伯、仪征、高邮等古镇都以运河渡口著名，运河人家的生活习俗与都市和一般乡村都有着差异，为此可以把旅游与当地独特的农业文化紧密结合起来。当地政府也意识到社会文化资源开发的重要性，如"依托古渡精品民宿项目，推出古渡文化体验游；依托观音岛景区，推出芦苇游艇观光游；依托途居露营地，推出休闲度假游；依托江河鱼鲜，推出江鲜美食游；依托绚彩葵园，推出田园采摘游……"① 踩街是瓜洲的传统民俗，每逢春节期间，瓜洲居民云集大街，看各种文艺表演，尽享生活乐趣。这些独具特色的民俗活动，在传承扬州古镇传统习俗的同时，大大提升扬州古镇的知名度。

　　最后，在审美文化资源方面，大力挖掘、保护和利用好历史名人的非物质文化遗产。

　　与物质资源、社会资源开发需要依托大量的基础设施建设不同，审美文化资源的开发可以充分发挥扬州古镇历史文化积淀深厚的特点，即使经历战争损毁，对审美文化资源的冲击相对较少，这对于今天开发扬州古镇文化资源而言，无疑是非常有利的。所谓的扬州古镇审美文化资源是指在扬州古镇文化资源里具有文化审美意蕴，能给人带来审美体验的文化资

---

① 陈雪连，钱伟. 瓜洲"旅游＋文化"打造旅居胜地［N］. 扬州晚报，2018－02－09.

源。历史上的瓜洲、邵伯、高邮、仪征等镇，都留下了诸多名人的足迹。以瓜洲为例，后人皆知宋代王安石的《泊船瓜洲》，明人冯梦龙《杜十娘怒沉百宝箱》，殊不知瓜洲留下无数文人墨宝，唐代白居易的《长相思》："汴水流，泗水流，流到瓜洲古渡头，吴山点点愁。思悠悠，恨悠悠。恨到

（扬州名胜"竹西芳径"）

归时方始休，月明人倚楼。"张祜《题金陵渡》："潮落夜江斜月里，两三星火是瓜洲。"高蟾《瓜洲夜泊》："偶为芳草无情客，况是青山有事身。一夕瓜洲渡头宿，天风吹尽广陵尘。"宋代陆游《书愤》："早岁那知世事艰，中原北望气如山。楼船夜雪瓜洲渡，铁马秋风大散关。"张缉《月上瓜洲·南徐多景楼作》："江头又见新秋，几多愁，塞草连天何处是神州。英雄恨，古今泪，水东流。惟有渔竿明月上瓜洲。"这些都是可以挖掘的宝贵的社会资源。

目前，扬州古镇审美文化资源的开发尚有很大空间，如瓜洲根据冯梦龙的《杜十娘怒沉百宝箱》，建有沉箱亭。清代乾隆南巡时，曾驻跸瓜洲，并在锦春园设有行宫，留有乾隆赞美锦春园而题诗的御碑。但是，仅仅停留在这些建设层面还是不够的。瓜洲镇瓜洲村近年来打造的"彩色村"，就是初步结合当地审美文化资源进行创意的尝试。瓜洲镇瓜洲村打造的"彩色村"就是全村居民根据自家周边自然环境，如农户家周边有水塘的，就在自家院墙上统一创意涂鸦，以此突出"水"元素，如果农户家紧挨着农田，就以金黄色为主色调，比如向日葵，表现"希望"的主题；靠坡，则以花卉为主题。该村整体涂鸦分为三种：中国画、欧洲风格的油画和3D效果的立体画。中国画会和历史故事结合起来，比如鉴真东渡，杜十

娘怒沉百宝箱等。欧洲风格油画着重表现巴洛克建筑。3D 立体画着重点在于表现科技感。① 如果能充分梳理当地古镇的历史文脉，以图画形式全面展示瓜洲古镇历史人文底蕴，这对于提升瓜洲古镇的知名度，传承古镇文脉，开发旅游文化资源，都是值得推广的经验。

扬州古镇在历史上创造了辉煌，为今人积累了宝贵的一笔财富，但是，如何充分保护和开发这份资源，显然还有更复杂的工作去做，诸如历史上的城镇、市镇、乡镇的分类，古镇文化资源与都市文化资源的区别，古镇文化资源创意如何避免"千城一面"等问题，都有待深入展开。

---

① 朱轩卿，孙炎. 瓜洲村打造扬州首个"彩色村"中秋节前亮相［N］. 扬州晚报，2016－07－18.

第三章

江海扬波，舳舻万艘忆海港

——扬州交通运输文化资源

早在 6500 年前，在今天的上海还完全沉浸于海平面以下的时候，古扬州的大片陆地已经形成，扬州正位于长江和大海的交汇处，地理位置上属于典型的"襟江带海"，呈现出弯曲的巨大喇叭形状的河口，与今天的上海相似。扬州以下骤然开阔，散布沙洲，海潮上溯到此，江水海潮聚集，水体急速上涨，于是形成奔腾澎湃的广陵潮。后来作为扬州城市原始形态的邗城，就建筑在长江断崖上。

早期扬州襟江带海的特殊地理区位为其河运、海运、造船等工业发展提供了便利。以运河、海洋运输业、造船业为代表，曾铸就了古代扬州工业文明的辉煌，很遗憾的是，随着海岸线东移，扬州成为一个彻底的内陆城市，曾经汹涌奔腾的广陵潮，早已消失得无影无踪，只留下广陵潮是否在扬州的争议；曾经依靠雪花白银建造无数大船的盐商，早已化作一抔黄土，幽深的府邸依旧伫立在西风残阳中；曾经拥挤繁忙的海港码头，早已融进了漫漫的历史长河，片片白帆被时间定格为模糊的记忆。我们再也无法从扬州身上看到蔚蓝如天空的海洋，甚至无法想象江海扬波、舳舻万艘的盛况。只能在对文牍的梳理中，重温那段曾经的辉煌和寂寞，在退去的海潮中，寻觅扬州强大的交通运输文化资源的踪迹。

一、运河运输

古代扬州拥有强大的交通运输和造船工业，首先是建立在河运、海运交汇枢纽的特殊地理区位上的。其中，以运河交通运输最为著名，扬州成为南北运输的重要转运站。"广陵当南北大卫，百货所集"①，内河运输是古代中国重要的交通运输方式，在隋炀帝贯通京杭大运河之前，扬州至淮安之间的里运河，已经是我国历史上有明确文献记载的最早的运河。里运河的历史可以追溯到春秋时期吴王夫差开凿的邗沟。里运河南起扬州市邗江区六圩，北到淮安，中间经过江都、高邮、宝应等地，全长 168 公里，是苏北水上交通的动脉。长期以来，里运河对沟通长江、淮河两大水系，联系我国南北交通，以及在漕运、盐运方面均起着重要作用。② 后来又经过多次开凿疏通，最终成为连接扬州至淮安之间的水运要道。

邗沟的开凿，出于军事目的。秦汉以后，交通货运功能日趋重要。汉时吴王刘濞对邗沟进行疏通并裁弯取直，自茱萸湾通海陵、如皋、蟠溪，成为吴王刘濞运盐主要通道。"除了盐铁运输外，一定规模的漕运开始出现，景观盛极一时，出现了扬州历史上的第一次经济发展高峰。"③

隋文帝时于扬州开山阳渎，以通运漕。隋炀帝时期，邗沟经过彻底疏浚和治理，交通运输能力得到空前提高，到了唐代，里运河成为京杭大运河交通的"干线"。扬州在运河交通运输业上的地位也更加重要。"邗沟经过隋代彻底的疏浚和治理，唐代仍为南北运输的大动脉，漕粮大都经此北上，运至两京。"④ 这一时期，位于曲江北岸的扬子津临近广陵，优越的地理条件，使它成为隋唐时期邗沟的另一个重要运输渡口。隋炀帝曾经在这里建筑临江宫，伊娄河开凿以后，扬子津仍然为重要港口。

唐代，长江泥沙淤积，导致江水南移，扬子桥由渡口变为陆地，邗沟与长江的直接联系中断。738 年，在润州刺史（兼管江北）齐浣主持下，开掘了一条长 25 公里的伊娄河。由瓜洲入长江，经润州（镇江）、常州、

①　（宋）王溥．唐会要：卷86［M］．上海：上海古籍出版社，2006：1874.
②　陈桥驿．中国运河开发史［M］．北京：中华书局出版社，2008：217.
③　陈肖静，侯兵．运河的变迁及其对扬州社会与文化的影响［J］．中国名城，2015（11）.
④　陈桥驿．中国运河开发史［M］．北京：中华书局出版社，2008：221.

苏州、杭州贯通吴越。伊娄河与仪征运河相会于扬州，从此"上江（指长江上游）漕船入仪征运河，不入瓜洲，后代苏、松、常、镇、熹、湖等郡漕船入瓜洲，桂、广漕船入仪征口"。① 李白曾在《题瓜州新河，钱族叔舍人贲》一诗中称赞伊娄河开凿后的重要性："齐公凿新河，万古流不绝。丰功利生人，天地同朽灭。"763 年，转运使刘晏的漕运改革，彻底奠定了扬州运河交通运输的重要地位："江船不入汴，汴船不入河，河船不入渭；江南之运积扬州。"② 也就是说，扬州成为运河漕运的中转站。这样，大唐的漕运就经扬州由邗沟、淮河、汴河运往洛阳、长安，扬州由此成为漕运的枢纽城市。1960 年，在京杭大运河工程施家桥船闸工地发现唐代大木船和独木舟各一艘，在木船附近还发现了港口木桩遗迹。据考证，木船可能是唐代中期来往于长江和运河中的货船。③ 这证明了唐代扬州运河运输的繁忙。

唐代扬州运河在漕运中的规模问题，傅崇兰在他的《中国运河城市发展史》一书中提出过独到的看法，在他看来，人们以为唐代漕运工程成就不小，运河事业规模巨大，其实不然。因为唐代为了保证漕运，对扬州至淮安的运河所进行的两次截弯取直工程，都失败了。由于新渠"湍急不可行"，漕运船只仍然绕行盱眙旧运道，旧运道长二百六十华里，而且其中"自虹县至临淮一百五十里"一段，"水流迅急"，不得不"用牛曳竹索上下"。因此，唐代的漕运如此艰难，漕运数量和货船来往，不能不受到很大限制。④ 换言之，隋唐之前扬州段的运河主要用于政治、军事功能，在唐代开始起到了一定的漕运作用。但是从扬州到淮安运河段，水源问题没有得到很好的解决，水涩难行舟的情况经常发生，所以，扬州在此时的水

---

① 傅崇兰. 中国运河城市发展史 [M]. 成都：四川人民出版社，1985：136.

② 唐宋运河考察队. 运河访古 [M]. 上海：上海人民出版社，1986：49.

③ 朱江. 从文物发现情况来看扬州古代的地理变迁 [M]. 南京博物院集刊，1981（3）.

④ 傅崇兰. 中国运河城市发展史 [M]. 成都：四川人民出版社，1985：63.

运交通运输上的作用仍然有限。

但是，这并不影响扬州邗沟在漕运中的重要地位，一方面，虽然唐代漕运江、淮漕米，并非只用邗沟一段运河，还要用江南运河和通济渠，但是，因为"扬州至淮安的山阳渎处在江南运河与通济渠中间，这一段运河的作用在实际上也影响着其他两段运河的作用"。另一方面，"唐代运河在漕运方面和南北物资交流方面的作用虽然有限，但已经对江南的经济开发和江南文化的提高，起了积极的促进作用"①。天宝年间，扬州每年向京都转运漕粮至少200万至300万石。② 因此，唐代的扬州仍然呈现出了"官河填淤，漕浣埋塞，又侨衣冠及工商等多侵衢造宅，行旅拥弊"的繁盛景观。（《旧唐书》卷一四六《杜亚传》）"其商业之繁盛，船商之众多已成为不争的事实。"③ 这一时期，扬州涌现出依靠长途贩运大宗商品贸易而富贵的船商，如扬州富商王四舅，"匿迹货殖，厚自奉养，人不可见。扬州富商大贾，质库酒家，得王四舅一字，悉奔走之"。（李肇《唐国史补》卷下）《旧唐书》记载天宝十年，广陵郡大风，长江口有数千艘船只受灾，"天宝十载，广陵郡大风驾海潮，沦江口大小船数千艘"④。因此，对于唐代内河航运的发达，人们以"江河帝国"誉之。

船运的发达，给扬州城市带来了"夜桥灯火连星汉，水廓帆樯近斗牛"的美丽繁荣景观。"扬州府……江中充满大舫船、积芦船、小船等，不可胜计。"⑤ 唐代扬州城市的繁华，离不开运河航运的助力。

宋元时期，扬州运河对漕运的影响力受到战事频繁的影响严重，先是南宋时期的宋金对峙，为了防止金兵从运河侵入江南，南宋政府下令焚毁

---

① 傅崇兰. 中国运河城市发展史［M］. 成都：四川人民出版社，1985：63，64.
② 欧阳修，宋祁. 新唐书：卷五十三：食货志［M］. 北京：中华书局，1975.
③ 谷更有. 试论唐代船商的地域特征和经济实力［J］. 云南大学人文社会科学学报，2001（5）.
④ （后晋）刘昫. 旧唐书：卷37：五行志［M］. 北京：中华书局，1975：1358.
⑤ （日）释圆仁原. 入唐求法巡礼行记校注：卷1［M］. （日）小野胜年校注，白化文，李鼎霞，许德楠修订校注. 石家庄：花山文艺出版社，2007：22.

扬州船闸，导致扬州运河运输被人为中断。1134年，"诏烧毁扬州湾头港口闸，泰州姜堰、通州白莆堰；其余诸堰，并令守臣开决焚毁，务要不通敌船。又诏宣抚司毁拆真、阳（扬）堰闸及真州陈公塘，无令走入运河，以资敌用"①。直到金兵退回到淮河以北，这才疏通瓜洲到淮口运河堵塞之处，但是，运输的作用受到了极大限制。即使如此，扬州运河运输对帝国的支撑作用仍是不可忽视的。据史料记载，当时每年从东南六路上供的米粮多达六百万石之多。这些米粮由各路转运司分别运抵真、扬、楚、泗等四大转运点，再由发运司经运河转运到汴京。扬州是四大转运点中位置极为重要的一个，每年在运河上往来的运粮船数量极多，曾一度多达六千余艘。②

　　元代建都于北方，对江南漕粮的需求自然超过宋代，《元史·食货志》记载"元都于燕，去江南极远，而百司庶府之繁，卫士编民之众，无不仰给于江南"。为此，运河运输的功能较之前朝更急切。当时，由淮河入淮安至扬州的运河，称扬州运河（从黄河到扬州瓜洲，入长江）。傅崇兰认为，元代大运河，由于某些河段处于草创阶段，又受到当时经济条件的限制，某些运河段落河道狭窄而且很浅，不得不水陆兼运，仍然不能满足漕运和南北物资交流的需要，所以元代漕运以海运为主。③ 但是，学界也有人指出，元代扬州不仅在运河交通运输中占据重要地位，而且，恰恰是元代奠定了此后扬州作为帝国交通枢纽的地位。

　　　元承南宋而来，浙江是南宋政权所控制与开发的核心地带，有着极好的经济基础。元运河向江南腹地的延伸，扬州真正成了联系江南腹地经济重心与北方政治中心的枢纽，无疑增加了扬州在整个帝国漕运和交通体系中的重要性。……可以说，元代基本奠定了扬州在明清

---

　　① 宋史：卷97：河渠志［M］//傅崇兰. 中国运河城市发展史［M］. 成都：四川人民出版社，1985：66.

　　② 全汉升. 唐宋帝国与运河［M］. 北京：商务印书馆，1994：100.

　　③ 傅崇兰. 中国运河城市发展史［M］. 成都：四川人民出版社，1985：68.

时期整个交通体系中的基本格局，扬州作为帝国交通枢纽这一基本事实，在元代大运河（京杭大运河）重修之后就基本显现。①

明清时期南北大运河畅通，河运经济作用空前提高，再加上明清时期江南地区商品经济的发达，作为京杭大运河中间枢纽的扬州发挥了至关重要的作用。大运河扬州段，在这个时期被称为漕河、官河、运河等，粮食、食盐运输功能凸显，其中，盐业运输扮演着至关重要的作用，扬州凭借便利的河运交通，成了淮盐的集散地。

就明清时期而言，大运河带动扬州突破原有旧城的藩篱，形成了新旧二城并峙的城市格局。大运河所承担的盐运与漕运的职能，奠定了扬州在明清时期的政治、经济格局中的重要地位，它既是区域经济中心，又是帝国漕粮和淮盐转运的枢纽。……可以说，畅行无阻的大运河是支撑扬州发展的基础性力量，清末大运河日趋淤塞，漕粮改走海运，扬州便迅速衰落，从反面印证了畅通的大运河之于扬州的重要性。②

总之，自邗沟开凿到京杭大运河贯通，扬州段运河交通运输实现了从单纯的政治军事功能到漕运、盐运的经济功能的转变，逐步奠定了从运河沿岸重要渡口到成为明清运河交通枢纽中心的地位。

二、海运

历史上的扬州作为大运河枢纽中心众人皆知，但是，它曾是著名的海港，海运交通的发达却长期湮没无闻。考古学证实，历史上的扬州与海洋的关系极为密切，在唐代，扬州仍然是一个位于长江和大海的交汇处的城市。

江淮地区的滨海地带全新世以来发生过几次海侵，最大一次海侵发

---

① 杨建华. 明清扬州城市发展和空间形态研究［D］. 华南理工大学博士学位论文，2015：25.
② 杨建华. 明清扬州城市发展和空间形态研究［D］. 华南理工大学博士学位论文，2015：23.

生在距今10000～7000年，江淮之间的海岸线向西推进最远处可达高邮湖西岸；全新世最高海面发生在距今5500年前后，江淮之间在阜宁—盐城—东台—海安一线，以东为浅海相沉积，以西为潟湖沼泽相沉积；距今4700～4000年，又发生过一次海面上升，江淮东部受到大规模的海侵。阜宁至海安一线以东地区在距今4000年前还未形成稳定的陆地。①

也就是说，在距今五六千年以前，海侵导致了长江河口一直退回到今天的镇江和扬州一带，镇江和扬州以下是海湾，以上才具有真正的江型。扬州由此形成了"陵山触岸，从直赴曲"的地理态势。"古邗城南沿临蜀冈南麓断崖，断崖下即为长江。"②

由于历史早期的长江喇叭形河口的潮汐作用特别显著，在江口扬州附近出现涌潮现象。那时在圌山以上的扬州湾内，散布着"开沙"等沙洲，使江流分汊，北支在扬州城东形成曲江，湾道水浅，由东海汹涌而来的海潮，经开阔的海湾乍入曲江湾道隘处，又被水下的沙坎所激逼，形成汹涌澎湃的涌潮。即历史上有名的"广陵潮"。秦时扬州为广陵县治，于是"广陵观涛"成为两汉以来的盛事。晋郭璞《江赋》云："鼓洪涛于赤岸，沦余波于柴桑。"赤岸指位于扬州城西二十公里的赤岸湖，柴桑即今九江。可见晋时涌潮形成于江口的扬州，而潮区则远及九江。魏晋时的古城广陵正处于河口北侧。据《资治通鉴·魏纪》记载：魏黄初六年（公元225年），曹丕兵至广陵，看到广陵潮，曾惊叹："嗟呼！天所以限南北也。""永初三年，檀济始为南兖州，广陵因此为州镇。土甚平旷，刺史每以秋月多出海陵观涛，与京口对岸，江之壮阔处也。"（《南齐书》）汉赋《七发》如此描写广陵潮的盛大景象："至则未见涛之形也，徒观水力之所到，则恤然足以骇矣。观其所驾轶者，所擢拔者，所扬汨者，所温汾者，所涤

---

① 张之恒.长江下游新石器时代文化［M］.武汉：湖北教育出版社，2004：5.
② 朱福烓，许凤仪.扬州史话［M］.南京：江苏古籍出版社，1985：7.

汔者，虽有心略辞给，固未能缕形其所由然也。"① 足见汉代扬州距离海洋之近。

此后，长江北岸逐渐南移，从魏晋南北朝至唐代，"初自广陵扬子镇济江，江面阔，相距四十余里。唐立伊娄埭，江阔犹二十余里"。（顾祖禹《读史方舆纪要》卷二十三）但"唐时扬州尚见潮"。直至唐朝大历年间（766—779 年），曲江淤塞，瓜洲并岸，涌潮始消失。② 9 世纪后，长江口从泰州以东迁至南通一线，扬州港离海越来越远，距江岸也远达 15 公里，扬州港赖于发展经济的地理优势完全丧失。到 10 世纪初，扬州港失去了昔日第一大海港的地位，成为一个单一的内河港埠了。

唐帝国时期的扬州拥有著名的海港，其地理位置在长江入海口北侧，距离海洋很近。"东至海陵（今泰州）界九十八里，又自海陵东至海一百七里。"③ 对于当时扬州港口江海相通的盛况，《旧唐书》《河东记》等均有记载："天宝十载，广陵郡大风，驾海潮，沦江口大小船只数千艘。""舳舻万艘，溢于河次，堰开争路，上下众船相轧。"扬州港是当时唐朝"海上丝绸之路"的重要海港。满载丝绸、瓷器等中国货物的商船，从扬州起航后横渡东海抵达日本奄美大岛、屋久大岛、种子大岛，到达日本的博多，或东出长江口经明州、广州与大食、波斯等西亚各国通商。当时从中国出发去非洲的航线中，有一条跨越印度洋，一直到达坦桑尼亚和埃及，再进入地中海的航线，也被称为"陶瓷之路"，而这条"陶瓷之路"的起点就是扬州、广州。9 世纪中叶，阿拉伯地理学家伊本·考尔大贝曾把扬州与交州、广州、泉州并列为东方四大港口之一。④ 在 7 至 9 世纪，扬州已经发展为"当时全国第一大经济都会和第一大海外贸易港口"⑤。

---

① 枚乘. 七发 [A] //马家鼎. 扬州文选 [C]. 苏州：苏州大学出版社，2001：62.
② 王育民. 中国历史地理概论（上册）[M]. 北京：人民教育出版社，1985：184 – 185.
③ 司马光. 资治通鉴：卷一八八 [M]. 上海：上海古籍出版社，1987.
④ [日] 桑原骘藏. 蒲寿庚考 [M]. 陈裕菁，译. 北京：中华书局，1954：3.
⑤ 崔文龙. 从唐代扬州看影响海港城市发展的因素 [J]. 中国水运，2006（10）.

唐代的扬州港在中日海运中扮演了重要角色，成为国内通向日本的主要海港，也是遣唐使启程回国的主要城市。中日之间使节、学问僧和留学生交流频繁，往来中日之间的海洋航线有北路和南路两条航线，其中南路航线从日本出航后，向南再向西直接横越东海。

难波三津浦——濑户内海——下关海峡——筑紫博多——南岛或值嘉岛——东海——长江口——扬州——高邮——楚州（淮安）——广济渠（通济渠）——徐州——彭城——汴——洛阳——函谷关——潼关——渭南——长安（唐都）①

虽然这条航线有很多风险，不少使节、学问僧和留学生就遭遇风涛之害，但是日本方面以更多的遣唐使和留学生来往中国。

每次出航的使舶增加到四艘，人员多至六百余人。一般均从九州南的夜久（今屋久岛），经大岛（今奄美大岛）向西渡海；或从九州西南之值嘉岛再越东海，如顺利可到达扬州，或到越州、明州登陆，再循隋代开浚之大运河北上。其回国的路程，也大都从上述三港出发。②

唐代鉴真先后五次东渡日本，742 年，第一次东渡就是从扬州港出发的，"始于（扬州）东河造船，扬州仓漕李凑依李林宗书，亦同检校造舟、备粮"③。748 年，鉴真第五次东渡失败，返回扬州。753 年，日本遣唐使藤原清河等人奔赴扬州拜访鉴真，请求同船赴日，最终第六次东渡成功。尤其值得注意的是，鉴真每次东渡，能够在很短时间就召集到一批能够掌握航海高超技术的水手，其中一次东渡招聘的水手、船工 18 人，"同行人僧祥彦等道俗一十四人，及化得水手一十八人，及余乐相随者，合有三十

---

①　姜浩. 隋唐造船业研究［D］. 上海师范大学硕士学位论文，2010：62.

②　丁中华. 唐代中日海运［J］. 航海，1980（1）.

③　［日］真人开元. 唐大和尚东征传［M］. 北京：中华书局，2000.

五人"①。这在一般地方一次招收这么多熟悉航海技术的水手是难以做到的，② 足见当时扬州作为海港城市具有相当大的规模，才会积累如此雄厚的条件。

便利的交通和繁荣的商业贸易把大量的外民族商人吸引到扬州。当时的扬州有通往日本、新罗、阿拉伯等世界各地的航线。波斯、大食商人多以扬州为据点，沿江河从事贸易活动，其中多以经营药材、珠宝为业。在扬州甚至建有"波斯邸"，今江都仍然保留有"波斯庄"的地名。据资料记载，当时扬州城中的大食、波斯等外国人极多。除了波斯和大食商人之外，还有新罗人、日本人、古婆（越南）人、狮子（斯里兰卡）。③ "以是大食、波斯、胡人之流寓此间者极众。扬州胡店甚多，以珠宝为业，亦可谓中西珠宝互市之荟萃地，置有市舶使。"④ 史书记载，760 年，田神功杀扬州胡人数千，"入扬州，遂大掠居人赀产，发屋剔窌，杀商胡波斯数千人"⑤。"神功兵至扬州，大掠居人，发冢墓，大食、波斯贾胡死者数千人。"⑥ 在扬州甚至建有"波斯邸"，今江都仍然保留有"波斯庄"的地名，直至今天，在扬州方言里，还保存有"波斯献宝"这一说法。

扬州城不仅成为名副其实的国际化商业大都市，而且，"商胡离别下扬州"的经济活动方式，促进了中外文化的交流，显示了扬州凭借海港优势，具备的海洋文明特有的包容开放的胸襟和抱负。最重要的是，如西方城市学家芒福德所说的，交通运输能实现互通有无，平均所余物资，交流不同地区特有的物资；这些职能便促进了一种新的城市体制，即市场，市

---

①　真人元开．唐大和上东征传［M］．汪向荣校注．北京：中华书局，1979：62.

②　许凤仪．论唐代扬州为鉴真东渡提供的社会基础［J］．唐都学刊，2007（4）．

③　崔文龙．从唐代扬州看影响海港城市发展的因素［J］．中国水运，2006（10）．

④　王孝通．中国商业史［M］．北京：团结出版社，2007：107.

⑤　（宋）欧阳修，宋祁．新唐书：卷 144：田神功传［M］．北京：中华书局，1975：4702.

⑥　（宋）欧阳修，宋祁．新唐书：卷 141：邓景山传［M］．北京：中华书局，1975：4655.

场本身也就是城市生活的安定性及规律性的产物。① 恰恰是扬州为唐代中国城市政治文明带来的重要新元素，让扬州文化充满了新鲜活泼、开放包容的海洋文明的审美特征。

三、船舶制造业

韦明铧在《两淮盐商》一书中说，刘濞最重要的政绩有三，即铸钱、煮盐、造船。这三大产业，使得当时吴国的强盛成为天下之首。三大政绩中，有两个与海洋直接相关。

隋唐时的扬州造船业闻名全国。促进扬州造船业发达的因素是多方面的，扬州地处江海交汇的优越条件，繁忙的漕运、盐运任务，发达的地方经济都促使了扬州造船业的先进。甚至隋炀帝为了游玩而专门指定扬州大肆建造龙舟，虽然是一种劳民伤财的行为，但是，在客观上也促进了扬州造船业的发展。

隋唐时期，扬州已经拥有在短时间内建造数量庞大、类型多样、技术精密的船只。研究表明，隋炀帝时期是隋代造船业发展的鼎盛时期。这一时期，造船业中心开始从长江中上游地区向长江下游地区转移，长江下游的造船业发展速度加快，成为全国造船业的中心。隋朝初年，长江下游的江淮、江南地区造船业已经有所发展。隋炀帝乘坐的龙舟数量庞大，《隋书》称隋炀帝的龙舟船队排列长达二百里。

> 龙舟四重，高四十五尺，长二百丈。上重有正殿、内殿、东西朝堂，中二重有百二十房，皆饰以金玉，下重内侍处之。皇后乘翔螭舟，制度差小，而装饰无异。别有浮景九艘，三重，皆水殿也。又有漾彩、朱鸟、苍螭、白虎、玄武、飞羽、青凫、陵波、五楼、道场、玄坛、板翕、黄篾数千艘，后宫、诸王、公主、百官、僧、尼、道

---

① （美）刘易斯·芒福德. 城市发展史——起源、演变和前景［M］. 宋俊岭，倪文彦，译. 北京：中国建筑工业出版社，2005：77.

士、蕃客乘之，及载内外百司供奉之物。共用挽船士八万余人，其挽漾彩以上者九千余人，谓之殿脚，皆以锦彩为袍，又有平乘、青龙、艨艟、艚艟、八棹、艇舸等数千艘，并十二卫兵乘之，并载兵器帐幕，兵士自引，不给夫。舳舻相接二百余里，照耀川陆，骑兵翊两岸而行，旌旗蔽野。①

杨玄感之乱中，龙舟全部被焚毁，隋炀帝下令在江都重新建造，仅仅用时一年，就建造龙舟数千艘。② 对此，唐人杜宝在《大业杂记》中记载隋炀帝命人在扬州造船之事："敕王弘于扬州造舟及楼船，水殿水杭、板榻、板舫、黄篾舫、平乘、艨艟、轻舸等五千余艘""发洛口部五十日乃尽，舳舻相继二百余里。"③ 另据《资治通鉴》记载："杨玄感之乱，龙舟水殿皆为所焚，诏江都更造，凡数千艘，制度仍大于旧者。"④ 617 年，"江都新作龙舟成，送东都"⑤。能在短短一年的时间内，建造如此庞大规模的龙舟，说明隋朝的扬州造船业已经非常发达。

到了唐代，扬州造船能力得到进一步增强。长江和运河两岸的国营船场就有 10 多处，民间私营船场不计其数。代宗大历年间转运使刘晏建议在扬州建造造船场专门制造漕运船只"置十场于扬子县，专知官十人，竞自营办"⑥。而且，这一造船工程，从一开始就投入巨资，显示出刘晏对扬州造船场的重视程度。

> 每艘给钱千缗。或言："所用实不及半，虚费太多。"晏曰："不然，论大计者固不可惜小费，凡事必为永久之虑。今始置船场，执事者至多，当先使之私用无窘，则官物坚牢矣。若遽与之屑屑校计锱

① （宋）司马光. 资治通鉴：卷180 [M]. 北京：中华书局，1956：5621.
② 姜浩. 隋唐造船业研究 [D]. 上海师范大学硕士学位论文，2010：41.
③ （唐）杜宝. 大业杂记 [M]. 北京：中华书局，1991.
④ （宋）司马光. 资治通鉴：卷182 [M]. 北京：中华书局，1956：5700.
⑤ （宋）司马光. 资治通鉴：卷183 [M]. 北京：中华书局，1956：5705.
⑥ （宋）王谠撰，周勋初校证. 唐语林校证 [M]. 中华书局，1987：61.

铢，安能久行乎！异日必有患吾所给多而减之者；减半以下犹可也，过此则不能运矣。"其后五十年，有司果减其半。及咸通中，有司计费而给之，无复羡馀，船益脆薄易坏，漕运遂废矣。①

刘晏主导创办的扬子造船场，对扬州乃至国家漕运政局起到了关系国运的作用，由此可见，唐代扬州造船场一直到咸通末年，才因为造船经费被克扣，木料质量受到严重影响，"院官杜侍御又以一千石船，分造五百石船两舸，用木廉薄。又执事人吴尧卿为扬子县官，变盐铁之制，令商人纳榷，随所送物料，皆计折纳，勘每船板、钉、灰、油、炭多少而给之。物复剩长。军将十家，即时委弊"②。但是，这并不能掩盖其在唐代为扬州造船业做出的巨大贡献，乃至"船场既堕，国计亦圮矣"③。

鉴真东渡也从一个侧面证明了唐代扬州造船技术的发达，"鉴真六次东渡，两次在扬州造船、一次买船。一只可载百余人及大量物资的海船，只用三两个月便可造成，足见扬州造船力量的雄厚"④。《旧唐书》记载开元九年，"扬、润等州暴风，发屋拔树，漂损公私船舫一千余只"。⑤ 虽然这些船只并非都是在当地建造，但是，能够在当地出现如此庞大数量的船只，说明当地拥有相当高的造船能力应当可信。

隋唐时期扬州造船业的发达不仅体现在短时间内建造出规模庞大船队的能力，还体现在可以建造各种类型、技术精密的船只。

唐代船只类型多样，河运船与海船不同，漕运船、海军战船也分为多种类型，如战船、漕船、游船、商船、货船、客船等。据杜佑《通典·兵十三·水平及水战具附》记载，当时海军用的舰船有六种类型：楼船、艨艟、斗舰、走舸、游艇和海鹘。即使是隋炀帝用来游玩的龙舟，都显示出

① （宋）司马光．资治通鉴：卷226［M］．北京：中华书局，1956：7287.
② （宋）王谠撰，周勋初校证．唐语林校证［M］．北京：中华书局，1987：60.
③ （宋）王谠撰，周勋初校证．唐语林校证［M］．北京：中华书局，1987：61.
④ 许凤仪．论唐代扬州为鉴真东渡提供的社会基础［J］．唐都学刊，2007（4）.
⑤ （后晋）刘昫．旧唐书：卷8：玄宗本纪上［M］．北京：中华书局，1975：182.

高超的造船工艺，"隋炀帝三次下扬州时乘坐的楼船龙舟上下三层，有宽敞的宫殿，豪华的宴厅，可容数百人。这些楼船龙舟多是扬州工匠制造的；洛阳每年举行龙舟竞赛，豪华的龙舟也为扬州所造"①。"五月五日洛水竞渡，船十只，请差使于扬州修造，须钱五千贯，请速分付。"② 漕船也分为不同类型，不同的水域要求不同类型的漕船。所谓"江船不入汴，汴船不入河，河船不入渭"。③ 这就意味着漕船的制造必须根据水域的差异设计。刘晏在扬子造船时就注意到了这个情况。

> 晏以为江、汴、河、渭，水力不同，各随便宜，造运船，教漕卒，江船达扬州，汴船达河阴，河船达渭口，渭船达太仓，其间缘水置仓，转相受给。自是每岁运谷或至百馀万斛，无斗升沉覆者。④

隋唐时期，扬州造船业的发达还体现在造船新技术的采用上。水密隔舱技术是古代中国造船技术上的重大发明，中国最迟在唐代就已经在造船中使用水密隔舱技术，尤其在制造海船过程中普遍使用这项技术，内陆船在制造时也有一部分采用水密隔舱技术。1960 年扬州施桥镇出土的唐船，表明水密隔舱技术已经得到了广泛应用。这艘船长 18.4 米，宽 4.3 米，全船分为五个舱，舱中又被隔分为若干小舱，船板厚 13 厘米。⑤ 而且，船板之间采用铁钉榫接，这需要有一整套捻缝技术，才能解决防止铁钉过快生锈的难题。"平接法"的技术已经普遍使用，这种建造方法"有效地保持了船的扛沉性，并成为我国木船建造的规范。这艘船的外板采用平接法，船内隔舱板及舱板枕木与左右两舷榫接，船舷由 4 根大木拼成，平排钉合……这种平接法与搭接法相比，具有连接处不易松动、脱落，船体光

① 许凤仪. 论唐代扬州为鉴真东渡提供的社会基础 [J]. 唐都学刊，2007 (4).
② （唐）张鷟. 龙筋凤髓判：卷 2：丛书集成：0786 册 [M]. 北京：中华书局，1985：43.
③ （宋）欧阳修，宋祁. 新唐书：卷 53：食货志三 [M]. 北京：中华书局，1975：1368.
④ （宋）司马光. 资治通鉴：卷 226 [M]. 北京：中华书局，1956：7286 – 7287.
⑤ 姜浩. 隋唐造船业研究 [D]. 上海师范大学硕士学位论文，2010：38.

顺，减少阻力的优点，而且节省木材，减少船体自身重量。从木船的建造工艺和技术水平上讲都是很先进的，这种平接法一直沿用至今"①。

需要特别指出的是，较之隋朝，唐代的扬州造船业应该更为发达。因为隋朝虽然大造龙舟、战船，但是，仍然实行极其严格的政策，"其江南诸州，人间有船三丈以上，悉括入官"②。也就是说，隋朝对民间大型船只加以严格管制，这对于民间造船业是一个巨大打击。唐代也立法禁止出洋航海，"诸私渡关者，徒一年；越度者，加一等"。（《唐律疏议》卷八）鉴真东渡日本前后共六次，仅一次成功，这六次中，有两次被官府追捕，船舶遭到没收。其余四次都历尽艰辛，千方百计地逃避官府的耳目出海。他的旅行，旨在弘扬佛法，因此行装轻便，尚且困难重重。民间造船业面临的困难可想而知。因此，"中国远洋航海业，只是从唐朝中期开始，才迈开较大的步伐"③。而扬州海港兴盛的时间，恰恰是隋唐时期，因此，对扬州历史上造船业的研究，在承认其取得巨大成就的同时，也不能盲目抬高，应该冷静客观地对待。

今天，"江海扬波"的地理特征已经消失了，其内在的海洋文化精神却成为扬州文化资源的重要部分。对此，正如有学者指出的："纵然由于沧海桑田的缘故，海潮早已不到广陵城下，可是爱怀古的民族又总是在冥冥之中不断追忆它的伟大，假想它的存在。"④

---

① 张奎元，王常山．中国全史·中国隋唐五代科技史［M］．北京：人民出版社，1994：163－164．
② （唐）魏徵．隋书：卷2：高祖下［M］．北京：中华书局，1973：43．
③ 陈希育．九世纪前中国与东南亚的海上交通［J］．南洋问题研究，1991（2）．
④ 韦明铧．扬州文化谈片［M］．北京：生活·读书·新知三联书店，1994：32．

第四章

广陵大都，富甲天下扬州梦

——扬州城市文化资源

城市文化是人类文明的高级形态，扬州文化资源梳理的核心是对城市文化的研究。对扬州城市原始形态的考察，首先需要从学理上廓清扬州城市文化原始形态的历史阶段，这可以转换为如下两个命题：其一，扬州城市产生于何时；其二，扬州城市文化原始形态"历史区间"如何划分。

就前者而言，扬州城市产生于何时，不仅取决于扬州城市考古学最新成果，还与我们对"城市"一词界定的语境直接相关。因为对城市界定的语境不同，将直接导致城市产生时间这一话题的分歧。目前学界对中国最早城市产生的界定，一直存在争议。其中有三种代表性的观点，一是以最早修筑的"城"作为城市的起源；二是以城内或城附近最早出现货物交换的"市"作为城市的前身；三是以城和市的结合体作为城市真正产生的起点。[①] 在上述三种不同的城市概念语境下探讨扬州城市起源，必然导致扬州城市发生时间的差异。

本文认为，扬州城市产生于何时，应该建立在如下三个条件考量上：一是具备防御性的、提供安全保障的城墙建筑。《墨子·七患》中说"城者，所以自守也"[②]。早期城市的出现往往从修筑坚固的城墙等防御性设施开始，据历史资料记载，扬州筑城历史源自春秋末期的诸侯争战，吴王

---

① 马正林. 中国城市历史地理 [M]. 济南：山东教育出版社，1999：17 – 19.
② 谭家健，郑君华选译. 墨子选译 [M]. 上海：上海古籍出版社，1990：21.

夫差为了实现北进中原而修筑邗城，这个坚固的城防设施无疑是扬州之"城"的最早起点。二是在城内或附近出现一定规模的交换货物的市场。"市"即市场，是居民之间货物相互交换的场所。这可以看作后来城市商业贸易的前身。如果参考春秋时期中国城市商业发展阶段性特征，以及当时扬州地区商业发展情况，扬州之"市"的产生时间，应该在春秋末年筑邗城前后，至秦汉时期已经相当成熟。但是，扬州以"城"的形式呈现出来的"市"，最早可以追溯到邗城。三是城和市应该同时具备，缺一不可，而且，二者之间必须真正发生血脉纽带关联，才能构成真正意义上的城市。

一、扬州城市文化的原始形态

从历史资料和考古成果来看，扬州城市全面具备了上述基本形态的时间，最早起于邗城，最晚则在战国末年到秦汉之间的广陵城时期。由此，本文以春秋末期的邗城作为扬州筑城历史的起点，由此拉开了扬州城市原始形态发展的序幕。正如学者李廷先指出的，"古代扬州经济、文化的发展也就从这里发轫"。[①]

那么，由邗城为起点的扬州城市原始形态延续到何时呢？这就是上文所说的扬州城市原始形态"历史区间"的命题。

就这个问题而言，一方面，中国古代城市原始形态阶段是考察扬州城市原始形态的重要历史背景。根据目前学界比较普遍的观点，战国和汉代是中国古代城市阶段性特征明显转型的两个时代。

> 春秋战国之际……这是一次封建社会的城市建设高潮，不同于西周开国之初的那一次。两次高潮代表着两种不同社会制度的城市建设活动，形成了两种性质有别、规划格调各异的城市，即从奴隶社会的"城"——都邑，演变为封建社会的"城市"，由政治堡垒的"城"，转化为兼备政治和经济双重职能的"城"，并由此产生了"筑城以为

---

① 李廷先. 唐代扬州史考［M］. 南京：江苏古籍出版社，2002：2.

君，造郭以守民”的城郭分工的新规划理念。①

战国时期是中国城市发展深刻变革，逐步确立封建城市制度的阶段。"春秋战国以前是'城虽大，无过三百丈者'，战国之时则是'千丈之城、万家之邑相望'。"② 两汉则是拉开了自西周宗法制分封筑城以来的又一次城市建设高潮的帷幕。此后中国城市转入低谷，"直到隋唐，才再次展现出复兴的曙光，迎来城市发展的又一次高潮"③。因此，中国古代城市原始形态的成熟，最晚时限应为两汉。另一方面，扬州城市自身发展的阶段性特征，是划分扬州城市原始形态"历史区间"的现实基础。根据李廷先的观点，"扬州古代的经济和文化的发展，大致可分为前、后两期：前期从春秋末到唐，以唐为最盛"。就前期而言，又分为"春秋和战国时期""秦和西汉时期""东汉和三国时期""两晋和南北朝时期""隋朝时期"五个阶段。④ 而根据扬州城市发展历史资料来看，最迟在西汉时期，扬州城市各种形态发展已经非常成熟，所以，本文把扬州城市原始形态时期划定为春秋邗城至汉初刘濞的广陵城时期。

邗城是扬州城市发生的起点，也是扬州都市文化的起点。考古学家对于中国城市遗址的挖掘证实，中国古代第一批都城的出现大都是以土夯筑或者石头砌筑的城堡。这是人类文明史上的具有划时代意义的人文事件，它好像是历史长河中一种高耸的里程碑，把野蛮和文明两个阶段清楚地区分开来，中国历史从此开始了新篇章。⑤

古邗城的出现，一方面，它使得扬州从一个富有争议性的理论话语，突然转变成为真实存在的物质性实体，把远古神话传说对应于可以考证的"物质的遗存"；另一方面，扬州不再是广阔宏大的九州之一的"虚指"，

---

① 王军，朱瑾. 先秦城市选址与规划思想研究［J］. 建筑历史研究，2004（2）.
② 周长山. 汉代城市研究［M］. 北京：人民出版社，2001：5.
③ 周长山. 汉代城市研究［M］. 北京：人民出版社，2001：11.
④ 李廷先. 唐代扬州史考［M］. 南京：江苏古籍出版社，2002：1－24.
⑤ 严文明. 文明起源研究的回顾与思考［J］. 文物，1999（10）.

而是具有明确城墙限制的"实指"。李廷先指出,"古代扬州经济、文化的发展也就从这里发轫"。① 由此至唐代,扬州在城市发展史上多次易名,但是,扬州城的发展基本没有改变古邗城的城址。在这个意义上,古邗城时期堪称扬州城市文化生长的精神基因。②

考古学发现,古邗城的遗址在今扬州市西北约二公里许的蜀冈南沿,至今仍保存相当完好。根据地质考察报告,这一带地质地貌以蜀冈为界,有明显的区分。蜀冈和蜀冈以北的地方属下蜀黄黏土,蜀冈以南地区,属冲积黄沙土(冲积母质上孕育起来的黄色沙土层),它形成年代仅一万年左右。下蜀黄黏土地区,无疑是适宜古人类居住的。而邗城就在蜀冈北部一块平地上。③ 1978 年,南京博物院进行调查和发掘。古城周长七公里左右,平面呈不规则方形,城址西起蜀冈东峰的观音山,东达小茅山,北到古雷陂之南,南临蜀冈南沿的长江古岸,即今观音山下东西一线。古城遗址的地面上仍残留不少版筑城垣、壕堑和古河道的遗迹。有学者研究证实:

> 城的南沿临蜀冈南麓断崖,断崖下即是长江。城系方形,为版筑城垣,周长约十华里。城南有两道垣,外城垣和内城垣之间有濠,外城之外,也有濠环绕。传说城没有南门,北面为水门,只有东西两面有城门,这种形制,与江南的越城、奄城遗址很相合。④

20 世纪的 50~70 年代,考古学界多次对蜀冈上的古城遗址进行挖掘考察,发现古城城墙有内、外两重,内城周长大约 5000 米,外城周长大约 6000 米,不仅在内城和外城之间筑有城壕,而且,外城之外还有城壕环绕,学界认为是古邗城所在。这里还出土了大量印纹硬陶罐、青铜兵器

① 李廷先. 唐代扬州史考 [M]. 南京:江苏古籍出版社,2002:2.
② 据历史文献记载,邗城建造于周敬王三十四年,即公元前 486 年的春秋末期。早在周代,扬州地区存在一个叫邗国的小国家。当时扬州属于古邗国地域。另据《墨子》一书记载:"南为江、汉、淮、汝东流之注五湖之处,以利荆、楚、干、越与南夷之民。"据清代孙诒让《墨子间诂》注:"干,邗之借字。"这里的"邗"指的就是古邗国。
③ 王鸿. 扬州散记 [M]. 南京:江苏古籍出版社,1985:2.
④ 朱福烓,许凤仪. 扬州史话 [M]. 南京:江苏古籍出版社,1985:7-8.

和工具等文物，经鉴定为春秋时期吴国文化遗存。① 这表明邗城时期，扬州已经创造出了相当发达的城市文明。需要指出的是，邗城是扬州在漫长的城市文明史中第一次登场，虽然此后城市名称不断更改，但是，考古学发现证明，封建时代扬州城屡次改建、扩建的地址，大都在邗城旧址的基础上向外延伸扩张的，"汉广陵城的内城是重复于邗城旧址之上的"②。在这个意义上，扬州城市一切原始形态的生产都是以邗城为基点的。具体而言：邗沟开凿的军事目的决定了扬州城市原始形态的生长点在于军事堡垒。

春秋末年，邗国被江南吴国所灭。此后，江南吴王夫差企图吞并中原，当时吴国版图主要在苏南和浙北地区，齐国远在淮河以北，如果实现攻击齐国的军事计划，就必须穿越长江至淮海之间的广大地区，而当时两大水系之间并无直接的河道相通，一向以水军力量取胜的吴国，要么沿长江口出海北上伐齐，要么开挖一条直接沟通长江和淮海之间的河道。无论从当时造船技术水平、出海远航的风险，还是江淮之间河流湖泊纵横的便利条件，吴国无疑要选择后者。于是，公元前486年，"吴将伐齐，北霸中原，自广陵城东南筑邗城，城下掘深沟，谓之韩江，亦曰邗溟沟"③，学者考证后指出：

> 吴国在今扬州市北面筑邗城，于邗城下挖深沟，引长江水向北，经广武、陆阳（旧高邮州南三十里）两湖之间，入樊良湖（旧高邮州西北五十里），转向东北入博芝（今宝应县东稍南七十里）、射阳（今宝应、淮安两县东六十里）两湖，又折向西，经白马湖（今宝应县西北二十五里）到末口（今淮安县北）入淮河。从此，长江、淮河两大流域贯通起来了。这条人工开凿的沟通江淮的运河由于临近邗城，便被称为邗沟，又称"邗江"（亦作韩江）、"韩溟沟""中渎

---

① 曲英杰. 长江古城遗址［M］. 武汉：湖北教育出版社，2004：324.
② 朱福烓，许凤仪. 扬州史话［M］. 南京：江苏古籍出版社，1985：12.
③ 李久海. 论扬州宋三城的布局和防御设施［J］. 东南文化，2000（11）.

水"等。①

另据学者傅崇兰的观点，邗沟自吴王夫差开凿为了运粮、运兵之外，越王勾践灭掉吴国以后，也曾利用邗沟北上伐齐。周显王四十六年（公元前323年），越王无疆攻楚失败被杀，越国并入楚国以后，邗沟不被军事所用，便消失无闻了。此后第二次、第三次疏通分别是西汉和东汉时期的事情了。② 近几十年来的考古学表明，史料中记载的邗沟南连长江，北接淮河，其故道至今仍然保留在扬州城内。

邗沟是中国历史上第一条沟通长江和淮河的人工大运河，对于扬州城市原始形态的生发至关重要。虽然在时间上先筑邗城再凿邗沟，但邗城建造的根本原因在于保护这条水上军事交通线，正如傅崇兰在《中国运河城市发展史》一书中对于邗沟历史作用的评价："纵观春秋末期至汉末、三国时期的邗沟，其作用都不外是军事方面的。"③ 换言之，军事性质的邗沟运河决定了扬州城市原始形态的生长点在于军事堡垒。这是扬州城市原始形态的"元结构"。需要指出的是，邗沟开凿后运用于军事功能并不十分成功，这对于扬州城市原始形态发展的影响在于，一方面，军事功能没有发展成为城市的主导形态，导致此后扬州城市形态并没有遵循最初的生长点展开；另一方面，在客观上大大刺激了城市经济、文化、政治等其他基本形态的发展，为这些城市的非军事形态提供了更为广阔的生存空间，甚至因为军事形态在此后的严重弱化，最终遮蔽了人们对扬州城市形态生长点在于军事的认识。

二、早期扬州城市文化的基本特征

早期扬州城市文化的基本特征，奠定了此后扬州城市文化资源的特

---

① 朱福烓，许凤仪. 扬州史话［M］. 南京：江苏古籍出版社，1985：7.
② 傅崇兰. 中国运河城市发展史［M］. 成都：四川人民出版社，1985：59.
③ 傅崇兰. 中国运河城市发展史［M］. 成都：四川人民出版社，1985：60.

点。由于城市和乡村在文化生产结构上的异质性，对扬州城市文化基本特征的阐释，首先需要廓清扬州城市不同于乡村的文化结构。

首先，早期扬州城市商业活动特点显著。

扬州城市原始形态时期，商业生产活动情况，可以通过如下几个方面加以阐释。

一是扬州地区自古"俗好商贾"，形成了独特的地域商业人文景观。根据现有的资料来看，古代江淮地区俗尚商贾，不事农业，"江都俗好商贾，不事农桑"。①

扬州好商贾、不事农桑的生产结构特点，并非是该地区农业耕作不发达，恰恰相反，扬州地区拥有极为灿烂的农业文化历史。据考古学研究成果发现，龙虬庄遗址从第8层至第4层都发现了人工栽培稻遗存，而从第8层至第4层栽培稻则从原始型向成熟型发展，这说明龙虬庄文化发展的1000余年间稻作农业是持续发展的，以稻作为主体的农业经济逐渐成为江淮东部地区人们的主要食物来源。② 而且，稻作农业"贯穿整个江海东部的新石器时代"③。

扬州地区俗好商贾的地域人文特征的形成，与发达的农业生产直接相关。一方面，相对于农业生产活动而言，商贾行为无疑是一种"只消费、不生产"的活动，本地发达农业提供的足够数量的剩余粮食，是商贾活动得以顺利展开的一个重要条件。历史文献也表明，楚、越之地，地广人稀，无饥馑之患。桓宽的《盐铁论》也有详细的记述。

　　荆、扬南有桂林之饶，内有江、湖之利，左陵阳之金，右蜀、汉

----

① 例如，《旧唐书》卷五九《李袭誉传》记载："江都俗好商贾，不事农桑，"另据杜佑《通典》的扬州卷《风俗》中说："扬州人性轻扬，而尚鬼好祀。每王纲解纽，宇内分崩，江淮滨海，地非形势，得之于失，未必轻重，故不暇先争。然长淮、大江，皆可拒守。闽越遐阻，僻在一隅，凭山负海，难以德抚。"这些文献关于"俗好商贾""性轻扬"的记载，证明了扬州早期生产活动方式与中原农业文明有重要的差异。

② 张之恒. 长江下游新石器时代文化［M］. 武汉：湖北教育出版社，2004：43.

③ 张之恒. 长江下游新石器时代文化［M］. 武汉：湖北教育出版社，2004：42.

之材，伐木而树谷，燔菜而播粟，火耕而水耨，地广而饶财；然民觜窳偷生，好衣甘食，虽白屋草庐，歌讴鼓琴，日给月单，朝歌暮戚。赵、中山带大河，纂四通神衢，当天下之蹊，商贾错于路，诸侯交于道；然民淫好末，侈靡而不务本，田畴不修，男女矜饰，家无斗筲，鸣琴在室。是以楚、赵之民，均贫而寡富。①

另一方面，据学者对于美索不达米亚、埃及和印度等世界上最早文明发展地区的研究，唯有以谷物栽培为主的农业，才能提供足够数量和富有营养的食物，使人口增加，定居得以实现，并能提供一定的剩余产品以为社会分化的基础，从而最有利于文明的出现和国家的形成。② 扬州地区稻谷栽培农业，不仅完全有能力提供足够数量的粮食，而且保证人口增加和定居得以实现的营养，这是扬州商贾活动盛行的另一个重要条件。

二是从中国商业发展历史的规律和特点来看，扬州城市正处于中国商业活动开始由北向南转移的关键时间和关键地域上。

一方面，到春秋战国时期，社会经济和政治制度都在经历着巨大变化。随着铁器的应用，农业和商业的分离，推动了城邑的进一步发展。③"城邑的扩展，又反过来促进了工商业的发达，城与商品交换的场所——市日益紧密地结合在一起，城市已经成为人们日常生活中感受日深的客观存在。"④

另一方面，根据王孝通在《中国商业史》中的观点，"春秋之商业，可分为二期：第一期为黄河流域之商业，第二期为扬子江流域之商业，故其时强国之势，亦由北而趋南"，⑤ 即春秋初期，中国古代商业以北方黄河流域最为发达，这和学界长期坚持的北方黄河文明在早期最为发达，而

---

① （汉）王利器校注．盐铁论校注（上）[M]．北京：中华书局，1992：41 – 42.
② 童恩正．中国北方与南方古代文明发展轨迹之异同 [J]．中国社会科学，1994（5）.
③ 周长山．汉代城市研究 [M]．北京：人民出版社，2001：4.
④ 周长山．汉代城市研究 [M]．北京：人民出版社，2001：5.
⑤ 王孝通．中国商业史 [M]．北京：团结出版社，2007：24.

南方长江流域经济相对落后的观点是完全一致的。但是，到了春秋晚期，中国商业活动的繁荣出现了从黄河流域向长江流域南移的情况。"吴、越皆扼扬子江之口者，故其势渐强，然而所谓春秋之趋势，由北而趋南者，盖由黄河趋扬子江，又由扬子江上流趋于扬子江下流，岂非随商业之趋向而进行乎？"① 也就是说，中国商业经济活动发展的规律，是北方发展在前，南方发展在后，具体而言是从黄河流域逐渐转移到了扬子江下游地区。

从时间上看，春秋末期正是扬州城市的发生期，在地理区域上，扬州就位于吴越国统治的扬子江下游，因此，可以推测扬州城市原始形态就具备了良好的商业活动基础。这也可以说是此后扬州城市商业形态占据主导地位的一个重要因素。

三是从扬州地区所属国家盛衰与商业发展的关系上看，扬州地区应该有过相当发达的商业活动。扬州城最初为吴王夫差所建，而后来被越国灭掉，其直接原因固然在于诸侯之间的军事斗争，但是，另外一个方面，与商业发展也有很大的关系，没有强大的经济实力作为后盾，仅仅依靠政治阴谋和穷兵黩武是不全面的。

据王孝通的观点，"越之兴也，十年生聚，十年教训，虽由勾践卧薪尝胆之功，实系计然经营实业之力"。"吴、越之兴亡，率由于商业，商业之于国，关系大矣。"② 按照这种说法，越国灭掉吴国，与越国强大的经济力量直接相关，而越国经济又以商业活动最为突出，这里不得不提到中国商业发展的两个鼻祖级人物，一个是王孝通所说的计然，另一个则是人人皆知的范蠡。前者"尝南游于越""长于牟利"，后者更是充满商业经营智慧，被尊称为陶朱公，民间则常常称之为财神爷。从越国商业经济发达乃至消灭吴国的情况来看，扬州城在属于越国期间，受到越国商业经济活动的影响的可能性是完全存在的。

---

① 王孝通．中国商业史［M］．北京：团结出版社，2007：25.
② 王孝通．中国商业史［M］．北京：团结出版社，2007：33.

四是从扬州城市原始形态时期最著名的商业生产来看，吴王刘濞时代的盐业发展已经达到了非常高的程度。扬州的盐业活动究竟开始于何时，尚需要学界进一步考证，但是，扬州在汉代初年吴王刘濞时期，盐业发达已是不争的事实。韦明铧《两淮盐商》一书中说："刘濞最重要的政绩有三，即铸钱、煮盐、造船。这三大产业，使得当时吴国的强盛成为天下之首。"① 对于吴王刘濞时期的盐业经济为其带来的巨大财富，黄仁宇先生在《赫逊河畔谈中国历史》里通过分析"七国之乱"的原因，有这样一个非常独特的看法。

> 实际上还有一个原因，则是吴国处于长江下游，煎矿得铜，煮水为盐，吴王即利用这商业的财富，减轻并替代人民的赋税，因之得民心。他又收容人才，接纳各地豪杰。②

由此可以证明吴王刘濞时代，利用盐业积累的财富使得国力富强。扬州作为吴国的都城，商业繁华由此可见一斑。因此，扬州在城市的原始形态时期具备充分的商业发展条件，在原始形态的末期以盐业为标志，一度成为中国古代城市商业活动中重要的景观。

其次，在扬州早期城市形成的商业道德价值观念上，扬州城市文明从一开始就彰显了浓厚的公开言利的商业文化色彩。

中国古代社会长期实行重农抑商的政策，形成了以务农为本的价值判断体系。经商则与社会正统道德观念相违背，公开言利的功利观念尤其违背了"君子喻于义，小人喻于利"的道德教条。因此，从商还是务农，已经不仅仅是一种纯粹的生产活动方式，而被赋予了道德价值判断上的褒贬意义。

扬州城市原始形态时期，商业活动相当发达，较早凸显了言商重利的社会风尚，并在道德观念上获得了充分的肯定和支持，由此形成了与传统伦理教义中重农抑商不同的道德价值观念体系。这既是商业生产结构形成

---

① 韦明铧. 两淮盐商 [M]. 福州：福建人民出版社，1999：12.
② 韦明铧. 两淮盐商 [M]. 福州：福建人民出版社，1999：12.

的必然特征，也是扬州都市文化不同于农业文化的差异所在。这正是扬州都市文化原始形态的第一个重要特性。

其原因在于：一方面，马克思在考察古代社会历史发展的过程时指出，城市位置的选择有一定的条件，城市只有在对外贸易特别有利的地方，或者在国家元首及其权臣需要用自己的收入（剩余产品）换取劳动而把它作为基金支付出去的地方才能形成。虽然吴王夫差开凿邗沟的主观目的在于军事运输，但是，正如上文所述，邗城不仅没有发展成为纯粹的军事城市，相反，邗沟在沟通南北运河水道之后，使得扬州成为国内日趋重要的交通枢纽城市，这在客观上大大刺激了扬州城市商业文明形态的发展。

另一方面，一般而言，一座城市的兴起，往往是在这一地区农业相当发达，有了足够的粮食剩余可以满足手工业者等非农业人口的供应之后，才会在交通便利、人口聚集的地方产生城市。不仅中国早期的城市，在世界上，相当多的早期城市的出现，都产生于农业浇灌非常便利的河流及适宜农业耕种的平原和谷地。从地理资源条件上讲，邗城阶段的扬州，是非常适合这种城市发生模式的。气候温和湿润，水流众多，灌溉方便，平原开阔适于耕种。扬州商业文明形态的形成，虽然并非来自这种模式，而是在起源于军事功能形态之后，逐渐发展出来商业文明形态为主导的"经济型城市"，而其强大的生命力在邗城之后的广陵城阶段，已经非常清晰了。

扬州的好商贾之风，导致扬州城市形成与中国传统社会主流不同的道德观念。这里可以通过扬州对于历史上两个重要反面人物夫差和刘濞的道德评判看出来。

就前者而言，夫差在中国历史上被更多人所关注的，往往不是为父亲阖闾报仇击破越国的雄伟壮举，而是因为贪恋女色中了越国美人计，最终身死国灭的可耻下场。在这场诸侯争霸战争中，越王勾践卧薪尝胆的艰苦磨砺，为自己赢得了社会道德评判中的赞扬，而吴王夫差则成为此后历代社会道德批判的重要对象，也是历代谏官忠臣用以警醒帝王的最好反面教材之一。吴王夫差身死国灭，究竟是否因为贪恋女色所致，这里姑且不论。但是，其成为封建社会主流道德批判指责的对象是确定无疑的。就后者而言，刘濞往往被笼罩在制造"七国之乱"政治阴谋的阴影下，这意味着他在历史上无法洗清篡位谋反的不道德行为。在传统主流道德观念中，二人都应该属于被道德批判的对象，然而，重商言利之风盛行的扬州，不仅没有对两人加以严厉的道德批判，反而对其赋予了肯定和褒扬的道德内涵。位于黄金坝的邗沟大王庙里供奉着两位财神，一是刘濞，二是夫差。

如果说吴王刘濞被尊重倒是可以理解的，因为吴王刘濞被分封为吴王的时候，就"采铜铸钱""煮海为盐"，积极把境内的盐运输出去，实现商业流通，并为此专门开挖了茱萸沟，又名运盐河（后来通称扬运河）。客观地说，刘濞对于扬州城此后的发展，尤其是此后扬州都市经济支柱产业——盐业经济，既然为扬州商业发展做出过如此巨大贡献，那么被当作财神爷供奉倒也无可厚非。但是，夫差居然也被赋予道德评判的正面价值，倒是很能证明扬州城市在伦理价值体系上与主流价值观念的差异，就算是夫差开创了扬州城市历史，扬州人民需要对此加以褒扬，但是，当一个昏庸误国的罪名被扣在头上，在封建礼教秩序坚固如磐石的社会，夫差对扬州城市的贡献与沉重的历史罪名，本不可同日而语。因此，夫差被扬州人民供奉，在很大程度上，可以说是受扬州反传统主流道德价值观念的影响。

特别需要指出的是，扬州都市原始形态除了商业之外，还应该存在的一个非常重要的特性是运河文明。扬州城市文明后来得以发展和繁荣，正是依靠邗沟连接起了南北大运河，确立扬州在运河交通枢纽的地位，扬州也一跃成为国内最重要的商业贸易城市之一，邗沟运河堪称扬州城市发展和繁荣的生命线。自此，扬州城市和运河的命运始终联系在一起。

运河在奠定扬州雄厚的商业贸易城市地位的同时，更赋予了扬州不同于一般城市的运河文明独特本质。虽然目前学界对运河文明与一般的河流文明的本质差异的界定，尚待更深一步研究，但是，至少运河城市与非运河城市在文化形态上有所差别，这应该是可以被认可的。在这方面，有学者认为，与发源于长江、黄河等河流文明的其他早期城市不同，扬州发源于人工开凿疏浚的运河文明，其独特的本质在于，"发生与成长更多地包含了社会与文化的要素"，"主要功能是对已初步成型的文明模式与经济社会格局的加工与再生产，目的在于推动中国古代世界的内在循环与可持续发展"。① 这种说法是否可以作为定论，当然需要进一步商榷。但是，把影响扬州城市文化最深远的运河，与一般的河流文明区分开来，这本身就是对扬州城市文化形态中独立特性的证明。这意味着今天对扬州城市文化资源的保护与开发，都必须充分发掘出运河文化对城市文化的影响因子。

三、扬州城市文化的发展与辉煌

从汉代开始，扬州城市文化进入一个全新的阶段，不仅摆脱了早期城市的原始形态，而且，逐渐发展成为东南地区中心城市，到明清时期进入辉煌的顶峰。

汉代扬州被称为广陵。广陵城的修筑，最早见于《史记·六国年表》中，周慎靓王二年，楚"城广陵"。楚怀王改"邗"为"广陵"，是因为当时扬州蜀岗上多为广大的丘陵，因"大阜曰陵"，楚怀王遂取该地"广被丘陵"之意以广陵命名。就城市规模而言，楚广陵城是在古邗城的基础上建立的，其规模比邗城要大，"邗城的规模似不会很大，尤其不可能与汉广陵城等制"。但是，广陵城的规模"似不会太大"。② 此后，秦朝仍沿袭广陵之名。楚汉之间，项羽一度改广陵城名为"江都"，据说想在此建立都城，遂取其临江的都城之意。西汉初年，刘邦分封诸王，吴王刘濞又

① 刘士林．中国脐带：大运河城市群叙事［M］．沈阳：辽宁人民出版社，2008：5.
② 曲英杰．长江古城遗址［M］．武汉：湖北教育出版社，2004：330.

以广陵为都城。汉代广陵城市规模，较之此前的邗城、楚广陵有了明显的发展。① 这为汉代广陵城市文化超越邗城时期的粗糙稚嫩状态奠定了基础。"七国之乱"后，吴国被废，广陵城市发展一度受到巨大的影响。东汉时期，广陵相继成为江都国、广陵国的都城。东汉末年，战乱不断，广陵城终于在战火中化为一片废墟。六朝时期，广陵城有过三次筑城记录，直至陈宣帝太建十年，北周击败南陈，改广陵为吴州。

广陵城从发生到结束，历时战国、秦、两汉、魏晋、六朝，存在时间跨度达八九百年之久，其间多次沿革修建。② 两汉时期的广陵城是扬州城市文化最重要的载体。不仅其存在时间之长覆盖了整个汉代，而且，在隋唐以后扬州城市文明的繁荣和顶峰时期，广陵一直是扬州城市文化最重要的符号之一。尤其是汉赋中的广陵，成为扬州城市文化宝贵的社会资源和审美文化资源。正如《七发》描写的："至则未见涛之形也，徒观水力之所到，则恤然足以骇矣。观其所驾轶者，所擢拔者，所扬汩者，所温汾者，所涤汔者，虽有心略辞给，固未能缕形其所由然也。"③ 但是，当人类抱着"人定胜天"的信念，掌握了自然规律，巧妙地控制和驾驭客体之后，人类的本质力量就在改造客体的过程中，实现了"本质力量的对象

---

① 关于西汉的广陵城及其规模，在《水经注》《文选》《汉书》《后汉书》等文献中均有记载，"楚、汉之间为东阳郡，高祖六年为荆国，十一年为吴城，即吴王濞所筑也"（《水经注》卷三·淮水注），王逸《广陵郡图经》曰："郡城，吴王濞所筑。"（《文选》卷十一《芜城赋》李善注引）西汉广陵城的规模，《汉书·地理志》《后汉书·郡国志》均记载"城周十四里半"。

② 有观点认为，西汉吴王刘濞所筑广陵城与此前的楚广陵城并非同一个城址。本文采取汉广陵城直接沿袭了楚广陵，此后魏晋六朝的广陵城也是在汉广陵的基础上发展的观点。因为据目前考古学成果来看，汉广陵城的内城是重复于邗城遗址之上的。内城之东为汉代扩筑之城，亦即外城部分，又可称为"东郭城"。和邗城一样，汉广陵城是版筑土城，门阙处用砖瓦砌成，后世有人在缺口（城门所在）处的地下，发现过残破的绳纹汉砖以及云纹汉瓦等文物资料。自汉筑广陵城以来，历经魏、晋、宋、齐梁、陈直到隋、唐两代，城垣虽有兴废，但广陵城址未变。对此，参见朱福烓，许凤仪. 扬州史话 ［M］. 南京：江苏古籍出版社，1985：12.

③ 枚乘. 七发 ［A］//马家鼎. 扬州文选 ［C］. 苏州：苏州大学出版社，2001：62.

化"，此时的长江和大海成为展示人的本质力量的审美对象。扬州广陵潮这一自然地理景观，也就从压制人的可怕对象上升为一种充满美学意味的审美对象，"于是澡概胸中，洒练五藏，澹漱手足，颒濯发齿。揄弃恬怠，输写澒浊。分决狐疑，发皇耳目"①。正是在这个意义上，汉代枚乘的《七发》和南北朝的《长干曲》把广陵潮的审美意蕴推向了顶峰。广陵潮也就成为一个"古老、雄奇和富于诗意的名字"，也赋予了扬州城市独特的地域文化精神。

（隋炀帝杨广）

隋朝是扬州城市文化发展的转折点，这个阶段扬州城市文化获得空前发展，至少体现在如下两方面。

首先，隋炀帝在扬州大肆修建宫室园林建筑，促进了扬州城市建筑文化的发展，尤其成就了这个时期以奢华富丽为主要特征的扬州城市建筑文化的江南文化审美形态。据李廷先先生考证，隋炀帝在扬州期间大肆兴建的宫苑建筑情况如下。

① 枚乘 . 七发 ［A］// 马家鼎 . 扬州文选 ［C］. 苏州：苏州大学出版社，2001：62.

于城西北七里大仪乡境筑江都宫，中有成象殿，规模宏丽，为举行大典之地；于城北五里长阜苑内筑归雁、回流、松林、枫林、大雷、小雷、春草、九华、光汾、九里等十宫；于城南十五里扬子津（又名扬子渡、扬子桥）筑临江宫（又名扬子宫），中有凝晖殿，为眺望大江、大宴百官之所；于城东五里亦筑新宫（在禅智寺附近）；而最豪华的是城西北的新宫，即所谓"迷楼"，因其千门万户，复道连绵，洞房亘互，回望若一，入其中意夺神迷，不知所往，故以"迷楼"呼之，非正式名称。楼上设有四座宝帐：一曰"散春愁"，二曰"醉忘归"，三曰"夜含光"，四曰"延秋月"，皆集宝而成（据《南部烟花录》）。宫室之外有上林苑、萤苑，上林苑为驰猎之场，萤苑为放萤之所。秋夜出游，不燃灯火，聚萤放之，灿若星光。江都四面皆在琼楼珠殿、奇花珍木簇拥之中。[①]

扬州园林建筑开始于西汉吴王刘濞的宫苑，此后，南北朝时候也有修建，但是，这些朝代兴建的园林建筑，无论是在规模上还是在影响力上，都不足以和隋朝时期相比。隋大业年间，隋炀帝"把江都城北迤西数十里辟为禁苑，包括西汉吴王的钓台、刘宋徐湛之的园林及戏马台、凤凰楼等，一直延续到甘泉山。一路水光山色，楼台殿阁，相互辉映，苑中搜罗有众多的奇花、异草、珍禽、宝兽"[②]。隋炀帝在扬州大兴土木以满足个人穷奢极欲的行为，对于扬州人民而言，是一个巨大灾难，但是，正如同许多伟大的建筑成就诞生于帝王们这种无耻欲望一样，扬州城市建筑文化因此而格外辉煌，城市建筑文化中的娱乐性审美形态也获得更重要的地位，更重要的是，隋朝以前的扬州宫室园林建筑，远远没有在审美文化的层面上取得如隋朝那样引以为豪的成就，正是从隋朝开始，扬州城市建筑文化在国内声名鹊起。一直到今天，人们在谈论扬州城市建筑文化的时

---

① 李廷先. 唐代扬州史考［M］. 南京：江苏古籍出版社，2002：20.
② 马正林. 中国城市历史地理［M］. 济南：山东教育出版社，1999：422.

候，除了历史上最辉煌的明清时期之外，隋朝也是其中一个重要方面。

　　隋炀帝以个人的审美趣味，深刻地影响了隋代扬州城市文化审美形态。一方面，最直接的原因来自封建中国政治权力结构中皇帝被赋予的特殊地位，由于他掌握着整个国家的最高行政权力，他的个人审美趣味就很容易演变成为一种被普遍遵从甚至效仿的大众性审美趣味，虽然追求艳丽浮靡的艺术趣味并不是普通大众能够实现的，但是，至少对当时扬州城市的富商权贵们形成了强烈的诱惑力，他们往往以效仿、模拟最高统治者的审美趣味为荣，即使碍于封建王朝森严的等级秩序，不可能像隋炀帝一样修建同样规模的宫殿园林，至少也会在强烈的虚荣心刺激下追求奢侈无度。

　　另一方面，隋炀帝个人审美消费旨趣对扬州城市文化的影响力还有深层的原因，即扬州城市审美文化构建的深层心理结构与之具有较强的契合点，扬州本土民风一向俗好商贾，经历魏晋六朝"江南轴心期"的涤荡之后，追求华丽艳俗之趣味势必得到更大程度的扩张。即使追求奢华的物质享受是人类比较普遍的心理，但是，相对而言，北方人在这方面更趋于节俭艰苦，除了当时长安、洛阳等相对发达的城市，在宫殿园林等建筑上表现出普遍的奢华艳丽之风外，众多的一般城市与江南地区相比还是有差距的。如果没有扬州人普遍的喜好心理结构作为基础，那么，隋炀帝个人的审美趣味凭借如何强大的政权力量，都不可能强烈地持续下去。一个非常明显的例子是，长安和洛阳是当时中国北方城市建筑文化这方面最有成就的代表，但是，在隋唐政权瓦解之后，其建筑文化的审美精神迅速衰落，至少没有像扬州城市那样在隋炀帝被杀后能够变本加厉地持续扩张这种审美精神。如果没有当地大众心理结构上的普遍接受作为基础，那么，隋炀帝的个人审美趣味就会因为失去共鸣而迅速消逝得无影无踪。

　　其次，隋炀帝在扬州期间，积极倡导文学活动，并亲自创作诗歌咏叹扬州城市繁华，不仅从政治层面上强化了扬州城市文化中文学艺术审美消费活动的膨胀，还为后来城市文化中大放异彩的商贾好儒之风，创造了良好的氛围，积淀了浓郁的文化艺术底蕴。

隋炀帝在政治上残酷阴险，但是，对于文学艺术活动却颇多支持。他在三下江都时，"从长安带来了大量的图书典籍，倡导学术、文学活动。博学多才之士潘徽、诸葛颖、虞世基等齐聚江都"①。上述文学才士在扬州期间，曾创作出大量的文学作品，虽然大部分已经失传，但是，其创作成就却被真实地记录在《隋书》《北史》《新唐书》等历史典籍中。这对于扬州城市文化氛围的生成具有积极的促进作用。隋炀帝本人在三下扬州期间，创作过许多诗歌作品。据学者考证，今天可以确定为隋炀帝南下江都时期的作品至少有《春江花月夜》两首。"暮江平不动，春花满正开。流波将月去，潮水共星来。"隋炀帝对扬州都市临江的秀丽风光如此赞美。隋炀帝在江都所作还有《江都宫乐歌》《泛龙舟》《四时白纻歌·江都夏》等。

虽然从内容上说，这些诗大多数是宣扬享乐，粉饰太平，并没有太多的积极意义。但是，帝王积极推崇诗歌创作的行为，一方面，很容易刺激臣下和整个地区纷纷效仿，这对于隋代扬州诗歌文学艺术的发展有重要的客观影响作用；另一方面，帝王对扬州都市繁华生活、秀媚景观的歌颂，大大提高了扬州城市文化在国内的影响力，使得更多人对扬州城市生活充满了向往和憧憬。历史上的江南地区一向注重文化传承，大力投资文化教育，兴办书院、藏书楼等，成为明清时期江南最重要的文化现象之一，而扬州盐商对文化教育、文学艺术的投入和嗜好也成为扬州都市文化历史上最著名的事件之一。隋炀帝个人的附庸风雅及随从们的效仿，固然不可能在一夜之间让文化沙漠变成绿洲，但是，从整个扬州城市文化发展的历史进程而言，隋炀帝的行为成为扬州城市文化中浓郁儒雅好读之风链条的一个环节。

唐代是扬州城市文化发展历史上的第一个高峰，其在物质文化、精神文化和制度文化上全面开花，其创造的辉煌成就是前所未有的。其中，一

---

① 李廷先. 唐代扬州史考［M］. 南京：江苏古籍出版社，2002：20.

个最重要的方面，就是唐代扬州城市文化在冲破自先秦以来就形成的传统政治伦理形态方面，获得了实质性的飞跃。

（扬州唐城遗址）

一方面，唐代的扬州巩固了江南经济中心的地位，以"扬一益二"为标志的城市经济地位的提升，让扬州在历史上第一次依靠其雄厚的经济实力和文化特色，而不是借助隋炀帝政治权力的影响，跻身于全国第一流大都市的行列，从这个意义上说，唐代扬州城市文化的审美形态充满了自信。体现在扬州都市建筑文化和制度文化建设上，是更多地融入了主体性对自由和艺术的审美创造。

另一方面，商业消费文化蓬勃发展，大量和扬州有关的诗词文学作品纷纷涌现。在扬州城市文化发展历史上，唐代是扬州城市文化审美精神被全力高歌的第一个黄金时代，中国文学历史上最伟大的诗歌繁荣时代，让扬州获得了表现自己的最佳机会，尤其是以诗歌艺术化、审美化的方式来赞颂扬州城市文化的辉煌，以及扬州城市文化审美精神。这个时期积淀的城市文化资源主要体现在下面几个方面。

在城市建筑文化资源方面，一，唐代扬州城址布局第一次离开蜀冈，开始了从单纯自然地理环境的依赖，向人为的经济作用为主导的规划思想的转变。考古学证实，自春秋时期在蜀冈筑邗城到唐代的唐城，扬州城址"在蜀冈上的这个大位置基本没变。但是，唐代已开始在蜀冈下筑罗城，古代扬州城址的变化就是从这个时候开始的。至宋代则建宋大城，完全在蜀冈下，濒临运河"①。二，城市建筑布局中的市场地位进一步突出，扬州都市经济功能得到更为充分的发展，此前被长期边缘化的工商业话语形态在都市中日渐重要，这为扬州在此后能够在非主流的文化艺术审美取向上繁荣发展创造了十分有利的条件。

在城市饮食文化资源方面，一，唐代扬州城市饮食在消费审美趣味追求上，具有明显的江南饮食"日常生活审美化"的特征，或者说，与江南饮食审美特征非常相似。二，唐代扬州都市饮食风格南北交汇、中西融通，从而造就了唐代扬州饮食消费中兼收并蓄、包容开放的特征。

在城市制度文化资源方面，一，唐代的扬州建立了体系完备的漕运盐铁管理行政机构，运河交通运输经济成为推动城市经济发展的直接动力，虽然运河经济管理权力依旧牢牢地被控制在城市封建政府手中，但是，其对城市经济发展及城市文化形态的影响力，已经标志着成为一种相对独立的自由的经济力量，由此形成以自由活泼主导特征的诗性审美文化特征。二，游离于传统农业政治文明之外的海外商品贸易，在扬州城市经济中占据了显著地位，在城市审美文化形态上，形成以感性开放、新鲜活力为主要特征的审美形态。

宋代都市工商业结构的转变对于扬州城市文化的繁荣，起到了积极的推动作用。但是，就扬州都市文化整体繁荣程度而言，宋元时期的扬州无论和此前的唐代，还是与紧随其后的明清时期相比，都处于一种相对的衰落状态。"元代城市经济，从总体上说，前不及宋，后不如明，但承宋代余绪，比较繁荣的城市仍然不少。除大都（今北京）和杭州以外，开封、扬州、镇江、金陵、苏州、西安等，在马可·波罗这位来自同时期欧洲最

---

① 傅崇兰. 中国运河城市发展史［M］. 成都：四川人民出版社，1985：94.

繁荣的威尼斯人眼里，仍然是非常值得惊叹的大城市。"①

　　宋代江南文化成熟的审美精神深刻地影响着扬州城市文化审美形态，也为明清时期扬州城市文化跃上自己的巅峰状态，奠定了必要的基础。从历时性上看，古代扬州城市文化的繁荣期出现在汉代、唐代、明清三个时间段上，造成上述三个时期扬州城市文化繁荣的原因是复杂的，但是，有一点是无可置疑的，那就是分别与秦代、隋代和宋元三个时期的历史积淀相关，如果没有这三个历史时期城市文化上的铺垫积蓄，我们无法想象紧随其后能够出现扬州城市文化的辉煌时代。在这个意义上，明清前夜扬州城市文化发展状况的研究，尤其是制约扬州城市文化繁荣因素的分析，对于更为深入地透视明清时期的辉煌成就，是十分必要的。

　　明清时期，扬州城市文化达到了辉煌的顶峰。纵观明清时期扬州城市文化形态，从消费审美主体角度而言，明清时期扬州城市文化消费主体的构成，覆盖了城市各个阶层，其中以盐商、文士、市民为代表的消费主体，在扬州城市文化消费中显示了独特的审美价值理念，并由此形成这个历史时期扬州城市文化消费审美多元化、多向度、包容性的特征。士农工商历来是中国封建社会从职业角度对人划分的基本形态。明清时期的扬州，富有的盐商、文化水平较高的文士、普通的市民，一起构成了扬州城市文化消费审美的主力军。他们根据各自的消费基础、价值追求、审美理念，为扬州城市文化的消费审美化注入了时代的、地域的特征。从消费审美化的对象来看，世俗性的声色犬马感官享受，大众化的戏曲艺术创作，私人性的园林建造，构成当时富商、文士、市民城市文化消费的主要对象。通俗小说、笔记散文、戏曲诗文等文学艺术形式，既是当时城市精神文化消费的重要对象和产品，也体现了当时盐商、文士、市民对扬州城市文化消费审美化的价值观念的认同，由此积淀了扬州城市发展历史上最为辉煌的文化资源。

---

① 陶思炎. 中国都市民俗学［M］. 南京：东南大学出版社，2004：40.

第五章

淮左食风，画舫梦忆笑谈中

——扬州饮食文化资源

多年以后，从扬州高邮走出的汪曾祺，仍一往情深地回忆家乡一道名叫煮干丝的茶食。

> 煮干丝不知起于何时，用小虾米吊汤，投干丝入锅，下火腿丝、鸡丝，煮至入味，即可上桌。不嫌夺味，亦可加冬菇丝。有冬笋的季节，可加冬笋丝。总之烫干丝味要清纯，煮干丝则不妨浓厚，但也不能搁螃蟹、蛤蜊、海蛎子、蛏，那样就是喧宾夺主，吃不出干丝的味了。①

原籍并非是扬州，却始终自称"我是扬州人"的朱自清，也充满深情地描述扬州的干丝。

> 烫干丝先将一大块方的白豆腐干飞快地切成薄片，再切为细丝，放在小碗里，用开水一浇，干丝便熟了；逼去了水，抟成圆锥似的，再倒上麻酱油，搁一撮虾米和干笋丝在尖儿，就成。说时迟，那时快，刚瞧着在切豆腐干，一眨眼已端来了。烫干丝就是清得好，不妨碍你吃别的。②

干丝，本为淮扬菜中极其普通的食材，却因为淮扬菜特殊的烹饪技巧，成为文人笔下魂牵梦绕的美味。在文人对故乡之情眷念的背后，体现

---

① 汪曾祺. 食事 [M]. 南京：江苏人民出版社，2014：103.
② 朱自清. 说扬州 [A] //马家鼎. 扬州文选 [C]. 苏州：苏州大学出版社，2001：112.

了扬州饮食文化超越了单纯的满足口腹之欲的生理层面，彰显了扬州人饮食创造的智慧与独特的审美趣味。

一、扬州饮食文化的历史分期

民以食为天，追溯扬州饮食文化的历史，似乎应当从扬州最早的种族结构淮夷时期开始。从种族的角度而言，古扬州地区的居民属于淮夷民族，（又说古扬州地区居民是古越人，这里采用百越为东夷民族南迁的观点，所以，把古扬州地区的居民看成淮夷民族。）早在古史传说中的黄帝时期，"生活在扬州一带的属东夷族，更具体地说是淮夷族"①。

但是在那个食物匮乏的时代，"食只求饱"的生理需求是压倒性，显然无心在"味只求美"上下功夫。所以，淮夷人时期的扬州饮食，只是扬州饮食历史的逻辑起点，这时期扬州地区饮食的特点，更多的是因为地区之间在地理物产、种族构成上的差异而形成的模糊的区别，所以，谈不上形成扬州本土的饮食文化的特点。

那么，扬州美食究竟何时形成了自己的特色，《扬州饮食史话》一书将之归于运河的关系。认为，既然扬州是一个运河城市，因运河而盛衰，那么，依据扬州经济发展的主线，就可以将扬州饮食历史依据运河发展而划分：运河的发展可以分为邗沟时期、隋运河时期、元运河时期、后运河时期，与之对应，扬州饮食史可以分为淮夷时期、邗沟时期、隋运河时期、元运河时期及后运河时期。②

这种划分方法的合理性在于，凸显了经济因素对饮食文化的影响，可以从整体上把握扬州饮食文化的主要特征，"淮扬菜体系的形成，它是受着扬州经济的制约，汉代的经济兴盛始有西汉吴王刘濞的《淮南王食经》，

---

① 朱福烓，许凤仪. 扬州史话 [M]. 南京：江苏古籍出版社，1985：5.
② 周爱东. 扬州饮食史话 [M]. 扬州：广陵书社，2013：6.

枚乘《七发》，三国时吴普《神农本草》中关于扬州菜肴的精细描写"①。但是，一个地域饮食文化特点的形成，也并非完全受到经济因素的制约，人的审美创造性也可以造就一种独特的饮食文化，换句话说，有钱并不意味着饮食精美，没钱也不意味着饮食简陋。尤其值得注意的是，历史上的扬州一直被视作江南的一部分，在饮食文化上，具有明显的江南饮食文化部分特点，而江南地区的饮食文化一个重要特点就是特别重视吃喝，有条件的固然刻意追求，没条件的也要创造条件追求美味。"即使在生活的物质条件相对困窘，即在北方人看来应该节衣缩食的情况下，江南人仍然可以把生活搞得有声有色，而不是每天皱着眉头想生计。"② 因此，对扬州饮食文化的历史分期，不必刻意按照运河发展时期，而是按照扬州城市发展的盛衰，可以大致划分为汉魏六朝、隋唐、宋元、明清四个时期。

如果把邗城看作扬州城市发展的原始形态，那么，自汉代开始的广陵城时期，则是超越邗城时期的粗糙稚嫩状态的第一个重要发展阶段，这个阶段，吴王刘濞的煮海为盐推动了扬州城市经济的发展，扬州饮食文化也初步显示了自己的特点。枚乘在《七发》中，借客人之口，说出当时"天下之至美"的饮食。

（汪曾祺《故乡的食物》）

　　犓牛之腴，菜以笋蒲。肥狗之和，冒以山肤。楚苗之食，安胡之飰抟之不解，一啜而散。于是使伊尹煎熬，易牙调和。熊蹯之臑，芍药之酱。薄耆之炙，鲜鲤之鲙。秋黄之苏，白露之茹。兰英之酒，酌以涤口。山梁之餐，豢豹之胎。小饭大歠，如汤沃雪。

①　潘宝明. 淮扬菜冠名及其改革［J］. 扬州大学烹饪学报，2001（3）.
②　刘士林. 西洲在何处——江南文化的诗性叙事［M］. 北京：东方出版社，2005：100.

周爱东认为，枚乘所说的这些饮食很可能是吴王日常饮食中常见的，是汉代扬州地区的贵族饮食。如在扬州出土的两汉时期的主要饮食器具，从材质上说，青铜器和漆器占据了很大部分，青铜器是商周留传下来的贵族身份的象征，很适合扬州的那些王侯。① 说明这个阶段的扬州饮食更多地具有江南地区饮食的特点，尚没有形成扬州本土独特的饮食风格。正如学界所说的，"在隋唐以前，扬州饮食的基本风格是朴素，除去用料与风味，意趣上与其他地方并无太大的区别"②。

隋唐时期是扬州饮食文化真正确立了自己独特风格的阶段，"开始表现出其精雅的风格"③。这个阶段，扬州号称"广陵大镇，富甲天下"，扬州地区富商云集，酒肆遍地，畅通的运河和海运，吸引了来自全国乃至世界各地的人来此居住游玩，为了满足众多富商的奢华消费的需求，以及众多游人不同的口味，扬州饮食文化初步形成了注重本味，擅长焖煮，精美雅致的特点。

以扬州饮食中著名的扬州狮子头为例。其风味特点是鲜美、香嫩。该菜之所以能具备这些特点是与其制作中的选料、加工、调味和烹制等过程密切相关的。扬州狮子头制作一般选用猪肉为主料，其他配料因季而异，品种各具特色，有河蚌炖狮子头、牙笋焖狮子头、面筋烧狮子头、清炖蟹粉狮子头、风鸡炖狮子头等，其中尤以"清炖蟹粉狮子头"的风味最为典型。④ 徐珂在《清稗类钞》明确记述：

狮子头者，以形似而得名，猪肉圆也。猪肉肥瘦各半，细切粗斩，乃和以蛋白，使易凝固，或加虾仁、蟹粉。以黄沙罐一，底置黄芽菜或竹笋，略和以水及盐，以肉作极大之圆，置其上，上覆菜叶，以罐盖盖之，乃入铁锅，撒盐少许，以防锅裂。然后，以文火干烧

---

① 周爱东. 扬州饮食史话 [M]. 扬州：广陵书社，2013：11 - 16.

② 周爱东. 扬州饮食史话 [M]. 扬州：广陵书社，2013：18.

③ 周爱东. 扬州饮食史话 [M]. 扬州：广陵书社，2013：18.

④ 毛羽扬，朱小喜. 扬州狮子头风味形成的探析 [J]. 中国调味品，2003（11）.

之。每烧数把柴一停，约越五分时更烧之，侯熟取出。

扬州的"清炖蟹粉狮子头"集中体现了扬州饮食特点。据传创始于隋朝，隋炀帝南下扬州游玩时，以扬州万松山、金钱墩、象牙林、葵花岗四大名景为主题做成了松鼠鳜鱼、金钱虾饼、象牙鸡条和葵花斩肉四道菜，因而，这道菜原名葵花斩肉、葵花肉丸。到了唐代，郇国公韦陟的家厨做松鼠鳜鱼，金钱虾饼，象牙鸡条，葵花献肉四道名菜，令人叹服，葵花献肉才被正式改名为狮子头。其选材讲究，必须选用新鲜的猪肋条肉，其肥瘦之比为7：3或是6：4为宜，这是一般猪肉菜肴所不能及的。选好原料后，将猪肋条肉肥瘦分开，分别切成石榴粒大小的肉粒，在搅拌之前加入食盐、味精、料酒、蟹黄蟹肉、淀粉、葱姜汁等调配料。最后将生狮子头胚放入盛有沸腾的肉汤的砂锅中，用大火烧沸后，改用小火焖煨2～3小时即成。① 这道菜的制作过程，注重本味，擅长焖煮，精美雅致。宋代诗人杨万里吃过这道菜后，赋诗曰：却将一脔配两蟹，世间真有扬州鹤。将吃螃蟹斩肉比喻成做骑"扬州鹤"的神仙，菜味之好可见一斑。

唐代的扬州饮食在隋代基础上更加追求精致雅趣。如晚唐五代时，扬州一位名叫宋龟的法曹擅长制作"缕子脍"，这是扬州地地道道的名菜，用鲫鱼肉和鲤鱼子裹上碧笋或菊苗做成，做法非常奇特，鱼脍是白的，鱼子是红的，竹笋、菊苗是绿的，色泽鲜美。② 宋代的陆游在《临别成都帐饮万里桥赠谭德称》一诗中赞叹："喜看缕脍映盘箸，恨欠斫蟹加橙椒。"

唐代扬州饮食是在继承隋朝奢华精致的基础上发展而来的，但是，较之隋朝，唐代扬州饮食出现了一个巨大变化就是显得更加"杂"，即，不同风味、各种风格的饮食在扬州饮食文化中登场展示。出现这种变化的原因是，唐代的扬州较之隋朝获得了更大发展，扬州已经成为真正意义上的国际化大都市，全国各地乃至世界各地的人来此居住、经商、学习、游

---

① 毛羽扬，朱小喜．扬州狮子头风味形成的探析［J］．中国调味品，2003（11）．
② 周爱东．扬州饮食史话［M］．扬州：广陵书社，2013：20.

玩。不同地域的人来扬州带来了各地的饮食习惯，为扬州饮食文化注入了异域的元素，加快了扬州饮食文化丰富多样特点的形成。为了满足不同口味的需求，扬州饮食文化加快了融汇南北，兼容东西的风格转变。如蜜糖技术来自西部的印度，此外，以胡人饮食为主要内容的饮食风格在扬州获得了很大的发展。扬州饮食文化盛行胡人特色，与整个唐帝国饮食风尚有着重要的关系，唐人偏好胡人风格，对胡服、胡人饮食尤其喜好，这在当时国内各大都市文化中都有不同程度的体现，但不同的是，扬州在这方面表现得尤其强烈和突出。王孝通的《中国商业史》记载："大食、波斯、胡人之流寓此间者极众。"① 胡人除了在扬州都市珠宝业占据重要地位之外，还渗透到饮食业。例如，当时扬州开设了许多胡饼店，虽然其饮食风格与扬州地区差异极大，却能够在扬州都市中很有市场，这不仅说明了当时扬州城内胡人之多，还说明了扬州本土人对胡人饮食风格的接纳和吸收。如果上升到中国和西域不同文明的层面上，这种对胡人饮食的喜爱，在一定程度上代表了唐代扬州饮食文化对外来文化的包容和开放。

宋元时期的扬州饮食文化延续了隋唐时代的基本特点，整体上偏向江南地区的饮食风格，即使宋金对峙时期，扬州成了前线，扬州人对饮食精美雅致的风格追求也没有放弃。元朝将扬州列为皇宫食品供应基地。元至正十六年，扬州鹰房打捕鲁花赤总管府就负责湖泊山场渔猎，以供内房内膳。如元杂剧作家乔吉在《杜牧之诗酒扬州梦》中的《混江龙》曲："茶房内，泛松风，香酥凤髓；酒楼上，哥桂月，檀板莺喉；接前厅，通后阁，马蹄阶砌；近雕阑，穿玉户，龟背球楼。金盘露，琼花露，酿成佳酝；大官羊，柳蒸羊，馔列珍馐。"这里可以看出宋元时期扬州饮食在酒楼规模、菜肴的重视，同时，"大官羊，柳蒸羊"这两道菜也说明了扬州菜对北方美食的吸收。

明清时期的扬州迎来了饮食文化的繁荣。这时期扬州饮食因为盐商的

---

① 王孝通. 中国商业史［M］. 北京：团结出版社，2007：107.

奢侈消费，彰显了奢华的特点，同时，又因为富商们普遍追求风雅的爱好，又将雅致的特色发挥到了极致。例如，乾隆时期位居八大盐商之首的黄均泰每天早上，都要"饵燕窝，进参汤"，然后吃两个鸡蛋，据说所吃的鸡蛋是用专门饲料喂养的母鸡所生。而另外一则扬州地方故事讲的是一位穷书生娶了一位盐商的婢女，书生想要妻子炒一盘韭黄肉丝，妻子嘲笑说，你一个穷书生哪里吃得起这道菜。书生不解，一盘韭黄肉丝有何吃不起？原来，当初婢女在盐商家里，做一盘韭黄肉丝要用十几只猪的面肉切成丝，才能够做成一盘菜。清代著名盐商亢氏，其富有程度足以敌国，人称"亢百万"，生活上也是"享用奢靡，埒于王侯"。① 乃至雍正皇帝在一次上谕中都说盐商们的骄奢淫逸"淮扬尤甚"。

总之，在漫长的历史上，淮扬菜系继承汉唐扬州美食的传统，吸收鲁、粤、徽、川名菜经验，择善而从，因时而食，味重调和，菜式丰富，使淮扬菜系五彩缤纷，花团锦簇，以选料广，制作精，香味佳，色形美著称，形成以菜肴、面点、茶点、糕点的淮扬菜肴为主体，街头巷尾零担小吃为补充，茶坊酒肆、庵观寺院经营饮食为陪衬的多层次食品结构，② 最终与鲁菜、粤菜、川菜合称我国四大菜系，获得了"东南第一佳味，天下之至美"的美称。扬州饮食文化则是淮扬菜系的典型代表。

二、扬州饮食的奢华之风

提到扬州饮食，人们往往首先想到的是历代富商对食物追求的奢华浮靡之风。对扬州饮食特点的论述，这一点是不能绕过的。

扬州饮食的奢华之风形成于唐代。由于唐代扬州运河商业经济的发达，扬州迅速成为运河交通枢纽重镇，为了满足来往客流消费人口的需要，以酒楼、茶馆为代表的饮食服务业迅速繁荣，南来北往的客商，凭借

---

① 韦明铧. 两淮盐商［M］. 福州：福建人民出版社，1999：71.
② 潘宝明. 淮扬菜冠名及其改革［J］. 扬州大学烹饪学报，2001（3）.

雄厚的财富和阔绰的消费，进一步刺激了扬州都市饮食消费市场的膨胀，再加上扬州地处鱼米之乡的地理优越性，饮食消费需要的各种食材原料在本地多有生产，或者借助交通的便捷和发达，把外地原料迅速运抵扬州。因此，唐朝的扬州城酒楼茶楼遍布城内，据《太平广记》卷四十六《续仙传·刘商》记载：刘商自长安东游广陵，于城街遇一买药的道士，"携手登楼，一以酒为劝"。次日又访之，复上酒楼，道士以一小药囊相赠，并戏饮曰："无事到扬州，相携上酒楼。"此后，"无事到扬州，相携上酒楼"遂在各地广泛流传。"扬州饮食发展至唐代已进入了其兴盛时期，各种烹调方法如清蒸、蒸煮、煎炸、焐烩、腌制等差不多均已出现，与近代相去不远的烹饪理论也较为成熟。"①

需要特别指出的是，唐代扬州饮食消费对奢靡华丽的追求，并不意味着北方都市饮食消费完全没有这种特征。事实上，整个唐代饮食消费普遍追求奢华奢靡，当时唐朝盛行各种宴会，② 作为北方最著名的都市，长安是整个唐代北方都市饮食消费最发达的地方。但是，与扬州相比，就饮食消费审美趋向而言，至少在一点上有着重要的差异：扬州都市饮食消费的奢靡之风并非仅仅来自唐代社会的影响，而是与广大江南地区长期注重饮食消费有关。而长安饮食消费的奢靡在很大程度上得益于唐代都城经济的繁荣和庞大的官僚集团日常消费需求，换言之，以长安为代表的北方都市饮食消费更多地受到时代的影响，而不像扬州城市在饮食上持续表现出高度的投入和关注。正如中国古人说的，"饱暖思淫欲"，当一个城市突然富贵之后，在饮食上不惜成本地投入巨资，这更可以看作一切城市文化发展中的"天性"，但是，真正区别和判断一座城市饮食消费形态本质特点的，往往不是在城市普遍富裕之后，而是在城市发展的各个阶段上是否一直保

---

① 见世君. 唐代扬州的餐饮业［J］. 首都师范大学学报：社会科学版，2004.
② 据《唐会要》卷五十四《省号上·给事中》记载：自天宝以后，风俗奢靡，宴处群欢，公私相效，渐以成俗。由此可见，唐代饮食消费追求奢靡之风的盛行。

持着这种消费趋向。以唐代长安为例，唐玄宗时，长安城市的游宴奢靡之风盛行，但是，如果把长安与唐代以前的魏晋时期的南京，和宋明时期的杭州、苏州、扬州等长江下游地区城市相比，在追求奢靡精致的趋向上，远不如这些江南城市著名，这可以从一个侧面反映北方都市在饮食消费投入和兴趣的关注度上，缺少扬州城市的持久性和连续性。

　　退一步说，同为受到唐代奢靡之风的影响，扬州的饮食消费更比长安"挖空心思"，例如，唐代都市盛行各种宴会，而扬州则以"争春宴"著名，甚至过生日举行庆宴，《新唐书》卷七十六《王皇后传》就记载了王皇后因为失宠而抱怨皇帝不办生日宴的故事。在这个意义上，唐代扬州饮食文化与江南文化的特征有着惊人的相似性。例如，当时中国人饮食中所需的重要调料蔗糖，大多从西蕃胡国购买，而唐太宗直接命令在扬州造蔗糖，虽然造蔗糖完全出于皇帝的个人行政命令，并不是扬州城市的一种自觉行为，但是，为什么皇帝偏偏选中并不生产蔗糖的扬州，这充分说明了扬州在饮食技术上的实力和当时饮食消费上的巨大声誉，据史书记载，扬州每年都要向朝廷进贡"糖蟹、蜜姜"，足以证明唐代的扬州为了饮食上的味道鲜美简直是不惜一切代价地钻研。这与北方都市中士大夫们不齿于饮食琐碎生活状态，一心埋头政治抱负的慷慨激昂相比，与其说是一种堕落或者奢侈，不如说是只有江南人才会领悟的一种生活享受，是一种实实在在的人生滋味。它书写了扬州饮食文化形态中非常厚重的一笔。

　　把饮食的奢华之风推到极致的是明清盐商。明清时期扬州盐商富可敌国的资产和财富，是他们在饮食上追求穷奢极欲的世俗性消费的物质基础。明清时期两淮盐商业在全国占有举足轻重的地位，根据明人宋应星估计，明朝万历时期扬州的盐业资本约为三千万两，清人汪喜孙则估计为七八千万两。在清代，当时全国赋税的一半都来自盐课。两淮都转盐运使司即设置于扬州，扬州是淮盐的集散地，当时扬州从事盐商的就有数百家，而这些盐商们则是"富以千万计"，史料记载，乾隆三十七年，中央户部库存银为七千八百多万两，而扬州盐商的资本几乎与之相等。乾隆时期就有人指出，"天下第一等贸易为盐商，故谚曰：'一品官，二品商。'商者谓盐商也，谓利可坐获，无不致富，非若他途交易，有盈有缩也"①。扬州盐商富甲天下，资财百万者在扬州仅仅算是"小商"。随着明清时期扬州盐商财富积累的膨胀，以盐商为消费主体的世俗性文化获得了直接的推动力量，以人的世俗性欲望满足为主体的日常生活文化生产成为扬州文化的一大景观。对于盐商们挥金如土的声色犬马生活，历史文献和文学作品的记述比比皆是。据《世宗宪皇帝实录》卷十"雍正元年八月"载：

> 夫节俭之风，贵行于闾里，而奢靡之习，莫甚于商人。朕闻各省盐商，内实空虚而外事奢侈。衣物屋宇，穷极华糜；饮食器具，备求工巧；俳优妓乐，恒舞酣歌；宴会嬉游，殆无虚日；金钱珠贝，视为泥沙……骄奢淫佚，相习成风。各处盐商皆然，而淮扬为尤甚。使愚民尤而效之，其弊胜言哉。尔等既司盐政，宜约束商人，严行禁止。②

扬州盐商对于饮食等感官消费的穷奢极欲，证明了扬州饮食文化从来就没有离开过江南地域奢靡习俗的传统。明朝初年，由于长期战乱的破坏，整个社会物质条件非常有限，再加上朱元璋对社会奢靡腐化之风严厉打击，在全国范围内推行节俭勤苦之风，城市饮食风尚整体上表现出"筵不尚华""筵会无珍异之设"的特点。如，在明代的隆庆、万历初年，扬州的兴化地区宴席就比较简陋。四个人一席，每席只有五个菜和五六碟点心和果品，饮酒也不多。③ 从明朝中后期开始，随着社会物质生产资料的丰富和积累，以及社会上层追求奢华物质生活的常态化，奢靡腐化之风一步步摧毁了明初各种政治制度的约束。城市里的官宦富商，在饮食方面穷奢极欲的程度，完全越过了明初各种等级制度的规定，奢侈腐化已经到了

---

① （清）欧阳昱．见闻琐录：盐丁苦［M］．长沙：岳麓书社，1986：43.

② 清朝史官．清实录：第七：世宗宪皇帝实录：卷十［M］．北京：中华书局影印本，1985：180.

③ 周爱东．扬州饮食史话［M］．扬州：广陵书社，2013：27.

令人发指的程度。

例如在明代，鹅是饮食中的奢侈品，在明初，即使达官贵人一般也很少食用。但是，到了明代中后期，各种宴会上食用鹅肉已经非常普遍，城市宴会上经常出现"屠宰之类，动及千数"的奢华景象。据说万历年间，一个北京士大夫的家常宴会上总会有火炙鹅、火割羊两道压轴的名菜。"所谓火炙鹅，就是将鹅罩在铁笼，让它饮下椒浆，直接在火上烧烤，毛尽脱落，鹅未死，肉已熟了。而活割羊，就是从羊身上割取羊肉，用火烧烤，肉已割尽，羊尚未死。"① 如此奢华挥霍的消费方式，并不仅仅局限于京城，国内城市纷纷效仿，奢靡成为一种社会时尚，"即使很平常的宴会，菜肴动辄十样"②。

长江下游的江南一带本来就有着穷奢极欲的世俗性消费的文化传统，在日常饮食方面更是追求食不厌精脍不厌细，而富裕的商人更加把日常饮食的追求发展到极致。明万历《扬州府志》说："扬州饮食华侈、制度精巧。市肆百品，夸视江表。"对此，有学者指出：

> 缙绅之家，或宴长官，一席之间水陆珍馐，多至数十品。即庶士中人之家，新亲严席，有多至二三十品者。若十余品则是寻常之会矣。然品用木漆果山如浮屠样，蔬用小瓷碟添案，小品用盒，俱以木漆架高，取其适观而已。即食前方丈，盘中之餐，为物有限。崇祯初，始果山碟架，用高装水果，严席则列无色，以饭盂盛之；相知之会则一大瓯而兼数色。蔬用大铙碗。制渐大矣。顺治初，又废攒盒，而以小瓷碟装添案，废铙碗而蔬用大冰盆。水果，虽严席亦止用二大瓯。旁列绢装八仙，或用雕漆嵌金小屏风于案上，介于水果之间。制亦变矣。敬非地方长官，虽新亲贵友，蔬不过二十品，或寻常宴会，多则十二品，三四人同一席；其最相知者，只六品亦可，然识者尚不

---

① 陈宝良．飘摇的传统：明代城市生活长卷［M］．长沙：湖南人民出版社，2006：51.
② 陈宝良．飘摇的传统：明代城市生活长卷［M］．长沙：湖南人民出版社，2006：53.

无太侈之忧。及顺治季年，蔬用宋式高大酱口素白碗，而以冰盘盛添案，则一席兼数席之物，即三四人同席，总多均余，几同暴殄。康熙之初，改用官式花素碗，庶为得中。然而新亲贵仍用专席，水果之高，或方式圆，以极大磁盘盛之，几及于栋。小品添案之精巧，庖人一工，仅可装三四品。一席之盛，至数十人治庖，恐亦大伤古朴之风也。①

清代盐商延续了明朝的奢华之风，清康熙年间的《扬州府志》称"涉江以北，宴会珍错之盛，扬州为最"。清代李斗在《扬州画舫录》中也记录了扬州饮食的奢华。

> 烹饪之技家庖最胜。如吴一山炒豆腐、田雁门走炸鸡、江郑堂十样猪头、汪南溪拌鲟鳇、施胖子梨丝炒肉、张四回子全羊、汪银山没骨鱼、汪文蜜蛼螯饼、管大骨董汤、鲞鱼糊涂、孔讱庵螃蟹面、文思和尚豆腐、小山和尚马鞍桥，风味皆致绝胜。

明清时期扬州盐商在饮食方面的奢靡之风，延续了长江下游地区都市饮食文化奢侈铺张的传统，传承了超越节俭的审美化特征，但是，这并不等于扬州一成不变地重复着江南地区"昨天的故事"，相比此前奢靡腐化的饮食消费而言，明清扬州盐商的世俗性消费有新文化元素的生成，即，扬州盐商并非都是土生土长的扬州人，他们中的大部分人是来自徽州、山西等地的商人，其中，徽商组成了明清扬州盐商的主体，正是长期在扬州生活的经历，或者说扬州饮食文化深层结构，改变了他们此前以"伦理"为深层结构的节约吝啬的消费方式，扬州成为一座浸染、熏陶和渗透富商们追求穷奢极欲消费理念的城市。

三、扬州饮食文化的"日常生活审美化"

明清盐商对饮食追求的奢华腐糜之风，常常造成这样一个认识上的误

---

① 钱杭等．十七世纪江南社会生活［M］．杭州：浙江人民出版社，1996：271.

区，即，整个明清时期的扬州饮食都是奢华的，其实，能够追求奢华腐糜的只是整个扬州社会阶层中的少数人，绝大多数的普通居民是无法享受这种饮食的。但是，扬州饮食文化的一个特点恰恰就是，富有的盐商并不是一味地追求奢华，还将雅趣融入饮食中，而广大的普通民众没有足够的财力去追求奢华之风，却并不简陋寒碜，也能用普通的食材创造出精美的风味，由此形成了扬州饮食文化中的"日常生活审美化"的特点。

首先，扬州盐商追求日常饮食艺术化的雅趣。

明清时期，扬州富有的盐商喜欢结交文人，后人往往习惯认为是富商们附庸风雅。其实不然。扬州盐商大部分都是徽商，徽商的一个传统是喜欢读书，重视教育，他们带有炫耀性的夸富行为和生活方式，并不完全都是纯粹消极的寄生虫式的腐败行为，因为相当一部分盐商都具有很高的艺术修养，他们在饮食消费中也融入了个人的雅趣。他们常常在邀请文人参加宴会，品尝美味佳肴的同时吟诗作赋，使得世俗的口腹之欲变为文人雅集的艺术活动。清人李斗《扬州画舫录》卷八记载了扬州富商与文人的诗文之会的盛况。

扬州诗文之会，以马氏小玲珑山馆、程氏篠园及郑氏休园为最盛。至会期，于园中各设一案，上置笔二，墨一，端研一，水注一，笺纸四，诗韵一，茶壶一，碗一，果盒茶食盒各一。诗成即发刻，三日内尚可改易重刻，出日遍送城中矣。每会酒肴俱极珍美，一日其诗成矣。请听曲，邀至一厅甚旧，有绿琉璃四，又选老乐工四人至，均没齿秃发，约八九十岁矣，各奏一曲而退。倏忽间命启屏门，门启则后二进皆楼，红灯千盏，男女乐各一部，俱十五六岁妙年也。吾闻诸员周南云，诗牌以象牙为之，方半寸，每人分得数十字或百余字，凑集成诗，最难工妙。休园、篠园最盛。①

---

① （清）李斗. 扬州画舫录 [M]. 北京：中华书局，1960：180 - 181.

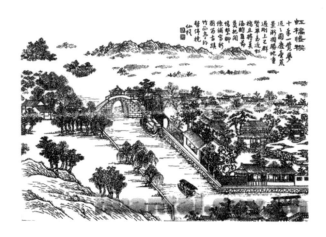

（《虹桥修禊》）

富裕的商人与文人的关系前所未有的和谐，在美酒佳肴面前，富商没有显露一丝对穷儒的傲慢，文人也没有对商人流露出清高，即使以狷狂清高著称的"扬州八怪"，寄食于富商门下，并没有表现寄人篱下的悲苦或愤懑，而是相互帮衬，传为佳话。如牛应之《雨窗消意录》记载的一个故事。

钱塘金寿门农客扬州，诸盐商慕其名，竞相延致。一日有某商宴客平山堂，金首座。席间以古人诗句飞红为觞政，次至某商，苦思未得，众客将议罚，商曰：得之矣！"柳絮飞来片片红"。一座哗然，笑其杜撰。金独曰：此元人咏平山堂诗也，引用綦切。众请其全篇，金诵之曰："廿四桥边廿四风，凭（阑）栏犹忆旧江东，夕阳返照桃花渡，柳絮飞来片片红。"众皆服其博洽，其实乃金口占此诗，为某商解围耳。商大喜，越日以千金馈之。①

不难看出，扬州富商饮食除了奢华，还有难得的另一面，即在消费审美趣味追求上，具有明显的江南饮食"日常生活审美化"的特征。

---

①　韦明铧．两淮盐商［M］．福州：福建人民出版社，1999：147.

对于江南饮食的审美特征，刘士林指出：一是特别重视吃，肯在吃喝上投入巨额资产。自古就有"肆筵设度，吴下向来丰盛"之说。也不只是在请客送礼时才饕餮一回，江南人在一年四季的日常生活中大都如此。二是江南人也十分会吃，肯在吃喝上投入巨大的精力和脑力。这其中的客观条件在于江南人物质基础的雄厚，因而可以尽享天下的美食美物。而主观条件则在于他们肯在吃喝这些儒家士大夫不齿的小事上下功夫。由于不是一脸严肃的"肉食者鄙"的神情，所以江南的饮食充满了可口而轻松的享受性质。三是最关键的，有文化和品位。这种思想发展到明清时期达到巅峰，像李渔的《闲情偶寄》这类的吃喝玩乐的教科书，也只能是江南文化的产物。它的主题思想就是：有条件要吃喝，没有条件创造条件也要吃喝。正是在这样一种文化氛围中，才能使吃喝二字获得它的本体论内涵：一方面由于投入较多因而可以生产出各种精美食物，另一方面由于主体对吃喝享受的重视因而可以品味出食物的至味。这两个条件是缺一不可的，缺少前者就只能是一种"抽象的满足"，而缺了后者则正所谓"茶饭不思"或"吃着没劲"。①

这里需要特别指出的是，徽州同样地处江南，不可能不受到江南文化审美深层结构的影响，为什么在日常生活消费的审美价值取向上与扬州有如此大的区别呢？或者说，如果承认了江南文化对周边地区有着普遍的影响力，那么，为什么同样是江南的徽州却在这方面显得更北方化呢？其实，这与下面两个问题有直接的关系。一是从同一个文化区域内部差异上说，以自由审美为深层结构的江南文化并非是铁板一块，其中存在同为江南地区的内部文化差异的问题，这正如同样为江南的巴蜀文化和荆楚文化一样，它们在文化深层结构上与以太湖流域为核心的江南诗性文化有着必然的差异，即使在相对范围比较小的太湖流域周围地区，江南文化诗性审

---

① 刘士林. 西洲在何处——江南文化的诗性叙事 [M]. 北京：东方出版社，2005：169 - 170.

美特征的表现形态也会存在地区差异问题。二是从都市与乡村文化差异上说，江南都市代表了江南文化发展逻辑上的最高环节，在自由审美精神表征上也必然与乡村有着重大区别。

> 如果说，与北国诗性文化相比，江南诗性文化最明显的是其审美气质，那么与江南乡镇诗性文化相比，江南城市诗性文化则呈现出更加自由、活泼的感性解放意义。……江南城市诗性文化把中国诗性文化提高到一个新的高度，代表了诗性文化在中国历史上的最高发展水平。①

与扬州相比，徽州在城市文明形态上显然十分落后，这就导致了同为江南的徽州广大乡村地区诗性审美精神的相对弱化，道德伦理意识的更加顽固，只有徽州商人从充满道德和节俭气息的乡村，走向了繁华如梦的扬州大都市之后，他们也才有可能实现文化深层精神结构上从伦理向审美的转变。

饮食起居本来只是人类生理满足的最基本需要，但是，追求更好的生活消费则蕴含了人的审美消费态度。虽然在唐朝时期的扬州，富商在饮食消费上已经注重奢靡和精致，但是，无论在富商表现的普遍性上，还是追求的品质上，都无法和明清时期的成熟形态比肩。其代表则是明清时期完全成熟的淮扬菜。在中国各大菜系之中，淮扬菜以其细腻精湛的技艺享誉国内。而淮扬菜显然以扬州和淮安为中心。就扬州来说，这和明清时期盐商奢侈的生活需要具有血缘纽带关系。江南习俗喜好铺张的风俗具有很强的渗透性，但是，仅仅这个还不够，因为同为长江流域的江南富庶地区，并不是每个地方都可以产生如同扬州一样出名的饮食文化的，因此，物质的富有仅仅是这种"日常生活审美化"的前提条件。

最关键的是扬州都市特殊的消费群体具备把生活艺术化的能力，这才有可能造就出日常生活的审美化。众所周知，在淮扬菜中，"狮子头"是

---

① 刘士林. 江南城市与诗性文化［J］. 江西社会科学，2007（10）.

扬州名肴。对此，现代著名作家曹聚仁曾说，扬州盐商家的厨子做得最好。明清时期扬州盐商大多拥有技艺高超的"家厨"，《扬州画舫录》称盐商家的家厨"烹饪之技，家厨最胜"。但是，扬州盐商最奢华的美食并不是狮子头，而是满汉全席。"满汉全席即是将满人宴席与汉人宴席合而为一，实为一种极其奢华的超级宴席。这种超级宴席始于清帝南巡时，两淮盐商接待之用。"① 但是，需要特别指出的是，这种奢华无比的饮食消费，并非是富商们为了讨好皇帝的专供，凭借他们富足的资产及穷奢极欲的消费观念，扬州盐商们在日常生活中也经常享用。"满汉全席并非在迎接皇帝时才用，扬州盐商平时也用它。"②

其次，普通市井百姓对日常饮食并不简单凑合，保持着超乎寻常的热情。

周爱东的《扬州饮食史话》记录了扬州百姓甚至为了吃一种名叫"黑鱼两吃"的名菜，留下了"有了黑鱼肠，不顾爷和娘"的话。以清代扬州小东门码头百姓吃羊肉为例。

清代扬州小东门码头有一家熟羊肉店，颇有名，以至于食客云集。但要吃到他家羊肉的美味，还是要花点功夫的。扬州的羊肉店一般是秋冬营业，那些真正的饕餮之徒在凌晨鸡叫时起床，穿着皮袄，戴着毡帽，耸着肩，呵着手，不避霜雪，来到羊肉店，还要弄些小费给厨师，才能吃到最美味的羊肉。厨师首先给他们上的是羊杂碎汤，称为小吃，然后再上羊肉羹饭，一人一碗。剩下来的羊杂并羹饭再一锅煮了，滤去浮油，再给每人盛上一碗。食客们大多是回头客，大多是扬州的普通百姓。③

扬州百姓对日常饮食的偏爱，显示了在深层结构上具有江南文化特有

①　韦明铧. 两淮盐商［M］. 福州：福建人民出版社，1999：104.
②　韦明铧. 两淮盐商［M］. 福州：福建人民出版社，1999：105.
③　周爱东. 扬州饮食史话［M］. 扬州：广陵书社，2013：98.

的自由审美精神。中国南北饮食风俗上的差异非常明显，这种差异，体现了中国南北不同地域、民族日常生活方式的区别。与北方饮食文化中普遍注重节俭不同，追求奢华、糜烂的社会生活时尚，已经是江南地区日常生活的主旋律。如果从文化的审美观念上说，则是中国南北两大文化板块深层结构的不同导致的审美趣味追求、审美价值取向的差异，在本质上就是北方政治伦理与江南自由审美之间的区别。

> 南北文化之差异是一种审美主义与实用主义生活方式的对立。具体说来，北方文化的人生价值观主要来自墨子，它的最高理念是"先质而后文"，或者说，"食必常饱，然后求美；衣必常暖，然后求丽；居必常安，然后求乐"……江南文化的深义更在于一种有精神品位的日常生活方式。许多方面的记载都表明，即使在生活的物质条件相对困窘、即在北方人看来应该节衣缩食的情况下，江南人仍然可以把生活搞得有声有色，而不是每天皱着眉头想生计。[①]

虽然北方都市并非只有苦行僧一样的饮食消费理念，但是，与南方都市饮食消费理念相比而言，在物质生活条件大体相同的条件下，一个江南地区的人的生活往往要比北方都市人过得更好，何况当时的江南地区都市物质条件远远比北方都市优越得多，换句话说，北方都市似乎习惯了马克思说的爱尔兰人"吃破烂马铃薯"的饮食消费方式。

例如，在明代苏州城里的茶寮，一般都兼职卖面饼，这种面饼"味道不怎么样"，苏州本地人很少吃，只能用来骗骗外地来江南的"燕齐秦晋的外路客"。乃至当时流行如此诗说茶寮："茶坊面饼硬如砖，咸不咸兮甜不甜。只有燕齐秦晋客，一盘完了一盘添。"而扬州则不同，不仅要求吃得好，而且对于食用的方法精益求精。富商官宦自不必说，即使达官贵人、富商巨贾家的姬女丫头也养成了"食不求饱而必求精"的习惯。例

---

① 刘士林.西洲在何处——江南文化的诗性叙事［M］.北京：东方出版社，2005：99 – 100.

如，清代扬州著名盐商季家一姬嫁给某修撰之后，每天哭泣，不肯吃饭，修撰不解，问之，此姬回答修撰家衣食远不及季家。无奈之下，修撰最终将她打发走了事。①

此事虽然绝非普遍，但是，可以证明扬州饮食文化上追求精致雅趣的特点。对于南北都市日常饮食上的审美态度差异的表现，刘士林指出：

> 生活不同于艺术。这句话本身当然是不错的，但具体到中国南北文化的不同语境中，却往往必然导致两种完全相反的结果。在"先质而后文"的北方意识中，往往是把生活和艺术完全对立起来，甚至尽量压低一切非实用的艺术性开支，以便使有限的生活资料获得更大的利用价值。这种极端化的解读和阐释，在江南生活中则得到一定的克服。与之相对，尽管江南人也懂得生活和艺术不同，但由于在他们的心目中生活应该向艺术看齐，因而不是为了生活而牺牲艺术需要，相反却是尽量创造条件使生活艺术化，才是一个江南人最重要的人生理想和奋斗目标。事实上也确乎如此，在杏花雨潇潇和杨柳风习习的江南日常生活中，本来极其矛盾甚至互不相容的实用和艺术，仿佛商量过一样走向了一种有机的平衡和良性循环。②

最后，扬州饮食文化对于日常琐碎之事的极端重视，凸显的日常生活审美化、艺术化趋向，可以从食材简单、价格低廉的普通面点、茶食上得到充分体现。即使普通的炒饭，扬州人也能把它做到极致，力求精美。"饭类主要有水晶饭（糯米饭）、青粳饭、荷包饭、团油饭等。其中'荷包饭'以香米杂鱼肉等用荷叶蒸成。"③ 发展到今天，扬州炒饭在国内的米食制作工艺上誉满国内。

在中国所有区域饮食文化中，包子是最常见的一种面点。从包子制作

---

① 韦明铧．两淮盐商［M］．福州：福建人民出版社，1999：74.

② 刘士林．西洲在何处——江南文化的诗性叙事［M］．北京：东方出版社，2005：106 - 107.

③ 见世君．唐代扬州的餐饮业［J］．首都师范大学学报，2004 年增刊.

的审美追求中，可以看出扬州饮食文化追求日常生活审美化的倾向。

扬州的小笼点心，肉馅儿的，蟹肉馅儿的，笋肉馅儿的且不用说，最可口的是菜包子菜烧卖，还有干菜包子。菜选那最嫩的，剁成泥，加一点儿糖一点儿油，蒸得白生生的，热腾腾的，到口轻松地化去，留下一丝儿余味。干菜也是切碎，也是加一点儿糖和油，燥湿恰到好处；细细地咬嚼，可以嚼出一点橄榄般的回味来。①以早茶中最常见的干丝为例，做工极其讲究。

干丝最能见出扬州人饮食的精致。用一块白白的豆腐干，披成薄片，再切成细丝。豆腐干有1.5厘米的厚度，刀工精湛者能将其劈成30多片，切出来的丝真如棉线样细。这样切出的干丝可以烫着吃。烫熟了，撒点虾米粒、榨菜粒，浇点麻油、酱油，捏一小团细如发丝的姜丝，放两片香菜叶，一盘色香味俱全的烫干丝就出来了。煮干丝用的是鸡汤，汤要浓厚。还要放笋与火腿，笋要鲜、火腿要香。放锅里用中火煮上15分钟也就可以了，最后再放一小把豌豆苗。这个叫大煮干丝。讲究点的，还要加鸡丝、虾仁。②

在扬州饮食菜谱中，干丝仅仅是用来吃早茶的茶食，对待茶食尚且如此精益求精，对待正规菜肴的重视可想而知。清人惺庵居士在《望江南》词中感叹："扬州好，茶社客堪邀。加料干丝堆细缕，熟铜烟袋卧长苗，烧酒水晶肴。"烫干丝，已经是扬州早茶的一个地标美食，是扬州人食不厌精饮食理念的典范。

全国四大菜系，有人曾如此比较，从味道上看，粤菜为海腥味，鲁菜为咸酱味，川菜为麻辣味，扬菜注重菜肴的本味。从用菜人身份上看，京鲁菜为宫廷菜，专为皇亲国戚享用；粤菜为商贾菜，满足海内外富商巨贾要求，多以海鲜山珍为主；川菜是平民菜，一锅麻辣汤，什么菜都能往里

---

① 朱自清. 说扬州［A］//马家鼎. 扬州文选［C］. 苏州：苏州大学出版社，2001：112.
② 周爱东. 扬州饮食史话［M］. 扬州：广陵书社，2013：174－175.

倒，从开始辣到最后；扬州菜是文人菜，多为文人雅士品尝，颇为讲究。这种比较虽然并不全面，但是，扬州菜重视本味雅致的特点却是不争的事实。今天，扬州菜选料严谨，讲究鲜活，刀工精细，擅长炖焖烧烤，重视调汤，讲究原汁原味的特点，已经被普遍认可。在扬州饮食琳琅满目的菜名中，我们可以看到如下具有代表性的菜名：清炖狮子头、拆烩鲢鱼头、扒烧整猪头、清蒸鲥鱼、大煮干丝、水晶肴蹄、三套鸭、炒蝴蝶片、冬瓜盅等，点心有三丁包子、翡翠烧卖、千层油糕、蟹黄汤包等。这些都是今天开发扬州饮食文化的宝贵资源。

第六章

千帆点点，运河波光米盐白

——扬州运河文化资源

郁达夫曾这样评大运河对扬州城市命运的重要性。

自大业初开邗沟入江渠以来，这扬州一郡，就成了中国南北交通的要道；自唐历宋，直到清朝，商业集中于此，冠盖也云屯在这里。既有了有产及有势的阶级，则依附这阶级而生存的奴隶阶级，自然也不得不产生。贫民的儿女，就被他们强迫做婢妾，于是乎就有了杜牧之的青楼薄幸之名，所谓春风十里扬州路者，盖指此。有了有钱的老爷，和美貌的名娼，则饮食起居（园亭），衣饰犬马，名歌艳曲，才士雅人（帮闲食客），自然不得不随之而俱兴，所以要腰缠十万贯，才能逛扬州，以此。但是铁路开后，扬州就一落千丈，萧条到了极点。从前的运使，河督之类，现在也已经驻上了别处；殷实商户，巨富乡绅，自然也分迁到上海或天津等洋大人的保护之区，故而目下的扬州只剩下了一个历史上的剥制的虚壳，内容便什么也没有了。①

一个城市的衰落乃至解体，往往不是某一两个原因可以简单概括的，但是，大运河的兴衰直接决定了扬州城市发展的命运，这是确定无疑的。如果说扬州兴盛的主要原因是大运河的开凿和贯通，那么，导致它衰败的原因则无疑是运河交通地位让位于铁路和海运。如果细细研究扬州在历史

---

① 郁达夫. 扬州旧梦寄语堂［A］//马家鼎. 扬州文选［C］. 苏州：苏州大学出版社，2001：39.

上最繁盛的几个时代，不难看出，都是运河畅通、运输繁忙的时候。从这个意义上说，运河兴则扬州兴。

一、邗沟的开凿与变迁

京杭大运河是世界上开凿最早、规模最大、里程最长的运河。如果寻找开挖的起点，无疑是扬州的邗沟。对此，有人如此赞誉："万里长城的建造，它的起始点在哪里，恐怕无法考证；而1800公里长的京杭运河的第一锹，则是在扬州开挖的。"[①]

春秋末年，邗国被江南吴国所灭。此后，江南吴王夫差企图吞并中原，当时吴国版图主要在苏南和浙北地区，齐国远在淮河以北，如果实现攻击齐国的军事计划，就必须穿越长江至淮海之间的广大地区，而当时两大水系之间并无直接的河道相通，一向以水军力量取胜的吴国，要么沿长江口出海北上伐齐，要么开挖一条直接沟通长江和淮海之间的河道。无论从当时造船技术水平、出海远航的风险，还是江淮之间河流湖泊纵横的便利条件，吴国无疑要选择后者。于是，吴王夫差十年（公元前486年），"吴将伐齐，北霸中原，自广陵城东南筑邗城，城下掘深沟，谓之韩江，亦曰邗溟沟"[②]。《左传》记载："城邗，沟通江、淮。"这是关于扬州地区开凿运河的最早记录。这条沟通江、淮的运河因为起凿于邗城下，故称为邗沟。汉时称为渠水，六朝称中渎水，也称为韩江、邗溟沟。

关于邗沟最初的经行路线，《水经·淮水注》记载："中渎水，首受江于广陵郡之江都县……自广陵北出武广湖东、陆阳湖西，二湖相直五里，水出其间，下注樊梁湖。旧道东北出，至博芝、射阳二湖，西北出夹耶，乃至山阳矣。"对此，学者考证后指出：

> 吴国在今扬州市北面筑邗城，于邗城下挖深沟，引长江水向北，

---

① 刘士林等. 中国脐带：大运河城市群叙事［M］. 沈阳：辽宁人民出版社，2008：195.
② 李久海. 论扬州宋三城的布局和防御设施［J］. 东南文化，2000（11）.

经广武、陆阳（旧高邮州南三十里）两湖之间，入樊良湖（旧高邮州西北五十里），转向东北入博芝（今宝应县东稍南七十里）、射阳（今宝应、淮安两县东六十里）两湖，又折向西，经白马湖（今宝应县西北二十五里）到末口（今淮安县北）入淮河。从此，长江、淮河两大流域贯通起来了。这条人工开凿的沟通江淮的运河由于临近邗城，便被称为邗沟，又称"邗江"（亦作韩江）"韩溟沟""中渎水"等。①

对于邗沟开通以后的作用，运河城市专家傅崇兰认为，邗沟自吴王夫差开凿为了运粮、运兵之外，越王勾践灭掉吴国以后，也曾利用邗沟北上伐齐，周显王四十六年（公元前323年），越王无疆攻楚失败被杀，越国并入楚国以后，邗沟不被军事所用，便消失无闻了。此后第二次、第三次疏通分别是西汉和东汉时期的事情了。② 近年来的考古学研究表明，史料中的邗沟是中国历史上第一条沟通长江和淮河的人工大运河，今天江苏扬州、淮安之间的里运河，成为我国历史上有明确文献记载的最早的运河，距今有两千多年的历史。它对于扬州城市原始形态的生发至关重要。"纵观春秋末期至汉末、三国时期的邗沟，其作用都不外是军事方面的。"③

邗沟开通初期，限于水道运输能力有限，并没有显示出除了军事以外更大的影响力，但是，随着此后历代政府对邗沟的疏浚整治，除了军事作用外，邗沟对扬州的影响越来越明显，甚至扬州城址的改变都受运河直接影响。考古学证实，自春秋时期在蜀冈筑邗城到唐代的唐城，扬州城址"在蜀冈上的这个大位置基本没变。但是，唐代已开始在蜀冈下筑罗城，古代扬州城址的变化就是从这个时候开始的。至宋代则建宋大城，完全在蜀冈下，濒临运河"④。

---

① 朱福烓，许凤仪. 扬州史话. [M]，南京：江苏古籍出版社，1985：7.
② 傅崇兰. 中国运河城市发展史 [M]. 成都：四川人民出版社，1985：59.
③ 傅崇兰. 中国运河城市发展史 [M]. 成都：四川人民出版社，1985：60.
④ 傅崇兰. 中国运河城市发展史 [M]. 成都：四川人民出版社，1985：94.

为什么从唐代开始扬州城址出现了从蜀冈之上到蜀冈之下的变化，这与长江北岸南移有一定的关系。因为早期扬州城市紧邻长江，长江大潮直至扬州城下，这种状况在魏晋南北朝时期仍然很明显。但是到了唐代，泥沙淤泥，江南南移已经非常明显，① 于是随着长江北岸逐渐南移，扬州城市选择规划也必须随之而变化。其实，更主要的原因则是运河经济的发展主导了城址的改变。傅崇兰认为，扬州城市选址思想的改变，与运河经济作用直接相关。在他看来，从春秋吴王筑邗城开邗沟到唐代，扬州至淮安的运河并没有发挥出经济的功能，基本上都是为政治、军事所用。但是，到了唐代，运河的作用开始从政治军事功能向漕运经济转变，由此刺激了扬州工商业经济，新的工商业者聚居区开始在运河沿岸出现，由此改变了扬州城市布局。

从春秋末期吴王夫差开邗沟起到唐代，扬州至淮安的运河，基本上是为政治、军事所用。在唐代开始起到了一定的漕运作用，并且因此而刺激了扬州商业的发展，于是在蜀冈下距运河较近的地带形成了工商业者的聚居区，唐代在这里建筑了"罗城"。唐时被称为"十里长街"。蜀冈上的唐城与蜀冈下的罗城相连接，就形成了连贯蜀冈上下的唐代扬州城。但是，唐代扬州城的主体仍然在蜀冈上。②

也就是说，"在唐代之前，自然地理条件，对扬州城市环境的变化，起主要作用。在唐代以后，具有自然和经济两种职能的运河对扬州城市环境的发展演变起主导作用"③。唐代，成了扬州城址规划转变的分水岭，运河起到了至关重要的作用。

邗沟开通以后，经历汉魏六朝，运道和运口发生多次变化。同时，为了漕运和兵运的需要，多次对这段运河加以改造，这种局面一直到隋朝统

---

① 对此，明顾祖禹的《读史方舆纪要》卷23记载："初自广陵扬子镇济江，江面阔，相距四十余里。唐立伊娄埭，江阔犹二十余里。"

② 傅崇兰. 中国运河城市发展史 [M]. 成都：四川人民出版社，1985：95.

③ 傅崇兰. 中国运河城市发展史 [M]. 成都：四川人民出版社，1985：136.

一后。为了加强对南方的控制，同时，便于将南方粮食北运，隋炀帝于大业元年（605 年）营建东都洛阳的同时，开凿了规模空前的大运河。这些运河包括通济渠、古邗沟、江南河、永济渠。其中，古邗沟指的是从扬子（今仪征东南）引水至山阳（今淮安）入淮。但是，历史又有隋文帝"于扬州开山阳渎，以通运漕"之说，因此，也有人称隋炀帝时期开凿的这段运河为山阳渎。

隋炀帝开凿的山阳渎究竟是否就是古邗沟的问题，学界一直存在争议。按照《中国运河开发史》中的观点，山阳渎并非是古邗沟，隋唐时期，由扬子直达山阳的这条运河并不叫山阳渎，而仍称邗沟。因为隋炀帝开运河主要是为了保持东都洛

（古邗沟遗址）

阳与东南地区联系的畅通，而古邗沟多迂回曲折，原来常易淤塞，不得不绕道射阳湖，但是，自从隋朝整治后，江淮间的运道由扬子直达山阳，不必再向东绕道。①

无论古邗沟和山阳渎是否是一条运河，有一点是毋庸置疑的。隋朝京杭大运河的开通，扬州段运河沟通了长江和淮河，由此奠定了此后扬州城市在运河沿岸城市中的地位，以及扬州城市经济、文化与运河的血脉关系。

---

① 陈桥驿主编. 中国运河开发史 [M]．北京：中华书局，2008：221.

　　邗沟经过隋代彻底的疏浚和治理，唐代仍为南北运输的大动脉，漕粮大都经此北上，运至两京。但是，邗沟以沿途的小型湖泊为水源，受水面积不大，枯水季节往往断航，而其时又是漕运旺季，因而影响漕运。①

　　唐代中叶，从京口渡江需要绕道瓜洲，迂回六十里，船只受损严重，于是，开元二十五年（737 年），润州刺史齐澣在瓜洲开伊娄河二十五里，直达扬子津。由此，邗沟从瓜洲入江，运河交通更为便利。伊娄河又名新河，唐中叶以后出入扬州多经过此河。扬州与运河的关系得到进一步加强。

　　到了宋代，邗沟改称淮南运河，运河南段在扬州附近也发生了一些变化。宋代以前运河到扬子津后，就向西折回北上，在今天扬州西郊七里甸处，再向东穿城而过，到今高桥再北上屈曲向东抵达湾头而北。元代以海运为主，没有充分重视运河的治理。

　　明清时期，从山阳到江都之间，船只行走湖中十分危险，影响漕运。为此，着手对运河整治。先后在高邮、宝应境内修筑湖堤，在高邮、邵伯、宝应、白马四湖的东筑重堤，积水行舟以避风浪。后来，又在高邮险恶湖段建造月河。月河南起高邮城北杭家嘴，北至张家闸，长四十余里。后来又经过多次修浚整治，在清代发挥了重要作用。另外，仪真运河与瓜洲运河会于扬子湾，来自上江湖广、江西的漕船走仪河，来自下江两浙的漕船走瓜河。扬州段运河成为连接湖广江浙的桥梁，扬州段运河经济功能得到前所未有的发挥。清代，随着长江北岸仪征、瓜洲一带江流北徙，道光二十三年（1843 年），瓜洲城南门塌陷，瓜洲运河道废止长达二十年，直到同治四年（1865 年），又开瓜洲后河通运河。光绪十年（1884 年），瓜洲城完全坍塌沉没，运河道改由瓜镇出江。现在看到的瓜洲运河，是

---

① 陈桥驿. 中国运河开发史［M］. 北京：中华书局，2008：221.

1958—1960 年再次改建的瓜洲运河，运河口移至六圩。①

从古老的邗沟到沟通扬州与淮安之间的里运河，大运河扬州段在漫长的历史中，经过无数次疏浚整治，终于在明清时期的运河史中步入辉煌，其对扬州的影响，除了令人关注的经济外，还悄然改变着扬州城市空间的行政力量、话语形态。

二、大运河与扬州城市政治话语

运河给扬州带来了巨大的财富，成就了扬州"广陵大镇，富甲天下"的经济地位，后人更关注运河给扬州带来的经济繁荣，往往忽视了运河给城市规划、伦理观念等政治话语形态上带来的改变。隋唐是大运河对扬州产生重要影响的分界线。隋唐前，大运河对扬州的影响力有限。通过比较汉朝与隋唐两个不同时期运河对城市规划、伦理观念的影响，可以明显看出运河在这方面给扬州带来的深刻影响。

先看大运河在城市规划方面给扬州城市政治话语带来的冲击。

汉代广陵城市规划和建筑深受古代帝都建设思想的影响。早在西周时期，周人崇尚"天人合一""天人感应"的思想，城市规划思想中特别突出了"天命"的地位。在城市整体布局上，强调阴阳五行、地理风水等思想，尽可能地发挥地理自然条件的优势，顺应天命。在城市内部建筑规划上，以整个城市中轴线为标尺，强调平行对称原则。春秋战国时期，受到当时思想界"百家争鸣"的影响，注重实际，因地制宜建设城市就成为当时普遍接受的规划原则。秦朝统一之后，建立了强大的中央集权制度，发展到汉代，中国儒家思想占据了统治地位，在城市规划思想上，又形成了尊卑有制、大小有序的伦理原则。从西周到汉代，不同时代的城市规划原则虽然各有偏重，但是，三种城市规划原则并非随着时间先后而依次消亡淘汰，发展到汉代，在城市规划思想上，反而吸收包容了此前的诸多规划

---

① 陈桥驿. 中国运河开发史 [M]. 北京：中华书局，2008：227.

原则，使得汉代城市规划思想呈现出因地制宜而不乏顺应天命，等级有序而不失自然灵活的多元性、复杂性向度。具体表现在如下两个方面。

一是重视"天命"，模仿自然，在建筑规划中注入浓厚的"宇宙意识"。古人对无限宇宙的理解，往往借助具体可感的城市规划、宫殿建筑。城市和宫殿俨然是宇宙的缩小版本，而宇宙不过是放大了的城市和宫殿。"这种宇宙观念深刻地影响着古代建筑的文化性格。两汉时代恢宏壮观的都城和巍峨连绵的宫殿建筑群，正是汉代人宏阔的宇宙意识的直接象征物。"① 中国古代都市规划是政治目的、建筑意图与人对天的崇拜三合一的体现，这种思想形成了中国式建筑传统布局的"原型"。②

广陵城就深受这种思想影响，这种把城市建筑规划和宇宙意识血脉相连的文化特质，一度被城市学者称为世界上最悠久的"城市宇宙论"传统，而且，这个传统一旦形成就具有了历久不变的特点。

> 中国的城市象征主义已成为帝王思想的一部分——即使是很小的部分，它强调了中国中心论，天子在文明中至高无上的地位。当然，正是长期依附于中国皇帝的士大夫，才三番五次地坚持"他们的"皇帝举行象征仪式的重要性，坚持他作为宇宙中枢的角色理应在中国天地的小宇宙——即京都里实行管理。③

受到自然地理条件的限制，汉代广陵城市"平面形状不规则，南面蜀冈断崖，成为天然的城墙；西墙受观音山限制；东墙受小茅山西北高冈地形影响，城墙又略向西移；北墙城濠外有一土岗，土岗之外有一古河道沿北濠的东部与之平行，成为不规则的曲尺形"④。但是，广陵城在整体布局上，依然体现出明显的对称原则。早在楚广陵时期，"城垣平面略呈平

---

① 侯立兵.汉代京都赋的城市文化意蕴［J］.四川大学学报，2003（5）.
② 吴必虎，刘筱娟.中国景观史［M］.上海：上海人民出版社，2004：165.
③ 芮沃寿.中国城市的宇宙论［A］//（美国）施坚雅.中华帝国晚期的城市［C］.叶光庭，等译，北京：中华书局，2000：75.
④ 赖琼.历代扬州城市平面布局考［J］.湛江师范学院学报，2002（4）.

行四边形，与吴所筑邗城隔今考古所发现的子城内南北向道路东西相对"①。汉代以前扬州设有东、西二门及南、北二水门。"街道多做东西、南北向延伸。受中国都城格局的影响，其主干街道多与城门相通。今遗址上有村曰'测字街'（应为'十字街'转音），正好是东西、南北两条中轴线交点。而今天东西向的宽阔大道两端，仍称东华门、西华门。"② 广陵城的街道设置虽然不至于像都城长安一样严格，但是"端直设置仍为主流。这是因为中国城市的形状多为方形或矩形，街道设置与城墙平行最为方便"③。这种城市建筑规划布局，鲜明体现了重视城市的中轴线、强调建筑物对称的"宇宙意识"。④ 扬州城市建筑规划中的这种空间意识，显示了封建时代政治权力对城市规划思想的控制，表明了当时的扬州无力摆脱这种强大的政治话语。

二是尊卑有序的伦理道德属性。早在西周时期，城市就严格按照礼制等级划分为王城、诸侯城、宗室和卿大夫采邑等三级城市，三级城市的规模面积、城墙高度、规格设置都有严格的等级差异。

秦汉以后的城市规划思想当然也受这种等级制度的制约，以体现封建统治者的尊严。首都规划中以皇宫为主体和地方城市规划中突出衙署，都是封建等级制度的具体体现……地方城市规划虽不像首都那样严格，但把衙署摆在什么地方也是必须首先考虑的问题。在中国地方城市中，衙署不是居中，就是占据高地，几乎无一例外。居中是为了便于指挥方便，占据高地就是要控制制高点，以维护安全。⑤

扬州城建筑在蜀冈之上，官府军衙也无不设置于此。即使到了唐代，在蜀冈下已建成扬州大城，即商业罗城，官衙仍设在蜀冈之上，表明了在

① 曲英杰. 长江古城址［J］. 武汉：湖北教育出版社，2004：334.
② 赖琼. 历代扬州城市平面布局考［J］. 湛江师范学院学报，2002（4）.
③ 马正林. 中国城市历史地理［M］. 济南：山东教育出版社，1999：465.
④ 宗白华. 艺境［M］. 北京：北京大学出版社，1999：158.
⑤ 马正林. 中国城市历史地理［M］. 济南：山东教育出版社，1999：461.

整个中国封建时代，即使运河带来的商业活泼因素，也无法从根本上撼动这一政治话语。以蜀冈作为整个城市规划布局的中心，把官衙行政机构规划在城市的最中心地位，无疑是尽可能地利用并不十分规则的城市布局，象征和保持王权在整个城市的中心地位。

当然，任何城市规划都不可能离开因地制宜，利用自然条件的原则。广陵城选址就符合地理条件上的有利条件原则，广陵城建筑在蜀冈之上。

蜀冈是苏北平原上隆起的一条黄土冈，伸延于六合、仪征与邗江境内，是扬州市西北和北面的一道天然屏障，相对高度 10 米左右，海拔高度也不过三四十米。愈向东去，冈身愈低，至运河附近消失。①

广陵城地形高亢，南临长江断崖，据险而守，水陆交通便利，此后迅速成为长江沿岸重要的经济都会和军事重镇，也就不足为奇了。广陵城选择在一个较小的地理单元中，使城市处于有利地位，使城市有足以回旋的余地，又能高低错落，宏伟壮观，同时，引水也很方便。② 更重要的是，这个时期的广陵城在城市规划上体现着"人不能离开自然"的思想。英国科学史家李约瑟认为，中国建筑贯穿着一个精神，即"人不能离开自然"，不仅城市中的主要建筑设施要依据自然地理条件而设计，而且整个城市的布局规划都受到自然环境各要素的制约。换言之，整个城市文化的最基本形态都是由自然地理环境条件来决定的。广陵城的城门设置，"与中国传统的'面三门'不一致，而是根据地形及社会需要设置的"③，就是这种城市规划思想的结果。如果把城市规划者看做艺术家，那么，城市就是浸透着其生命精神、审美趣味的物态化的结果。而顺应自然，本身就是中国几千年来强大的政治话语的体现。

综上可见，汉代的扬州城市规划，除了明显受到当地自然地理条件的

---

① 马正林．中国城市历史地理［M］．济南：山东教育出版社，1999：89.
② 马正林．中国城市历史地理［M］．济南：山东教育出版社，1999：25.
③ 赖琼．历代扬州城市平面布局考［J］．湛江师范学院学报，2002（4）．

制约因素，还渗透着浓厚的封建制度下的各种意识形态，彰显着强大的封建王朝政治话语力量的存在，这表明了当时的运河对城市规划和制度文明的影响是有限的。这种情况一直到唐代，发生了重要改变。

唐代，运河发挥的作用远远超过此前，受到运河经济的影响，扬州城市制度发生了微妙的变化。这主要表现在城市空间上，运河导致了扬州城市内部空间行政力量的消退。

受到北方文化政治伦理为深层结构的影响，北方"政治中心"都市最关心的是国家机器的正常运行，其核心是政治与军事，其表现主要有三：一是在规模上限制地方城市发展；二是运用各种政治、经济手段削弱城市的实力；三是以政治命令直接决定和影响着城市内部空间，对城市中最具活力的经济空间，即中国早期商品经济萌芽的"市"进行严格限定。① 上述所有问题都集中表现为政治因素对城市空间的决定性影响。

唐代以前，统治者一般只允许有"市籍"的商人在其中从事商业经营，这使得城市的经济空间受到极大的限制。以唐朝政治中心都城长安为例。

> 长安城内除宫城外，有东西两个市，一百零八坊，每个市又大约占两个坊的位置，商业交易区是相当狭小的。这是中国封建社会内部商品经济发展还不充分的表现。坊和市，四周都有围墙和门，坊内都设有鼓楼，依太阳出落，按鼓声而启闭。从建筑形式来看，坊市之墙，实乃是城中之城，可以说是一种封建堡垒式的城市格局。②

对于城市有限的经济空间的管理，唐朝政府颁布了中国封建城市制法的典籍《唐律疏议》，通过政治上层建筑法律形式，对城市的交通、市容、治安等方面实行严格的规定，以政治稳定为第一要义，城市里普遍实行

---

① 刘士林. 江南诗性文化：内涵、方法与话语 [J]. 江海学刊，2006 (1).
② 陶思炎等. 中国都市民俗学 [M]，南京：东南大学出版社，2004：22.

"宵禁"，每到傍晚时分，市民便纷纷回家，① 甚至还规定，五品以上的官吏不允许进入市场。据王孝通的《中国商业史》记载：

> 唐制五品以上，不得入市。又定诸非州县之所，不得置市。常以午时击鼓二百下，而众大会；日入前七刻击钲二百下散。其州县领务少处，不欲设钲鼓听之。车驾行幸会，即于顿侧立市，官差一人，检校市事，其两京市诸行自有正铺者，不得于铺前更造偏铺。以滥物交易者，没入市；在市及人众中相惊动令扰乱者，杖八十。又定中县户满三千以上，置市令一人，史二人，其不满三千户以上者，并不得置市官，若要路须置，旧来交易繁者，听依三千户法置，此州县市制之概略也。②

《朝鲜金载》中记载这样一个故事：京城四品官员张衡退朝回府路上，肚中饥饿，就在市场买了一个刚出笼的蒸饼，在马上举饼大嚼，未想到被一位御使发现后参奏，当政的武则天即下令，不许他以后晋升三品了。③如此严酷的政治因素对于城市空间发展的决定性影响一直持续到了晚唐。扬州则在如此坚厚的政治意识形态中艰难突出重围。自唐初武德九年（626 年），设立扬州大都督府，扬州城成为州一级地区的名称开始，政治因素对于城市空间的影响虽然始终存在，但并没有造成致命的影响。具体表现在：

第一，在城市发展规模上，不仅没有受到封建中央政府的过分限制，相反，唐代扬州城址范围始由蜀冈之上扩至蜀冈之下，出现了蜀冈上下两重城的格局，创下扬州历代城址范围之最。据沈括《梦溪补笔谈》卷三记载，扬州在唐时最为富盛，旧城南北十五里一百一十步，东西七里十三

---

① 如《杂律》（总第 406 条）规定："诸犯夜者，笞二十。"《疏议》引《宫卫令》云："五更三筹，顺天门击鼓，听人行。昼漏尽，顺天门击鼓四百槌迄，闭门。后更击六百槌，坊门皆闭，禁人行。"由此可见，唐代政治制度对都市经济的严厉控制。
② 王孝通. 中国商业史 [M]. 北京：团结出版社，2007：100 - 101.
③ 施亮. 古代的城与市 [J]. 炎黄春秋，2006（11）.

步。扬州城市的规模在当时仅次于都城长安和洛阳，属于名副其实的东南繁华大都市。①

第二，唐朝政府运用各种政治、经济手段不是削弱而是积极提升扬州城市的实力，例如，唐朝政府在扬州设立盐铁转运使，对于维护扬州商业经济正常运行，刺激扬州城市经济的繁荣，发挥了重要的作用。"唐世盐铁转运使在扬州，尽翰利权，判官多至数十人，商贾如织。故谚称'扬一益二'，谓天下之盛，扬州一而蜀次之也。"② 这和同时期北方都市行政机构对于商业经济的频繁干涉是不同的。

第三，更为重要的是，扬州城市经济空间因为游离于政治之外，而呈现出当时最为繁荣的商业经济局面。唐代扬州蜀冈下新发展起来的工商业区，为市民集居以及工商业活动区，城内布局整齐，坊里有街道，布局如棋盘格子，店铺林立，称为"罗城"，亦名"大城"。把唐代扬州城市经济空间"去政治化"演绎到极致的则是"夜市"的空前繁荣。王建的《夜看扬州市》云："夜市千灯照碧云，高楼红袖客纷纷。如今不似平常日，独资笙歌彻晓闻。"李绅的《宿扬州》云："夜桥灯火连星汉，水郭帆樯近斗牛。"在世界都市语境中，扬州更接近当时西方式自由开放的商业都市，政治中心化的烙印在扬州城市身上黯然褪色。另外，唐朝扬州地方官员冲破中央政府政命的约束，出现的"官倒"现象，③ 则从侧面反映了政治因素对于扬州城市空间的宽松，证明了扬州城市经济空间因为游离于政治主流意识形态之外而相当自由和成熟。这种审美文化形态与北方城市制度文化中强烈的政治话语色彩有重要的区别。

---

① 《旧唐书》中称扬州为：江淮之间，广陵大镇，富甲天下。（《旧唐书》卷一百八十二《秦彦传》）；《全唐文》则称扬州为：大凡今之推名镇为天下第一者，曰扬、益（董浩·全唐文·卷744《＜成都记＞序》）。

② （宋）洪迈. 容斋随笔［M］. 上海：上海古籍出版社，1978：122.

③ 据《唐会要》记载："先是诸道节度观察使，以广陵当南北大冲，百货所集，多以军储货贩，列置邸肆，名托军用，实私其利息，至是乃绝。"由此可见唐代扬州都市经济与政治之间的微妙关系。

再从城市政治伦理形态上看，大运河直接促动了"商埠型城市"的非主流政治话语。

一个时代的生活观念与方式，不仅直观地展示了这个时代的物质文明发展水平，而且集中体现了一个时代的政治伦理需要，是其政治制度文明在现实中的"感性显现"。从这个角度出发，唐代扬州非主流的生活观念和生活方式，真实再现了城市政治文明中的"去政治化"伦理色彩，就唐代扬州都市政治伦理形态而言，可以从扬州都市的士人、市民对待科举仕途和商业活动的态度上加以阐释。

一是唐代扬州士人一反传统政治文明主流话语中的宏伟理想与政治抱负，并不把科举仕途看作人生理想的最高境界，这和北方文化下强烈的政治伦理精神存在着巨大的差异。唐代是中国封建科举制度的开始，通过金榜题名实现个人政治抱负是当时士人社会生活方式的主流形态。北方政治中心都市长安和洛阳鲜明地体现了这一特征。以唐代小说为例，对于北方都市人物的描写多以帝王将相为主角，无论是羡慕还是批判，都反映了北方都市生活中浓重的政治话语理念。以扬州都市为背景的叙事，更多以商贾富户和放浪形骸的儒生士子为主角，即使主人公是达官贵人，故事的内容也往往从国家大事、理想抱负转移到都市繁华、人生富贵，暗含着江南都市生活观念中对政治官场得意的漠视。例如《玄怪录》卷三的《开元明皇幸广陵》："开元十八年正月望夕，帝谓叶仙师曰：'四方之盛，陈于此夕。师知何处极丽？'对曰：'灯烛华丽，百戏陈设，士女争妍，粉黛相染，天下无逾于广陵矣。'"[①] 杜牧的"十年一觉扬州梦，赢得青楼薄幸名"，正是这个时期生活在扬州都市里的士人，一反传统政治文明主流话语中的政治抱负的典型体现。辛闻房《唐才子传》卷六记载的杜牧的艳事，就是这种话语形态的典型体现。

时淮南称繁盛，不减京华，且多名妓绝色，牧恣心赏，牛相收街

---

① 葛永海．古代小说与城市文化研究［M］．上海：复旦大学出版社，2005：71．

吏报"杜书记平安帖子"，至盈箧。后以御史分司洛阳，时李司徒闲居，家妓为当时第一。宴朝士，以牧风宪，不敢邀，牧因遣讽李，使召己。既至，曰："闻有紫云者，妙歌舞，孰是?"即赠诗曰："华堂今日绮筵开，谁唤分司御史来? 忽发狂言惊四座，两行红袖一时回。"意气闲逸，傍若无人，座客莫不称异。大和末，往湖州，目成一女子，方十余岁，约以"十年后吾来典郡，当纳之"，结以金币。洎周墀入相，上笺乞守湖州，比至，已十四年，前女子从人，两抱雏矣。赋诗曰："自恨寻芳去较迟，不须惆怅怨芳时。如今风摆花狼藉，绿叶成荫子满枝。"此其大概一二。凡所牵系，情见于辞。①

二是就都市民俗生活观念而言，扬州都市商贾言利之风是对传统重义轻利的政治伦理体系的强烈反叛。扬州不仅"俗好商贾"，而且"人性轻扬"。这里的"轻扬"更多的是指扬州地区商贸独立和自觉，这正是扬州商业迅速繁荣的重要原因。② 在北方城市中，商贾巨富并不少见，但是，作为社会主流价值观念的往往不是对商贾巨富奢华生活的极度艳羡，相反，一向以拯救天下苍生为己任的儒家思想严重地束缚了政治型城市中的消费观念，安贫乐道的价值观念也成为市民精神的主导理念，从而表现出一种对富贵安逸生活的贬低和鄙视的"仇富"情节。商贾及其商业行为作为一种文化异质，集中地体现了'利'的价值取向。在整个道德范畴内构成了与'义'的尖锐冲突。所以商贾求利本身就是一种不义，就是对义的一种冲击与动摇，求利愈丰赡，商业越发展，其对义的危害亦愈严重。扬州商业的发达无疑对传统的'义'具有一定的挑战性。"扬州人喜爱生活

---

① （元）辛文房. 唐才子传校注［M］. 孙映逵，校注. 北京：中国社会科学出版社，1991：617.

② 《旧唐书·李袭誉传》中曾记载了这样一段故事：扬州有王生者，人呼为王四舅，匿迹货殖，厚自奉养，人不可见。扬州富商大贾，质库酒家，得王四舅一字，悉奔走之。此故事在后来文献和作品中多有记载和描述，成为折射当时扬州人好商贾言利之风的重要证明。

中的歌楼，仰羡的是富商大贾，它告诉我们，城市文明的发展和繁荣常常以打破旧的道德观念和社会秩序为基础，人们的广泛追求和需要被不断地满足才能刺激城市文明的迅速发展和繁荣。"① 因此，正如陶思炎先生所指出的：

> 以政治中心为首的"都城型城市"，如唐代长安、洛阳等，文人会聚，中外使节商贾云集，酒肆林立，其"都城型民俗"表现为重礼仪和门第，食不厌精，建筑和服饰上"竞相侈丽之风"。以交通、商业发达的"商埠型城市"，如扬州、泉州等，市民"性轻扬""尚鬼好祀"……形成了喜艺文儒术和吟咏之事，耽于逸乐，善于消费的"商埠民俗"。②

陶思炎先生提出的"都城型民俗"与"商埠民俗"，在一定程度上，代表着北方和江南诗性文化中政治伦理的差异，"都城型民俗"下的北方都市，政治伦理道德体系处于明显的强势地位，等级森严的政治制度和繁杂客套的礼仪秩序，让繁华的都市经济消费蒙上了厚重的政治伦理色彩，而"商埠民俗"下的江南地区广大都市，政治伦理道德体系让位于经济伦理，消费性、娱乐性和艺术性成为都市士人和市民普遍追求的旨趣。扬州城市表现出来的喜好文艺儒术、安逸享乐、消费开放等形态，在这一点上与江南文化审美特征具有极大的相似性。

芒福德曾说，我们没有必要怀疑，早在任何"市场经济"之先，早已有市场来负责当地的实物交易了。③ 在以西方城市为比较对象的中国城市话语视野中，中国古代城市具有这种"市场经济"的时间往往被放在明清乃至近代，实际上，唐代扬州已有市场来负责当地的实物交易了。导致扬州城市"去政治化"文明本质长期"失语"的根本原因，就来自于农业

---

① 高有鹏. 唐代扬州民俗文化初论［J］. 民俗研究，2000（4）.

② 陶思炎. 中国都市民俗学［M］. 南京：东南大学出版社，2004：151.

③ （美）刘易斯·芒福德. 城市发展史——起源、演变和前景［M］. 宋俊岭，倪文彦，译. 北京：中国建筑工业出版社，2005：78.

文明与消费文明在深层结构上的二元对立。因此，以地方民族经验和微观叙事方式构建的扬州都市政治伦理话语形态，对我们切近古代中国都市政治文明的核心体系，无疑具有重要的学理性价值。

三、大运河与运河城市文明

大运河改变的不仅仅是城市中的政治伦理，还创造独特的运河城市文明。与黄河文明、长江文明一样，运河文明也属于河流文明，在这个意义上，运河文明就具有了河流文明的一般特征。但是，运河文明又有着自己独特的属性。

> 一般的河流文明在起源中更多地依赖自然环境域资源，体现的是人类对大自然直接的生产与实践行为；而运河文明的发生与成长则更多地包含了社会与文化的要素，主要功能是对已初步成型的文明模式与经济社会格局的加工与再生产，目的在于推动中国古代世界的内在循环与可持续发展。它实际上已经成为古代中国的"主干大街"，承担着交通、经济、移民、商贸、税收等多种重要的功能。①

由于运河沿岸城市在本质上属于运河文明，这就注定了运河都市文化与一般河流都市文化有着本质的区别，其具体差异在于：

> 与人工开凿的大运河关系如此密切，使运河城市与其他中国城市在发生上有很大的区别。如西方城市社会学家认为城市起源于防卫的需要，在《墨子·七患》中也有"城者，所以自守也"的记载，人们普遍认为汉语中"城"的本义是城垣，主要功能也是防卫，因而防卫功能也是中国古代城市发生的重要原因与基本内涵。在中国最具代表性的无疑是万里长城，它的功能即"自守"，是中国一个最大的城垣。与之相对，大运河的主要功能则可以称之为"市"，它的基本功

---

① 刘士林，耿波，李正爱等．中国脐带：大运河城市群叙事［M］．沈阳：辽宁人民出版社，2008：5.

能是"买卖所之也"(《说文解字》),是"致天下之民,聚天下之货"(《易·系辞下》)。与"城"因防卫需要而倾向于封闭不同,"市"的功能在于推动内部的循环与交流,这在客观上有助于使中国社会因为更广泛的交流而成为一个内在联系更加密切的有机体。①

运河城市与一般城市的功能在"市"与"城"上的区别,放在城市文化创造主体生产实践的层面上,就是生产主体主观能动性、创造性与被动性、依赖性的区别。前者在中国江南文化审美形态的实践生产上有着极其重要的作用和地位,它往往成为推动广大江南商业型城市商品贸易流通的强大驱动力,尤其是城市文化的命运,与运河的兴衰荣辱休戚相关,这已经为学界所证实。虽然扬州城市本身就因为运河而生,但是,只有到了隋代,扬州城市的地位和经济才因为运河的作用而得到前所未有的凸显,在这个意义上,因大运河的全线贯通而迅速膨胀起来的扬州城市文化,从表面上看,交通商贸物流是城市功能的体现,但是,在深层上,则直接建构了"城市的存在方式与运行机制",是一种不同于一般河流城市文明的特质。

首先,在城市经济模式上,运河生产出"苏杭型"工商业的清新活泼气息。

森严的封建政治制度对于一个城市的影响几乎无处不在、无孔不入,单就政治制度对于城市工商业发展的作用而言,北方城市工商业作用和地位要更多地受制于政治权力,导致城市工商业无法形成独立的支撑城市经济发展的力量;相反,广大江南城市,其工商业因素与政治的关系相对疏远,往往在城市中形成一个相对独立的新兴力量,甚至成为推动城市经济发展最强有力的支撑点。有学者依据明清时代中国城市工商业与政治的关系,把城市划分为"开封型"与"苏杭型",对于前者,"工商业是贵族

---

① 刘士林,耿波,李正爱等. 中国脐带:大运河城市群叙事[M]. 沈阳:辽宁人民出版社,2008:9.

地主的附庸，没有成为独立的力量，封建性超过了商品性"，"充满了腐朽、没落、荒淫、腐败的一面"。后者与之不同，其"工商业是面向全国的"，流露着"清新、活泼、开朗的气息"。①

"开封型"与"苏杭型"的城市类型划分，以及不同类型所代表的文化气息的概括，既是对中国古代城市工商业与城市政治权力、政治制度关系的真实写照，同时，也在一定程度上反映了北方城市和江南城市在审美文化上的差异。"开封型"城市因为更多地受到政治因素的影响，"苏杭型"城市往往受到"去政治化"的影响太深，由此导致北方城市文化与江南城市文化在逻辑上主要表现为"政治"与"经济"的对立。② 早在唐朝时期，以扬州为代表的长江下游地区城市经济就以工商业作为根本驱动力，城市基本功能明显地倾向于：扩大生产与流通的规模，尽可能多地占有丰富的自然资源和人力资源，以便创造出更多的物质财富，而与现实政治的联系则相对比较疏远，具备了相当成熟的"苏杭型"特征，与之相应的城市审美文化也体现了与江南文化中"经济"特性的吻合。这种城市文化中的"经济"特征，具体表现为唐代的扬州建立了体系完备的漕运盐铁管理行政机构，运河交通运输经济成为推动城市经济发展的直接动力，虽然运河经济管理权力依旧牢牢地被控制在城市封建政府手中，但是，其对城市经济发展及城市文化形态的影响力，已经标志着成为一种相对独立的自由的经济力量，由此形成以自由活泼主导特征的诗性审美文化特征。

唐朝时期，中国东南鱼米之乡的粮食、茶叶、丝绸、盐铁等重要物资更多地依赖运河漕运，唐玄宗时期，全国的大半租赋及粮食供应取自江南。③ 为此，一方面，整个唐代都高度重视在扬州建立商业经济管理机构，

① 傅衣凌. 明清时代经济变迁论［M］. 北京：人民出版社，1989：158.
② 刘士林等. 风泉清听：江南文化理论［M］. 上海：上海人民出版社，2010：11.
③ 韩愈的《韩昌黎集》曾说："当今赋出天下，江南居十九，"另据《新唐书·萧颖士传》记载："今兵食所资在东南。"这些记载足以表明当时扬州城市在国内经济中的重要地位。

城市的工商业结构日趋成熟，由此推动了城市经济繁荣。唐朝开元二十二年（734 年）江淮转运使裴耀卿设扬州转运院，专门运销淮南通州、泰州等十一处盐场所产的淮盐，两淮盐都先集中在扬州港，然后发往首都和长江中上游诸郡。"安史之乱"以后，更专门在此设立淮南节度使，该官职往往兼任盐铁转运使，扬州自然成为盐铁转运使的长驻之地。"唐世盐铁转运使在扬州，尽斡利权，判官多至数十人，商贾如织。"① 唐乾元之初，唐肃宗委派第五琦为度支郎中兼盐铁使身份进驻扬州。而第五琦到扬州以后采取的盐铁制度大大推动了城市商业经济的发展。大历年间，刘晏任扬州盐铁转运使，一方面，大力发展造船业，加强盐铁的对外运输能力，在扬州开始建造大量造船厂，而且，在第五琦的基础上，进一步完善了盐铁管理中的榷盐制度。另一方面，运河交通成为扬州城市经济生命线，运输贸易为城市经济注入了强心剂，交通产业在城市中日趋重要。唐开元二十六年（738）冬，润州（今镇江）刺史齐澣着手漕运线路的改造，把江南漕路移到京口塘（即今天镇江城西北江畔）下，直渡对岸的瓜洲。而在瓜洲到今天的扬州三汊河之间，开凿新河，即伊娄河，伊娄河的开通，使瓜洲成为一个重要的渡口。随着京杭运河全线贯通与旧河道的疏浚，运输更趋便捷，而处在南北运河与长江交汇处的扬州，自然成为东南地区的交通枢纽。② 凭借优越的交通运输地理位置，扬州城市经济从中获益极大。天宝年间，扬州每年向京都转运漕粮至少 200 万至 300 万石。"扬州在唐代以盐政及漕运之关系，加以运河开通，扼南北交通之咽喉，为其时之一大商业都会，俗好商贾，不事农业。"③

　　可见，唐代盐铁漕运的消费需要不仅直接刺激了扬州大运河交通从而带动城市商业经济繁荣，而且，这种依赖运河交通发展起来的城市经济力

---

① （宋）洪迈．容斋随笔［M］．上海：上海古籍出版社，1978：122.

② 刘士林，耿波，李正爱．中国脐带：大运河城市群叙事［M］．沈阳：辽宁人民出版社，2008：200.

③ 王孝通．中国商业史［M］．北京：团结出版社，2007：107.

量已经开始跻身于城市政治的舞台，并获得了城市官方的认可和保护。这对当时扬州都市文化形态的最大影响在于，扬州都市文化的经济因素凸显。

明清时期，运河对扬州城市的影响达到了高峰，运河城市文明特征更加明显。运河城市经济形态构成了这个历史时期城市经济发展最显著的特征，明清时期扬州运河城市经济形态的具体表现，可以从扬州"运河城市位置选择的历史条件"和运河城市环境两个方面加以阐述。

首先，"运河城市位置选择的历史条件"决定了明清时期扬州都市文化的再度辉煌。傅崇兰先生曾指出，"运河城市位置选择的历史条件"，即运河的南北畅通及商品经济的发展两个因素，是运河城市发展的历史条件或历史前提。

　　运河城市位置选择的条件，是经过了漫长的历史过程才形成的。从公元前四八七年（周敬王三十三年、鲁哀公九年）吴王夫差开邗沟算起，到明清时期南北大运河畅通，差不多经历了将近二千年的历史发展过程。明清时期商品经济的形成和发展，也是中国古代两千多年经济发展的结果。没有南北大运河的畅通和商品经济的发展这样两个条件，就无所谓南北大运河沿岸的商业城市，当然也就谈不到这些城市位置的选择问题。所以我们把这两个条件称为中国运河城市位置选择的历史前提。"①

对此，我们可以从如下两个方面加以具体阐释：一方面，明清时期，扬州大运河的水利枢纽地位依然占据着重要的作用。明朝时期，大运河被进一步改善，明万历年间，扬州城南一段运河，因为河道顺直、水势直泻难以蓄水，常常导致漕船、盐船搁浅。知府郭光开挖了城南的宝带河，城南门二里桥河口转弯向西，再折向东，于是有了六七里长的"运河三

---

①　傅崇兰．中国运河城市发展史［M］．成都：四川人民出版社，1985：69－70．

湾"——宝塔湾、新河湾及三湾子。① 大运河的畅通造就了扬州城市经济的再度繁荣。清朝前期，扬州大运河经过多次疏浚，依然保持着良好的交通运输能力。直至清朝中期，扬州大运河的这种运输地位毫无减退，大量的物资通过扬州大运河被运输到国内各大都市，作为运河枢纽地位的扬州获得了极大的商业利润，直接刺激了扬州都市经济的再度繁荣，与此同时，扬州都市文化也获得了长足的进展。另一方面，以盐业、漕运为核心的商业贸易经济再次崛起，并且达到了扬州城市发展历史中的最高峰，这就为扬州都市文化的再度繁荣奠定了最雄厚的经济基础。盐业和漕运是扬州都市经济发展两大支柱。唐朝扬州的盐业富商虽多，却远没有把扬州追求奢华富贵、安逸享乐生活推向登峰造极地步，只有到了明清时期，扬州盐商大贾们才把穷奢极欲的都市生活"进行到底"，这种生活方式的实现，完全建立在盐商们雄厚的令人咋舌的经济实力基础上。

　　明清时期两淮盐商业在全国占有举足轻重的地位，根据明人宋应星估计，明朝万历时期扬州的盐业资本约为三千万两，清人汪喜孙则估计为七八千万两。在清代，当时全国赋税的一半都来自盐课。两淮都转盐运使司即设置于扬州，扬州是淮盐的集散地，当时扬州从事盐商的就有数百家，而这些盐商们则是"富以千万计"。史料记载，乾隆三十七年，中央户部库存银为七千八百多万两，而扬州盐商的资本几乎与之相等。乾隆时期就有人指出，"天下第一等贸易为盐商，故谚曰：'一品官，二品商。'商者谓盐商也，谓利可坐获，无不致富，非若他途交易，有盈有缩也"②。据记载，乾隆五次南巡，皆由盐商出资沿途修建行宫园林，乃至乾隆皇帝都对扬州盐商们感慨其居室园囿无不'华丽崇焕'。"乾隆十八年南巡，扬州盐商捐银二十万两，为他修建行宫。据说，为了讨乾隆欢心，盐商们在修

---

① 刘士林，耿波，李正爱等．中国脐带：大运河城市群叙事［M］．沈阳：辽宁人民出版社，2008：205－206.

② （清）欧阳昱．见闻琐录：盐丁苦［M］．长沙：岳麓书社，1986：43.

建的时候故意模仿都城北京的景物特点，乾隆在游玩的时候对侍从说，这儿真像是北京的琼岛春阴，只可惜少了座白塔。此消息被大盐商江春得知后，以万两银子从乾隆近身侍从得到了白塔图样，连夜修建（另传说为用白盐堆砌），第二日竟成白塔一座。可见，在当时盛行的"扬州繁华以盐盛"，盐商们"视金钱如粪土"之说，是有现实根据的。漕运对于扬州城市经济的发展也至关重要。明清两代江南各省大都依赖运河北运漕粮，据学界研究成果来看，扬州府在广储门外的梅花岭设广储仓，专门用来接纳漕米。另外，为了供应京师的粮食需要，以及北方各内地大都市的需要，沿着运河往北方运漕粮又需要通过扬州中转站，由此保证了扬州都市经济的持续繁荣。明清时期的扬州城完全脱离了蜀冈，在运河岸边发展起来了。这证明了决定扬州城市变迁的主要因素是明清时期社会商品经济的发展，自然环境只起影响的作用。"历史的发展也证明：当运河只是为军事所用时，并没有把城筑在运河边上，当运河的主要作用是表现为经济作用时，城市就在运河岸边发展起来了。这时如果把城市的发展与运河分开，也是不可能的。"①

其次，扬州运河城市环境的深刻变化，大大增强了明清扬州运河城市文化的生产。城市是人类生存和发展环境的一部分，城市环境包括城市自然环境和人类利用改造自然后形成的社会环境。城市环境不仅为城市文化的发展提供了物质基础，还影响着城市文化的内容和特色。就扬州而言，运河对城市环境的发展起到了决定性的作用，而深受运河影响的扬州城市环境，又进一步影响了扬州城市文化的生产。

一方面，正如傅崇兰先生指出的，明清时期运河对扬州城市环境的主导作用，可以概括为如下三个方面："一是运河是扬州城市水系形成的主要条件；二是扬州城内街道的发展以城内水系为主要条件；三是运河沟通

---

① 傅崇兰．中国运河城市发展史［M］．成都：四川人民出版社，1985：96.

了长江与扬州城市的联系。"① 上述三个方面对扬州都市文化产生了直接的影响，尤其是对城市建筑布局风格、商业区位的选取、居民生活习俗等等，"明清时期扬州城市环境的改善和演变，实赖于运河。如果从城市居民的生活来考察，其结论也是这样"。"甚至扬州城郭形状的形成，也与运河大有关系。"② 据《扬州画舫录》记载："扬州城郭，其形似鹤。城西北隅雄堁突出者，名仙鹤膝。鹤膝之对岸，临水筑室三楹，颜曰丁谿。盖室前之水，其源有二：一自保障湖来，一自南湖来，至此合为一水。而古市河水经鹤膝北岸来会，形如丁字，故名丁谿。"③ 城市建筑规划受到运河影响而改变的现实情况，对于扬州规划思想、建筑风格、设施布局、生活习俗等都市文化具体内容，都产生了直接的影响。

城市工商业市区发生的变化，就与运河城市环境的改变有着微妙的关系。嘉靖三十五年，扬州修筑新城，文献记载是为了防止倭寇，但是，傅崇兰先生指出，在这个事件的背后，还有一个更重要的事实。"这就是城市市区的变化。由于旧城东郭外靠近运河，到嘉靖年间，这里早已形成了工商业区，两淮盐运使公署也建在这里了。""明朝扬州政府筑新城的目的是保护和发展此处的工商业。旧城有城门五。新城有城门七。这是由于人口增加和工商业发展之后，建城需要注意解决行走和货运问题，于是增辟城门，改进道路，增建桥梁，设立钞关，以促进城市交通的流畅和收税问题。"④ 扬州商业的繁荣，是这个时期都市文化具有浓厚的商品经济特征的重要原因，而商业繁荣的一个幕后推手则是运河城市独特的环境变革，包括工商区随着运河经济的改变而改变。

另一方面，明清时期扬州园林获得空前发展，对于扬州都市文化的审美内涵产生了重要的影响。扬州园林和风景名胜的发展，对于扬州城

---

① 傅崇兰. 中国运河城市发展史［M］. 成都：四川人民出版社，1985：136.
② 傅崇兰. 中国运河城市发展史［M］. 成都：四川人民出版社，1985：140.
③ （清）李斗. 扬州画舫录［M］. 北京：中华书局，1960：146.
④ 傅崇兰. 中国运河城市发展史［M］. 成都：四川人民出版社，1985：214.

市环境起到了改善和美化的作用，不仅改善了城市的居住环境，城市用水，还保护了稀有花木，并扩种一般花木。其实这种生态环境的保护作用是表层的，其深层的作用在于塑造了扬州都市以园林取胜的特色审美文化特征。虽然，扬州园林并不是在明清时期才出现，但是，纵观整个扬州都市园林文化的历史，明清时期代表了其最高成就，这与当时城市自然环境发生了重要的变革有着重要的关系。更重要的是，运河城市环境改变影响下的扬州都市园林艺术，又进一步推动了其他都市文化内涵的聚变。例如，明清时期扬州的戏曲、诗文艺术繁荣一时，而当时戏曲艺术和文人唱和的一个重要地点就是园林。因此，扬州在明清时期能够成为中国戏曲诗文艺术的大舞台，扬州城市的自然环境，尤其是杰出的园林成就是功不可没的。

第七章

游园澡雪，诗意人生池亭间

——扬州园林文化资源

李斗在《扬州画舫录》卷六中引用刘大观的话云："杭州以湖山胜，苏州以市肆胜，扬州以园亭胜，三者鼎峙，不可轩轾。"① 园林，亭台桥榭，清风叠石，凝聚了大自然的造化神奇，更重要的是，对中国古代士人而言，还具有特殊的意义，当人生得意时，游园赏景，宴饮唱和，园林是他们意气风发、快意人生的舞台；当人生失意时，归隐园林，品茗听曲，园林又成了他们淡泊名利、澡雪精神的避难所。每一座园林的背后，其实都隐藏着一段士人精神成长的历史，演绎着一场场鲜活的生命图景。同样，每一座城市的园林，也记录着城市成长的历史，讲述着城市富商、士人、百姓的人生故事。

一、扬州园林的历史发展

扬州园林的历史究竟起于何时，有人提出扬州的亭园建筑的记载，可以上溯到远古时代的观点，相传夏禹在扬州建有"浮山亭"，但是，那时的"扬州"不过是上古九州之一的宽泛概念，与今天的扬州关联不大，也无可考可信证据，不能作为扬州园林历史的源头。另一个比较普遍的观点是，扬州园林历史可以追溯到西汉吴王刘濞时期，刘濞曾在扬州北郊雷塘之畔筑有钓台，对此，今人指出，南北朝刘宋时鲍照在《芜城赋》中提

---

① 李斗. 扬州画舫录［M］. 中华书局，1960：151.

到广陵在它的全盛时期曾有"藻局黼帐，歌堂舞阁之基；璇渊碧树，戈林钓渚之馆"，即，装饰着彩门绣帐的歌堂舞阁和点缀着万池玉树的渔猎之地的馆苑，就是指吴王刘濞时期的建筑。①

苏保华认为，早在夏商周三代园林中，"台"是一个重要的构成要素。那时的台大多是累土积石而成，帝王筑"台"的借口是观天象，察四方，识鸟兽，也就是敬畏天命、体察民情和增加知识之需。实际上，筑台真正的用意一是为了登高赏乐，二是为了招仙。因此，秦汉时期的园林虽然具备了今天园林的基本构成要素，但是，山水、林木在其中处于从属地位，当时园林主要重视宫馆和禽兽，有些类似于我们今天的宫殿加动物园。②但是，扬州的园林开始于汉代吴王刘濞，已经被学界越来越多的人接受。

南北朝时期，南朝刘宋南兖州刺史徐湛之，在广陵蜀冈的"宫城东北角池侧"，修建了"风亭、月观、吹台、琴室"，"广陵旧有高楼，湛之更加修整，南望钟山。城北有陂泽，水物丰茂，湛之更起风亭、月观、吹台、琴室，果竹繁盛，花药成行，招集文士尽游玩之，适一时之盛也"。（沈约《宋书》七十一列传第三十一）较之两汉时期园林在建筑、禽兽、林木与山水的有机统一上的欠缺，更突出帝王的尊贵享受相比，这时期扬州园林逐渐具有了新的特色——山水成为园林物质建构的主体与核心，更加突出了艺术情调和浓郁的书卷气，③成为士人的澡雪精神的对象，园林规划更接近现代园林结构，已经由单体宫苑"钓台"园林建筑，发展成为群体园林建筑，形成官衙园林，从而奠定了扬州园林基础。④

隋唐是扬州园林的兴盛时期。隋炀帝曾在扬州兴建江都宫、显阳宫、显福宫、临江宫、长阜苑十宫、隋苑（上林苑）、萤苑等多处离宫别苑。

于城西北七里大仪乡境筑江都宫，中有成象殿，规模宏丽，为举

---

① 韦金笙. 扬州园林史观［M］. 中国园林，1994（2）.

② 苏保华. 扬州文学镜像研究［M］. 北京：社会科学文献出版社，2009：139.

③ 苏保华. 扬州文学镜像研究［M］. 北京：社会科学文献出版社，2009：141.

④ 孙传余. 园亭掠影：扬州名园［M］. 扬州：广陵书社，2005：3.

行大典之地；于城北五里长阜苑内筑归雁、回流、松林、枫林、大雷、小雷、春草、九华、光汾、九里等十宫……宫室之外有上林苑、萤苑，上林苑为驰猎之场，萤苑为放萤之所。秋夜出游，不燃灯火，聚萤放之，灿若星光。江都四面皆在琼楼珠殿、奇花珍木簇拥之中。①

唐代扬州初步发展成为一座园林城市，除了传统的官署园林、寺观园林更加兴盛之外，还涌现出私家园林，"寺观园林、官署园林众多，私家园林兴起，官署园林有郡圃、水馆，水阁等；寺观园林有禅智寺、大明寺、木兰院等；私家园林有南郭幽居、崔秘监宅、周济川别墅等多处"②。唐朝诗人姚合在诗中写："园林多是宅，车马少于船。"足见扬州园林兴盛。有文献记录的园林中，裴氏"樱桃园"最负盛名，唐李复言的《续玄怪录》中有一篇叫《裴湛》的，描写了贞观年间有药商裴湛，在唐代二十四桥之一的青园桥东有樱桃园住宅，这座住宅"楼阁重复，花木鲜秀，似非人境，烟翠葱笼，景色妍媚，不可形状"。住宅与园林的结合，形成唐代私家园林的重要标志。

　　唐代私家园林作为住宅园林，主要是利用庭院隙地来栽花种草、建亭筑台、引泉叠山，其用意正是我们上面分析过的陶渊明式的山水情怀，唐代园林与住宅融为一体的园林构思，为后来大量出现的文人写意园打下了厚实的基础。③

宋元时期，受到战争的影响，扬州园林遭到很大破坏，即使如此，宋元期间，扬州园林也取得了相当的成就。宋代园林更加强调人工营造和艺术加工，善于因地制宜取材借景，官家园林比前朝后代格外兴盛。比较有名的如朱氏园、丽芳园、壶春园、郡圃、平山堂等。宋代扬州园林中不得不说的是芍药花，扬州芍药种植始于隋唐，在宋代曾盛极一时，有"扬州

①　李廷先．唐代扬州史考［M］，南京：江苏古籍出版社，2002：20.
②　赵御龙．论扬州园林历史沿革及艺术特色［J］．园林，2018（3）．
③　苏保华．扬州文学镜像研究［M］．北京：社会科学文献出版社，2009：143.

芍药天下冠"的赞誉，并留下"四相簪花"的传奇。自古名花、名园两相欢。在众多园林中，芍药成为增加园林的重要构件，如寺观园林禅智寺在当时以芍药著名，诗人宋元鼎在《拟韩魏公扬州芍药圃宴客歌》中说："遥望禅智蜀冈坡，隋唐旧寺水连琦。圃中芍药盈千畦，三十余里荷芬菲。高园近尺灌溉肥，千花万蕊蜂蝶依。"除了禅智寺，龙兴寺、朱氏园也以芍药著名。扬州许多园林中以芍药而命名的景点也比比皆是，如"红药阶""浇药井""袭香轩"等。瘦西湖二十四景之一的"白塔晴云"，旧时亦为芍药栽培盛地。① 元代扬州园林多修建在瓜洲，目的是借助长江沿岸的风景，因地造园，将自然景观融入人工营造的园林中，如，江风山月亭、明月楼、居竹轩等。这时的园林结构，崇尚平远山水，或单一题材。如，平野轩就是以"平野风烟望远"与"雪绮霜木"为主题布置而成之园林。

　　明清是扬州园林的鼎盛期。明清时代的扬州园林，大部分是作为盐商大贾自己私家花园性质而修建的，只是后来才回归人民手中，成为真正的生活休闲空间。据《南巡盛典》记载，乾隆临幸之扬州园林有黄、江、程、洪、张、汪、王、周、闵、吴、徐、鲍、田、郑、巴、罗等十余家。其中著名的如江氏兄弟修建的"康山草堂""紫玲珑阁"，马氏兄弟的"小玲珑山馆""行庵"和"师古斋"，郑超宗的"休园""影园""嘉树园"，黄晟兄弟的"易园"，等等。尤其是清代乾隆时期，扬州园林更是闻名全国。据《扬州画舫录》记载，从1751年至1765年，瘦西湖已经形成二十景；1765年后，复增绿杨城郭、香海慈云、梅岭春深、水云胜概四景，合称二十四景，呈现出"两堤花柳全依水，一路楼台直到山"的空前盛况。②《扬州画舫录》记载乾隆赐名净香园的情景：

　　　　荷蒲熏风在虹桥东岸，一名江园，乾隆三十年（公元1765年），

① 黄春华. 扬州园林地域特征自然属性探析［M］. 扬州大学学报，2014（2）.
② 赵御龙. 论扬州园林历史沿革及艺术特色［J］，园林，2018（3）.

皇上赐名净香园……园门在虹桥东，竹树夹道，竹中筑小屋，称为水亭，亭外清华堂、青琅玕馆，其外为浮梅屿；竹径为春雨廊、杏花春雨之堂，堂后为习射圃，圃外为绿杨湾；水中建亭，额曰春禊射圃；前建敞厅五楹，上赐名怡性堂。堂右构子舍，仿泰西营造法，中筑翠玲珑馆，出为蓬壶影。其下即三卷厅，旁为江山西望楼，楼之尾接天光云影楼，楼后朱藤延曼，旁有秋晖书屋及涵虚阁诸胜。又有春波桥，桥外有来薰堂、浣香搂、海云龛。桥里有珊瑚林、桃花馆、勺泉、依山二亭，由此入筱溪莎径，而至迎翠楼。

但是，一方面，盐商大力修建园林的风尚成为扬州城市整体文化的一个部分，这就对生活富足的中上阶层产生重要的影响，通过观赏园林品味人生休闲，由此成为扬州都市中令人羡慕的一种文化景观和生活追求，这就大大刺激了下层市民对这种文化价值取向的积极追求，由此形成扬州都市中独特的雅致从容的文化趣味。另一方面，扬州富商们建筑私家园林并不是纯粹的私自享用，而是用来招待四方的文人墨客，作为诗文雅会的幽静之所。这就扩大了私人花园的公共功能，使得当时在城市中占据相当部分的读书人可以到这里游览赏玩。这些园林皆藏有大量图书，招纳四方文人名士，为其提供优越的物质生活条件，供其在园林内读书唱和。就明清时期扬州园林的特点而言，至少有如下几个方面。

一是园林的数量和规模都达到了历代以来的最高峰。清初，扬州以下园、贺园、员园、王冼马园、郑御史园等八大名园享誉国内。当时各色园林遍布扬州城内，"增假山而作陇，家家住青翠城闉；开止水以为渠，处处是烟波楼阁"①，其规模分布也比此前朝代更为普遍，已经从城市山林的相对狭小的圈子拓展延伸到湖上。例如，东园位于保障湖南莲寺的东面，卞园和员园位于保障湖的北面，而其他的名园大多位于瘦西湖四周。甚至是扬州城市的郊区和长江交汇口的瓜洲，也开始建造园林。例如江淮

---

① 李斗．扬州画舫录［M］．北京：中华书局，1960：7．

胜概楼、大观楼、于园等著名的园林都建造在瓜洲上，这是明清扬州园林对前朝的一个突破，可见当时扬州园林的繁华景观。《扬州画舫录》记载，清代康熙年间，扬州的著名园林有：

> 郡城以园胜，康熙间有八家花园，王洗马园即今舍利庵，卞园、员园在今小金山后方家园田内，贺园即今莲性寺东园，冶春园及今冶春诗社，南园即今九峰园，郑御史园即今影园，筱园即今三贤祠。梦香词云："八座名园如画卷是也。①

而乾隆时期，为了迎接乾隆巡幸，扬州大肆营造修整园林，"江宁、苏州、杭州为山水之最胜处。……扬州则全以园林亭树擅场，虽皆由人工，而匠心灵构，城北七八里夹岸楼舫无一同者，非乾隆六十年物力人才所萃，未易办也"②。

二是扬州园林的造园技术比之以往，更注重整体的规划和设计。尤其是明代末年著名造园家计成亲自参与了扬州园林的设计，他依据自己多年的造园经验，在扬

（个园）

州寤园创作了《园冶》一书，这是我国关于造园的第一部著作，同时也是全世界关于造园的第一部，其标志着中国园林艺术理论创造的高峰，对于扬州数千年的园林艺术发展而言，无疑具有里程碑式的意义。他把"巧于因借，精在体宜"的设计理念运用于园林实践，获得了"虽由人作，宛自天开"的审美艺术效果，著名的寤园、影园就是出自他的手笔。这标志着

① （清）李斗．扬州画舫录：卷一"草河录上"［M］．北京：中华书局，1960：22－23.
② 金安清．水窗春呓［M］．北京：中华书局，1984：46.

扬州园林的技艺水平达到了一个前所未有的高度。

三是园林的知名度上升，园林成为扬州城市的形象和符号。此前扬州园林成就斐然，例如，隋唐时期的扬州园林就非常著名，但是，隋唐时期扬州最著名的并不是园林，而是繁华的商业经济和娱乐消费，人们提到扬州首先想到的是奢华富贵、醉生梦死的青楼梦好。而清朝时期，扬州则以园林著称。扬州不仅第一次以园林成就为整个城市树立了正面形象，而且，还以园林杰出的成就与当时国内最著名的江南都市杭州、苏州比肩。这是清代扬州园林重要地位的体现。

显然，清代的扬州园林不仅代表了扬州园林艺术发展历史中的最高成就，其在中国园林艺术发展历史中，也具有典范的意义。陈从周先生指出：

> 扬州在建筑上有其独特的成就与风格，是研究我国传统建筑的一个重要地区。很明显，扬州的建筑是北方"官式"建筑与江南民间建筑两者之间的一种介体。这与清代皇帝的"南巡"，四商杂处，交通畅达等有关，但主要的还是匠师技术的交流。①

朱江在《扬州园林品赏录》一书中，记载的扬州园林高达二百四十余所。然而，由于历代战乱不断，园林屡遭劫难，明清以前所建园林，大多毁没无闻。扬州现存园林，大多是清朝修建的。这些园林已经成为今天扬州最宝贵的城市文化资源之一。

二、扬州园林的美学特征

园林本身就是一个充满诗意的建筑空间，徜徉在这个充满诗意空间里的文人士大夫们，是如何通过园林构建出他们的诗意生活呢？美学家叶朗认为：

> 中国古典园林在美学上的最大特点是重视艺术意境的创造。中国

---

① 陈从周.扬州园林（汉日对照）[M].上海：同济大学出版社，2007：6.

古典园林的美不是一座孤立的建筑物的美，而是艺术意境的美。因此，园林意境的创造和欣赏就成了明清园林美学的中心内容。中国古典美学的意境说，在园林艺术、园林美学中得到了独特的体现。①

扬州园林是扬州文人商贾诗意生活的写照。作为扬州园林历史上的鼎盛期，明清时期的扬州文人雅集唱和成为一种常态，对扬州园林审美特征的概括，以明清时期的扬州园林为对象，无疑更为典型。对此，可以从如下两方面加以阐释。

首先，明清两代扬州园林普遍凸显人性与大自然的契合，彰显返璞归真的意趣之美，体现了中国园林充满诗意的审美价值趋向。

扬州园林的布局，受自然地貌环境的影响非常明显。例如，充分利用扬州蜀冈地势高耸突起的独特自然地理景观，在冈上种植大片的松树，形成"万松叠翠"的景观，并且利用中、东、西峰的山势，构筑阁楼栈道，以此构成"双峰云栈"的园林景观。这种师法自然，重在意趣的建构理念，创造了园林悠远平和的诗意之美。

以扬州著名的瘦西湖为例，其园林的修建依据湖泊自然条件。瘦西湖本名炮山湖，又名保障河。乾隆十八年，瘦西湖"长河如绳，阔不过二丈许"。后来工匠们充分利用河流地形自然变化的特点，发挥湖岸自然景观的优势，因地制宜，随形造景，修建了不同的园林，这些园林和整个河流连成一体，形成一个山水相映、亭台楼榭交相辉映的整体景观，其景色之美堪比杭州西湖，因为比西湖更为瘦小狭长，所以命名为瘦西湖，其不仅是清代扬州最著名的园林景区，也是今天扬州城市最著名的风景区。又如计成设计的著名的影园，位于扬州城南，在自然地理上依傍山影、水影、柳影自成特色，著名画家董其昌特意题额为影园。据郑元勋在《影园自记》中说："大抵地方广不过数亩，而无易尽之患，山径不上不下，而可

---

① 叶朗. 中国美学史大纲［M］. 上海：上海人民出版社，1985：441.

坦步，然皆自然幽折，不见人工。一花、一木、一石，皆适其宜。"①沈复在《浮生六记》卷四《浪游记快》中说："平山堂离城约三四里，行其途有八九里。虽全是人工，而奇思幻想，点缀天然，即阆苑瑶池，琼楼玉宇，谅不过此。"②

从美学的角度来说，明清时期扬州园林注重依据自然条件，不刻意人工雕琢的设计理念，体现出自然简朴、重在意趣的审美特征。从明代开始，扬州的各大园林普遍表现出自然简朴、以意趣取胜，而不以繁杂精密胜出的特征。"景物简单，意在重趣，而不在构筑。"③当然，这并不是说扬州园林寒碜粗糙，也有规模庞大、讲究技巧取胜的园林。例如，郑侠如营造的休园，占地规模达到50多亩，园内景观十余处，"结构复杂，营造技巧高超，小亭听水，阁势峥嵘，其争奇斗巧处，足与造化比肩，成为明代扬州园林的杰作"④。即便如此，休园取胜的根本原因仍然在于"随径窈窕，因山行水""结构萧爽，极园林之胜"。按照一般的看法，明代扬州园林成就最高的代表当属寤园、影园和休园。而上述三园均显示如此审美价值取向。

一方面，扬州园林文化形态体现了中国民族园林设计的基本审美理念。长期生活在农业社会的中国民族，向来就醉心于田园风味和情调。在建筑环境的营造中讲究"风水"。晋代的郭璞在其著名的风水理论中以"群山环抱、负阴抱阳、背山面水"12个字概括这种人与自然的和谐相依。为此，中国园林尤其是江南地区园林彰显精致亲切的人情味，不强调大红大紫或者伟岸崇高给人带来的震撼激动之美，而是像一幅文人山水画卷一样徐徐展开，又像一首悠长的乡愁诗缓缓诵读。亭台楼榭往往是天然的灰白色调，拒绝橙黄和朱色，青瓦多为青色，柱廊多为黑色，给人一种

---

① 许少飞. 扬州园林［M］. 苏州：苏州大学出版社，2001：14.
② 许少飞. 扬州园林［M］. 苏州：苏州大学出版社，2001：35.
③ 马正林. 中国城市历史地理［M］. 济南：山东教育出版社，1999：423.
④ 马正林. 中国城市历史地理［M］. 济南：山东教育出版社，1999：423.

清新质朴的感觉。例如，寤园同样出自计成的手笔，他自认为寤园建造符合心意，可与他在常州建造的吴又予园，并称胜于大江南北。其友曹元甫在园中住了两日后，"称赞不已，以为荆、关之绘也"。① 这和江南最著名的苏州园林中的留园非常一致，该园在设计理念上追求江南水乡人的乡村田园生活世俗化美学风格，注重日常生活常态的诗意感受，看似平淡无奇，但是，实则需要人的心灵体悟和契合。这就是红尘中的个体复归自然田园的丰富意义所在，这种建筑风格具有诗意的美。

另一方面，扬州园林的崇尚自然、重在意趣的诗意美，具有复杂的古代中国文人士绅的审美理想，尤其是中国江南地区文人的审美理想，这是扬州园林在文化形态上兼收南北风格的同时，尤其突显江南园林特色的一个重要表现。中国古代江南地区的文人士绅，喜崇尚一种冲淡平和的人生境界，当他们仕途失意的时候，受到压抑的心灵在现实中无法获得舒展的时候，往往把这种人生理念投射到园林中。当他们春风得意，志得意满之时，又以建造园林享受人生，抒发心志为荣耀。这是封建时代江南文人雅士富商以外界景物和内心和谐律动的惯常行为，园林的布局必须依从人的内心需要，折射人的内心世界。江南园林在自然布景上注重内心世界与外在世界的和谐，突出江南地区山水自然之美，特别注重园林的文学趣味。在人与大自然的律动之间，实现了文人与大自然的和解，营造一种优美的诗歌境界。

学界一般把苏州园林看作典型的士人园林，而把扬州园林看作商人园林的代表，并且由此概括以苏州园林为代表的士人园林充满了当时文人的审美情趣。如果从建造园林的主人身份来看，这种概括固然非常合理。但是，这并不等于说扬州的商人园林就没有文人士绅的审美情趣，更不代表扬州园林缺少这样的成就。因为扬州园林的主人虽然多为富商，但是，他们大多是具有较高文化素养的徽州商人，或者喜好文化艺术的儒商，而

---

① 许少飞. 扬州园林［M］. 苏州：苏州大学出版社，2001：14.

且，他们修建园林并不是作为自己独自享用的私家花园，而是邀请文人雅士来此唱和甚至居住。这就给扬州商人园林打上了文人士绅审美理想的烙印，"整个景区所体现的意境都是文人雅士或者政治家所特有的，只是这种意境的载体有可能借助了某种豪侈与富丽"①。

　　到了 18 世纪中期，扬州一方面要求得到皇家的重视，另一方面，富裕的商人掀起了狂热的园林建设之风，目的在于改变扬州的景区形式。休闲场所一度是怀旧遗族的领地，也已转变成喜好炫耀性消费的商人或皇族常常光顾的地方，开始迎合他们的品位。②

　　如扬州著名的苜蓿园，是嘉靖四十五年，扬州训导瓯大任建造。园林建造突出内部景物与建造园林者的心境的契合，布局自然朴素、疏松淡然，追求物我旨趣的和谐。这种园林审美旨趣是江南地区园林的一种比较普遍的趣味，如苏州拙政园的荷风四面亭，亭子四面通透，当夏季荷花满池的时候，似乎阵阵荷花香气扑鼻而来。拙政园中的桥廊小飞虹，横跨溪流池塘之上，如同一道彩虹落入水中，秀丽无比。这些建筑设计都注意营造畅通自然、平和冲淡的环境氛围，努力消除人生大起大落的象征符号的出场，把人生的挫折和抱负化解为一种无所思无所欲的自然世俗世界。人在此中，对于失意者而言，就不容易激发起失落的惆怅和宏伟的抱负，而对于得意者来说，却可以附庸风雅，安逸享乐。正是在这个意义上，中国古代江南失意文人和富贵的官商，往往把归隐园林生活作为人生的一种境界。

　　如果与北方园林进行比较，这种特征则尤为明显。不仅所在的都市始终处在政治斗争漩涡的中心，而且，园林的主人始终以拯救天下苍生的政治抱负为己任，即使归隐园中，其实并不能够平静热衷于时政的愤愤不平

---

① 杨建华. 明清扬州城市发展和空间形态研究［D］. 华南理工大学博士学位论文，2015：44.

② （美）梅尔清. 清初扬州文化［M］. 朱修春，译. 上海：复旦大学出版社，2004：221.

之气，在这种情况下，北方园林往往成为一个文人诗意返归自然的道具。而江南园林则不同，园林是真实的和个体生命血肉联系在一起的，在这里听不到国家大事和宏图抱负，更多是唯美的诗歌吟唱和香艳的青楼风流，是对温柔富贵之乡的眷恋和拥抱，这本身就是生命存在状态的一种归宿，而不是借园林平息内心愤懑，这就是江南都市文化生活形态的一种真实写照，当其成为一种风尚之后，雅致幽静的园林和园林中的轻歌曼舞往往取代了救国救民和慷慨悲凉，成为封建文人内心世界的诗意表达。这在中国南北园林审美理念差异的背景下非常明显。

　　通常认为，中国的造园艺术大致可分为皇家园林和私家园林两大系列。无可非议，苏州古典园林当属后者。前者集中在北京一带，后者则以江南一带，尤其是苏州为代表。由于政治、经济、文化地位和自然、地理条件的差异，两者在规模、布局、体量、风格、色彩等方面有明显差别，皇家园林以宏大、严整、堂皇、浓丽称胜，而苏州园林则以小巧、自由、精致、淡雅、写意见长。由于后者更注意文化和艺术的和谐统一，因而发展到晚期的皇家园林，在意境、创作思想、建筑技巧、人文内容上，也大量地汲取了私家花园的"写意"手法。①

由于地理位置上杂处南北之间的独特性，扬州园林建筑风格必然受到中国北方园林和江南园林的双重影响，这导致扬州园林的审美形态既不绝对地倒向北方园林的"雅健"，又不完全淹没在以苏州为代表的江南园林的"柔和"之中，而是"综合了南北的特色，自成一格，雄伟中寓明秀，得雅健之致，借用文学上的一句话来说，真所谓的'健笔写柔情'了"②。

　　它与苏州园林的'婉约轻盈'相较，颇有用铜琶铁板唱"大江东去"的气概。寄啸山庄循复道廊可绕园一周；个园盛兴时，情况亦差

---

①　吴恩培. 吴文化概论［M］. 南京：东南大学出版社，2006：292.

②　陈从周. 扬州园林（汉日对照）［M］. 上海：同济大学出版社，2007：21.

不多。至于借山登阁，穿洞入穴，上下纵横，游者往往至此迷途，此与苏州园林在平面上的'柳暗花明'境界，有异曲同工之妙。①

通过引水、布景和筑山，扬州园林营造出了强调艺术与自然的和谐，强调以假拟真、有若自然的审美情趣。②

其次，通过叠石理水，楼亭台榭的布局，营造园林如同绘画一般深远的境界。

任何园林建筑都不可能离开物质材料的构建，山石池塘、亭廊楼阁、竹木林花，无一不是体现园林设计者审美理想的物质载体。事实上，正是借助这些物质材料对于人的感官刺激，才使得园林的建筑艺术风格和审美情趣得以直观显现。虽然有些建筑材料在大多数园林中被普遍使用，但是，一方面，受到地理气候等自然条件限制，不同地区的园林必然出现本土特色的差异。另一方面，即使对于普遍使用的材料，在数量多少、规模大小、布局安排等问题上也存在着园林设计者审美理念的差别。上述差异也就成了区分不同园林景观特色、审美情趣、艺术理念的重要符号。相对于中国北方皇家园林建筑，扬州园林在材料使用上，更多地体现出江南地区园林叠山理水的共性，石料的选取突出外奇中空，不以厚重巨石为特色，以新奇变化为主导审美趣味。

扬州地处平原地区，石料资源并不丰富，扬州园林所需要的石料全部来自江南和北方，笨重巨大的石料在运输上尤为不便，但是，依靠扬州盐商雄厚的经济实力，以及对园林叠石造山的嗜好，居然通过滚滚白银在这个平原城市上，用无奇不有的优质石料创造出中国著名的园林城市，以及我国园林叠石的四大流派之一。这在很大程度上要归功于本土石料的匮乏，为了避免运输的困难，扬州园林所需的石料往往以那些轻巧奇异的为主，这在很大程度上制约了扬州园林叠石审美趣味的倾向性。同时，不能

---

① 陈从周．扬州园林（汉日对照）［M］．上海：同济大学出版社，2007：8．

② 苏保华．扬州文学镜像研究［M］．北京：社会科学文献出版社，2009：156．

就地取材的局限性，又对扬州石料的繁杂丰富起到了很好的推动作用。由于石料的产地不同，在质地、色泽、纹理等各个方面均表现出较大的差异性，这是扬州园林石材丰富、造山艺术争奇斗艳的一个重要原因。

扬州园林的石材主要以江南石材为主，例如，太湖石、黄石、宣石等著名的石材，既是扬州园林石材的主要资源，同时也是整个江南地区园林最常见的石料。如寄啸山庄、寤园、个园等，均采用上述石材。其中个园最为突出，能聚集四种山景于一园，石材的丰富可见一斑，这是全国唯一的一处。在使用材料上，扬州园林突出创造虚实相生的意境之美。叶朗认为，明清园林美学为了创造象外之象的意境，着重从如下两点加以构造：一是采取虚实相生、分景、隔景、借景等手法，组织空间，扩大空间，丰富美的感受。二是要重视声、影、光、香等虚景和实景的协调搭配。① 扬州园林的叠石理水，明显遵循着这样的美学原则。

对于石材的审美标准，突出轻巧别致，外奇内空，不以厚重巨大为美。"扬州园林叠石为山，不论湖石、黄石，皆以峰岭险峻、中空外奇者居多；又因石材仰给外地，装卸、路远诸因素，以致巨型孤峰甚少，石料体小型微者较多，要堆叠高山巨壁，必多用包镶之法，讲求石涛所说的'峰与皴合，皴自峰生'的画理，讲求石料质地、纹理、色泽的选配，以及镶、拼、连、嵌的技巧和粘接辅助材料的使用，以便叠就峰峦、悬崖、深涧、幽洞，体现出'宛若画意'的园林山景意趣。如此，则使扬州园林的叠石技艺日臻完美，达到了极高的水平。"②

例如，扬州万石园叠石，相传是根据石涛画稿布置，石涛的绘画审美旨趣追求独创，富于变化，纵横挥洒，清新超脱，尤其反对仿古模拟之风。这对于叠石造山的园林艺术影响是很大的。其建造的片石山房堪称把他绘画艺术审美趣味移植到园林艺术的杰作，片石山房在寄啸山庄内，是

① 叶朗. 中国美学史大纲 [M]. 上海：上海人民出版社，1985：442 - 444.
② 许少飞. 扬州园林 [M]. 苏州：苏州大学出版社，2001：128.

一座优美的园中园，其园中一座湖石假山即为石涛手笔，据钱泳的《履园丛话》卷二十记载，扬州新城花园巷，又有片石山房者，二厅之后，漱以方池，池上有太湖石山子一座，高五六丈，甚奇峭，相传为石涛和尚手笔。据著名建筑学家陈从周先生考证，扬州片石山房假山为石涛所叠园林实例之重要者。① 复原后的这座湖石假山，基本符合石涛山水画意，其审美趣味突出俊逸多姿，奇峭险峻，清幽如画。

个园中的假山叠石在新奇上的追求，更是达到了中国明清时期园林艺术的典范。设计者根据绘画原理，以石头建造成春夏秋冬四季之不同景观，实现游览者观赏叠石之时，能够看到一年四季的变化。陈从周先生在《扬州个园》一文中对此评价为：

> 个园以假山堆叠的精巧而出名。在建造时，就有超出扬州其他园林之上的意图，故以石斗奇，采取分峰用石的手法，号称四季假山，为国内唯一孤例……这种假山似乎概括了画家所谓"春山淡冶而如笑，夏山苍翠而如滴，秋山明净而如妆，冬山惨淡而如睡"（见郭熙《林泉高致》），以及"春山宜游，夏山宜看，秋山宜登，冬山宜居"（见戴熙《习苦斋题画》）的画理，实为扬州园林中最具地方特色的一景。②

影园的叠石也是如此。"无奇峭高峻的大山，但其池畔砌黄石作为磴，庭前选湖石散置成景，或作高岩，或为石壁，石洞中多置大石；皆因地儿设，不落常格，处处入画，实为不可多得。如若从中国山水画的历史上寻觅，影园叠石的种种作法，如水边作大石，等等，多少还可看到五代荆浩山水的一点影子。"③ 总之，扬州园林的"堆迭之法一般皆与苏南相同。其佳者总循'水随山转，山因水活'一原则灵活应用"④。可见，扬州园

① 陈从周. 扬州园林（汉日对照）[M]. 上海：同济大学出版社，2007：17.
② 陈从周. 扬州园林（汉日对照）[M]. 上海：同济大学出版社，2007：11.
③ 许少飞. 扬州园林 [M]. 苏州：苏州大学出版社，2001：119.
④ 陈从周. 扬州园林（汉日对照）[M]，上海：同济大学出版社，2007：17.

林深受江南园林建筑审美趋向的影响。

叠石如此，理水也在扩大园林空间感的同时，增加人工造景的纵深想象效果，制造整个园林空灵明净、亲近自然的审美效果，最终实现"宛自天开"的艺术境界。

园无水则死。园林中对水的要求是洁、虚、动、文。有人总结扬州园林理水特点，概括为依水筑园的"依"、凿曲池方沼用来蓄水的"凿"、开挖新河的"挖"、引水入园林的"引"、在湖中筑桥廊台榭的"隔"、以花墙树木掩蔽岸线的"蔽"、驳岸多呈凹凸蜿蜒之姿的"曲"、水源清澈鲜活的"清"、设置檐下滴泉，营造天籁清音的"音"等九个特点。① 在扬州园林中，巧妙地利用水成为铺设景物层次的有效手段，同时，水对于园林景观也形成了适度的渲染，水与园林景观相得益彰，渲染出如诗如画的优美境界。以影园为例，园中处处可见利用水建造的景点，如芦中、月梁、雨阁、堤柳等。这样布局就是为了突出园林充满诗意的神韵。

> 扬州园林在布局上，也正是巧妙利用水域、河道、桥梁、堤岸来进行整体的构思，在行进中求变化，在曲折中见呼应，从而避免了平地筑园的单调、重复和缺少意趣。②

正如明人强惟良在《影园即景六首》的《芦中》歌咏的：苍茫风雨际江天，钓舸流歌响节舷。梦起卷帘看漠漠，一行鸿雁下秋烟。又如扬州何园，本无水可利用，造园者另辟蹊径，采取旱园水做之法，虽然周围都是石山，但是，由于厅处在深谷之中。厅为四面厅，厅四周的廊台严整，且高于厅房一阶，"这样一来厅四周的地面就显得非常低，而四面厅则筑于高基之上，望之似乎就置于池水之上。在厅前，用小瓦、鹅卵石铺成水波浪纹，起伏有致，似见波光粼粼，又似闻拍岸涛声。再看船厅的楹联：'月作主人梅作客，花为四壁船为家'，游人顿时会产生错觉，忘记这是旱

---

① 许少飞. 扬州园林［M］. 苏州：苏州大学出版社，2001：148.
② 苏保华. 扬州文学镜像研究［M］. 北京：社会科学文献出版社，2009：152.

园，而会疑为在湖滨漫步"①。

纵观上述特点，扬州园林整体上突出了以水面创造审美想象空间的艺术效果，遵循了依靠自然取材不突兀的原理，实现如同绘画一样的美学效果。这就是沈复在《浮生六记》中说的虚实相生的艺术手法。

如寄啸山庄西园的曲池，水面宽阔，与周围楼宇台榭交相辉映，以此营造通透、空灵、舒畅的美感，同时，注意在园林中曲桥复道与水面的变化回旋，增加园内景观立体纵深感，形成无限幽深、池水犹如不尽之意味。又如号称"人间孤本"的片石山房，在理水上也是如此，通过水池的曲折延伸，营造无尽之意，整个园林山水相映，水随山转，山因水活，整体景观的布局讲究协调映衬的整体审美效果，突出虚实相生的意境之美。它们无不注重理水来分隔空间，让园林这样一个相对狭小的空间体现出不同的景观空间，相当于在增加景色的层次，然后影响欣赏着心理的空间。"由于楼、台、亭、阁的审美价值是在于扩大空间，构成意境，使游览者突破有限，通向无限，因而它就可以使游览者对整个宇宙、历史、人生产生一种富有哲理性的感受和领悟。"② 这种建筑思想、审美理念与江南建筑神韵非常相似。

总体来看江南建筑是否可以用四处神韵来归纳：一是"水、桥、房"的空间格局。水、桥、房融合成独特的空间，且变化多样，亲切宜人，"小桥流水人家"的空间特征展示的是江南水乡人间天堂般的生活情景。二是"黑、白、灰"的民居色彩。它勾勒的是一幅清淡的中国山水画，把水乡特色渲染到了极致，这也是它最负盛名和最具特色的所在。三是"轻、秀、雅"的建筑风格。这体现在建筑整体把握上，从人性方面来说也吻合了江南人的一些特点。四是"情、趣、神"的园林意境。江南园林自成一系，小巧灵活，精彩绝伦，在环境

---

① 张翔．扬州园林浅识［J］．江南大学学报，2005（2）．
② 叶朗．中国美学史大纲［M］．上海：上海人民出版社，1985：448.

的构造上为人们提供了一个思考的意境和精神家园。①

从某种意义上说，扬州园林对绘画境界的审美追求，在本质上体现了文人士大夫们对隐逸和出仕这对现实矛盾的态度。一方面，秀美如画的河山具有陶冶性情、兴寄比附之妙，当仕途失意之后，委身如画的大自然中，可以暂时忘却人生苦恼，获得心灵的解脱。另一方面，出于儒家拯救苍生之宏伟理想，生命个体必须积极踏入尘世，相对于庙堂的功名和人生的理想，委身于如画河山就要受到逃避社会责任的批评。在如此痛苦而艰难的选择中，江南地区的文人往往不像北方文人那样摆出一副"文死谏"的壮烈姿态，而是把人生的理想寄托在美丽如画的园林建筑中，在闪光水色、鸟语花香中慰藉内心的失落。当然，这种园林建造审美理念上的南北差异并不是绝对的，扬州园林对江南园林审美理念的吸收并不完全遮蔽北方风格，而是在一种吸收融合南北风格的情况下，创造了具有扬州自身特色的园林文化形态，只是在整体风格上与江南园林文化形态具有更多的相似性。

三、扬州园林与文人品格

园林体现人格，对园林审美风格的志趣，无疑是文人精神境界、人格志趣的投射。扬州园林蕴含了文人商贾们快意人生的理想，寄情山水的超然。为此，我们可以通过园林生动的画面，展示文人们的精神理想和人格世界。以宋代扬州的平山堂为例，文人们把人生沉浮寄予平山堂的风景，表明了大宋文人们人生失意时退避于园林的精神家园的真实世界。

宋代许多著名文豪都到过扬州，甚至在扬州为官，欧阳修就是其中最著名的一个。正是因为欧阳修与平山堂的个人活动，又赋予了扬州园林独特的审美意象。据历史记载，北宋庆历八年，朝廷命欧阳修由滁州转知扬州，后来欧阳修在扬州修建平山堂，平山堂位于扬州西北的大明寺侧，后

---

① 陈抒. 江南传统建筑特色与文化审美 ［J］. 江南论坛，2008（12）.

人证实为欧阳修庆历八年知扬州时所建。欧阳修始建平山堂之事见于其皇祐元年（1049）《与韩忠献书》："独平山堂占胜蜀冈，江南诸山，一目千里。……拾公之遗，以继盛美尔。"

平山堂不过是当时扬州的一座普通建筑而已，但是，由于此建筑由著名文豪欧阳修亲手建造，这就注定了其被赋予特定的文化内涵，而更重要的是，欧阳修以平山堂为审美对象，创作了著名的《朝中措·平山堂》，让更多的人通过平山堂获得了对扬州都市文化的审美感知："平山栏槛倚晴空，山色有无中。手种堂前垂柳，别来几度春风？文章太守，挥毫万字，一饮千钟。行乐直须年少，尊前看取衰翁。"

曾经有人考证欧阳修为什么修建平山堂，得出的结论大相径庭，或认为欧阳修以此来接待"天下豪俊有名之士"；或认为饮酒赋诗、赏玩娱乐；还有人认为是欧阳修借平山之名"遂于兹不朽"。沈括《扬州重修平山堂记》云："扬州常节制淮南十一郡之地……百州之迁徙，贸易之人往还，皆出其下。舟车南北，日夜灌输京师者，居天下十之七。……（公）时引客过之，皆天下豪俊有名之士。"其实，对于欧阳修建平山堂的真正意图，我们并不需要如此较真，而是要把它与当时文人们的理想抱负联系起来。无论是欧阳修还是苏东坡、晁补之，他们都怀有远大的政治抱负，但是，三个人都遭遇过政治失意、屡次被贬的不幸。在封建社会，当文人政治理想无法实现的时候，往往通过隐居拒绝尘俗以避之，或者寄情山水、歌赋诗词故作旷达排遣忧愁，诗词文赋无疑是最好的排遣内心焦虑失意的工具。据学者考证，欧阳修在给朝廷的谢表里，把扬州称为"贬所"。因为自己的仗义执言支持因改革朝政受过的杜衍、范仲淹等人，被认为是结党而获罪，不仅撤销龙图阁学士衔，而且以"知制诰"的京官身份出任滁州知州。就在这里，以"醉翁"自号，但是，正如他自己说的"醉翁之意不在酒，在乎山水之间也"，诗人用来排遣人生不适宜的唯一良药就是寄情山水，试图忘却人生失意，获得心灵的超越。但是，这种排遣只是一种暂时的精神麻醉罢了，不仅无法从根本上消除焦虑和忧愁，反而在故作旷达中积蓄了更多的烦恼。当欧阳修从滁州被调任到扬州之后，他需要在扬州也修建一座可以忘却失意的"醉翁亭"，平山堂无疑就是欧阳修在扬州专门为自己修建的醉翁亭，而他在这首词中表达的情感无疑是另一篇《醉翁亭记》罢了。

现实中的平山堂并无雄伟可言，但是词人赋予其磅礴气势，在客观上实现了作者内心排遣仕途失意烦恼的作用，与其旷达乐观的情感是一致的。"行乐直须年少，尊前看取衰翁。"结尾几句点染了全词情感的主题：自己宦海沉浮，屡次被贬，壮志难酬，眼见两鬓斑白，人生迟暮，回忆当年雄心壮志，可谓无限感慨悲凉于心中。诗人政治抱负难以实现的郁闷孤独情感与眼前扬州都市兴衰是一致的。从雄踞东南的第一都市的盛唐气象发展至宋代，扬州也似乎显得落寞和寂寥，当年杜牧青楼豪放的身影已经难以寻觅，只留下眼前柔弱秀美的旧影。词人写的是扬州之景，抒发的却是人生机遇之苦，代表的则是中国文人遭遇政治不幸后的逃避与退让。欧阳修去世后，他的学生苏东坡在扬州做客其间，又写下了著名的《西江月·平山堂》，以此纪念他的老师："三过平山堂下，半生弹指声中。十年不见老仙翁，壁上龙蛇飞动。欲吊文章太守，仍歌杨柳春风。休言成事转头空，未转头时皆梦。"不仅如此，苏轼又在《水调歌头·黄州快哉亭赠张偓》中提到平山堂："长记平山堂上，欹枕江南烟雨，杳杳没孤鸿。认得醉翁语，山色有无中。"其中除了突出对恩师的怀念和感激之外，一个突出的题旨就是对人生沉浮荣辱的感怀。与欧阳修的"行乐直须年少，尊前看取衰翁"透出的消极而故作旷达之语是完全一致的。

从哲学的角度而言，从欧阳修到苏东坡，在描写扬州都市的诗词中，都表现了对人生终极境域的一种理解和探索，生命易逝，人生无常，这一切都是大自然安排好的。作为生命的个体所需要的就是面对这种人生必死的悲剧和痛苦，由此形成了一个以人生如梦为核心的意象结果，这不仅贯穿于上述词中，其实，也贯穿了苏轼整个的生命结构。李泽厚指出，苏轼在诗文中表现出了如下境遇。

（平山堂）

已不只是对政治的退避，而是一种对社会的退避！……而是对整个人生、世上的纷纷扰扰究竟有何目的和意义这个根本问题的怀疑、厌倦和企求解脱与舍弃。……这种人生空漠之感，这种对整个存在、宇宙、人生、社会的怀疑、厌倦、无所希冀、无所寄托的深沉感喟，尽管不是那么非常自觉，却是苏轼最早在文艺领域中把它透露出来的。①

这是中国文化发展到宋代以后，突然失去了唐代蓬勃热情的酒神精神之后，遁入日神精神的真实写照。同时代的晁补之则在《八声甘州·扬州次韵和东坡钱塘作》借助平山堂这个审美意象，把苏轼的人生感悟加以更直观地显示："一笑千秋事，浮世危机。应倚平山栏槛，是醉翁饮处，江雨霏霏。送孤鸿相接，今古眼中稀。念平生、相从江海，任飘蓬、不遣此心违。登临事，更何须惜，吹帽淋衣。"该词从平山堂带给欧阳修的人生闲适起笔，最后落到平生飘蓬，仕途不畅，"吹帽淋衣"一语双关，暗喻词人壮志未酬、屡遭贬官的人生遭际，无可奈何而愤懑抑郁之情贯穿全词。

上述三首词都写到了扬州平山堂，每首词蕴含的审美情感是不同的。但是，有一点是完全一致的，就是自欧阳修修建平山堂并在词中加以抒情

---

① 李泽厚. 美的历程［M］，北京：中国社会科学出版社，1989：153.

歌颂之后，平山堂成为扬州城市文化的一个象征而被赋予了特殊的内涵：中国民族审美主体仕途失意之后故作旷达的精神栖息地。

明清时期，扬州园林大放异彩，文人雅士对园林的偏爱，正如明人董其昌所说：

> 幽轩邃室，虽在城市，有山林之致。于风月晴和之际，扫地焚香，烹泉速客。与达人端士谈艺论道，于花月竹柏间盘桓久之。饭余晏坐，别设净几，铺以丹丹阓，袭以文锦。次第之出其所藏，列而玩之，若与古人相接欣赏。①

也就是说，园林并不仅仅是宴游休憩之地，还是"士人人格之寄寓，生命情状之投射"，闲适的心境、清雅的趣味和艺术的情调无不超俗出尘，三者融合为一，遂构成了闲情雅致的人生境界。②

---

① （明）董其昌. 骨董十三说·八说：丛书集成续编：艺术类赏鉴第 94 册［M］. 台北：新文丰出版公司，1985：741.
② 董雁. 明清戏曲与园林文化研究［D］. 陕西师范大学博士学位论文，2012：37.

第八章

长袖笙歌，梨园曲调犹绕梁

——扬州戏曲文化资源

谁知竹西路，歌吹是扬州。

如果从吴王筑邗城，扬州具有了固定的城池开始算起，在此后的两千年间，有多少著名的文人墨客来这里，这个数字显然是无法统计的。但是，如果说有哪个文人对扬州的喜好，让后人对这个城市充满了向往，那无疑是唐代诗人杜牧。是的，他的"十年一觉扬州梦，赢得青楼薄幸名"，与其说是向世人夸耀唐代扬州的繁华，不如说是得意扬扬地告诉世人自己在扬州生活的"幸福指数"之高。

后人对"扬州梦"的理解，过于关注青楼梦好、宴饮纵情，其实，能够让杜牧沉迷于扬州美梦的还有长袖清歌。"谁知竹西路，歌吹是扬州"，没有了歌吹沸天的歌舞戏曲，扬州梦也就只能是"有色无声"。细细品读杜牧描述扬州的诗歌，我们会不由自主地随着他进入那个如梦如幻的唐朝，眼前是扬州梨园弟子们长袖飘飘的鲜活面孔，耳畔是笙歌弹词的清丽婉转。但是，杜牧无法想象的是，在他身后的一千年里，扬州戏曲艺术的发展如火如荼，乃至在清代，成为中国南方戏曲艺术的中心。

一、扬州戏曲的发展历程

扬州戏曲的源流可以追溯到汉代的歌舞百戏。鲍照在《芜城赋》中描述汉代扬州地区"昔全盛之时，车挂轊，人驾肩，厘闬扑地，歌吹沸天"

的盛况，可见当时扬州戏曲还是相当活跃的。再从扬州出土的文物，如汉代舞佣玉佩、百戏佣、歌舞百戏漆画等，也可以证实汉代扬州地区在舞蹈、杂戏等方面已经有了一定的发展。

隋唐时期，扬州戏曲迎来了发展的转机。先是隋炀帝开凿运河，多次巡幸扬州，不仅带来了众多乐工歌女，供自己享乐，还醉心于燕乐。所谓燕乐，乃游宴时演唱的比较自由的音乐歌舞，又称宴乐或俗调，并自制七言律诗《江都言乐歌》，"扬州旧处可淹留，台榭高明复好游。风亭芳树迎早夏，长皋麦陇送余秋。绿潭桂楫浮青雀，果下金鞍跃紫骝。绿觞素蚁流霞饮，长袖清歌乐戏州"。抒发了他在扬州的所见所感，以及对扬州美好生活的感叹。隋炀帝命人歌演，当地官员为了迎合隋炀帝，也重视戏曲演出，当他被杀江都后，带来的乐工歌女流落在扬州，在客观上促进了扬州戏曲艺术的发展。虞世南《奉和幸江都应诏诗》中写道："虞琴起歌咏，汉筑动巴歈。"表明隋代扬州已经流行弹虞山琴，击古汉筑，跳巴渝舞，唱巴渝歌。

唐代扬州笙歌盈天，"夜市千灯照碧云，高楼红袖客纷纷"。唐代经济的繁荣刺激了戏曲的发展。文献记载，唐代贞元年间，木偶戏出现，杜佑镇守扬州时曾对幕僚刘禹锡谈起观看木偶戏的情况："余致仕之后，必买一小驷八九千者，饱食讫而跨之，著一粗布裆衫，入市看盘铃傀儡，足矣。"（韦绚《刘宾客嘉话录》）堂堂大司徒以能看到傀儡表演就很满足，可见当时傀儡戏已比较成熟，具有了很高的的观赏价值。① 唐代还盛行参军戏，中唐时，扬州已有擅演此戏的家庭职业戏班："徘优周季南、季崇及妻刘采春，自淮甸而来，善弄《陆参军》，歌声彻云。"（《云溪友议》）这一时期的表演所演已经"有女优登场，穿插歌舞，内容与表演形态、技艺都趋丰富、复杂，艺术上有较大提高"②。《玉泉子真录》曾记载了唐宣

---

① 周游．歌吹是扬州［J］．江苏地方志，2016（5）．
② 明光．扬州古代戏曲发展史略［J］．艺术百家，1996（1）．

宗时崔兹在扬州任淮南节度使期间，观看家僮演练戏曲的故事。

> 俾乐工集其家僮教以诸戏。一日，其乐工告以成就，且请试焉。铉命阅于堂下，与妻李坐观之。僮以李氏妒忌，即以数僮衣妇人衣，曰妻，曰妾，列于傍侧。一僮则执简束带，旋避唯诺其间。张乐，命酒，不能无属意者，李氏未之悟也。久之，戏愈甚，悉类李氏平昔所尝为。李氏虽稍悟，以其戏偶合，私谓不敢而然，且观之。僮志在发悟，愈益戏之。

这里所演的戏是以科白为主，穿插歌舞，角色俱备的家庭讽刺剧，已接近后世比较完全意义之戏曲的基本形态，而家童演戏则成为后世家班的滥觞。①

宋元时期，扬州戏曲艺术继续发展。南宋后，由浙江兴起的南戏也开始流入扬州。到了元代，北方杂剧艺术迅速南下，很快，许多著名演员如马致远、朱帘秀、赵天锡、侯正卿等都来到扬州演出。著名杂剧家白朴也是比较早来扬州的一批，后来定居建康，仍频繁出入扬州。扬州成为全国著名的戏曲艺术之城。1276年，元政府将行教坊司设在扬州。朱帘秀就是较早在扬州演出的代表。关汉卿南游杭州时，也曾来扬州与朱帘秀聚会，后来关汉卿在杭州与朱帘秀相会时，写了［南吕·一枝花］《赠朱帘秀》套曲，其中有"十里扬州风物妍，出落着神仙"的句子，王恽［浣溪沙］《赠朱帘秀》中也说"丝竹东山如有约，烟花南部旧知名，秋风吹醒惜离声"。可见朱帘秀当时杂剧艺术水平之高超及扬州地区杂剧在全国影响力之大。《青楼集》称赞朱帘秀为"杂剧为当今独步，驾头、花旦、软末泥等，悉造其妙"。驾头杂剧指的是以帝王故事为主的杂剧，以唱工为主，类似后来的唱工老生戏，如《汉宫秋》《梧桐雨》等；花旦杂剧除唱工外，做工也占有相当比重，如《救风尘》《望江亭》等，由于其女主角性格泼辣大胆，所以需要做工来恰当表现；软末尼则是由女角串演的男性形

---

① 明光．扬州古代戏曲发展史略［J］．艺术百家，1996（1）．

象。朱帘秀能做到"悉造其妙"，说明其演技的确达到了"外则曲尽其态，内则详悉其情，心得三昧，天然老成"的境界。①《朱氏诗卷序》对她的表演极其赞赏。

　　学业专攻，积久而能；老于一艺，尚莫能精。以一女子，众艺兼并。危冠而道，圆颅而僧，褒衣而儒，武弁而兵；短袂则骏奔走，鱼筍则贵公卿；卜言祸福，医决死生；为母则慈贤，为妇则孝贞；媒妁则雍容巧辨，闺门则旖旎娉婷；九夷百蛮，百神万灵；五方之风俗，诸路之音声；往古之事迹，历代之典型；下吏污浊，官长公清：谈百货则行商坐贾，勤四体则女织男耕；居家则父慈子孝，立朝则君臣圣明；离筵绮席，别院闲庭，鼓春风之瑟，弄明月之筝；寒素则荆钗裙布，富艳则金屋银屏，九流百伎，众美群英，外则曲尽其美，内则详悉其情。心得三昧，天然老成，见一时之教养，乐百年之升平……

在众多北方杂剧演员的推动下，再加上扬州本地戏曲艺术有着良好的基础，元代扬州杂剧艺术获得了重要成就，对此，学界总结为如下几个方面。

　　①上演剧目丰富，内容广泛，公案戏、历史剧、爱情戏、当代题材应有尽有。②表演人才济济，或旦末双全，悉造其妙；或擅唱工，声遏行云；或精做工，双目失明仍然登台演出不差毫发。③某些作家的创作或明或暗地取材于扬州故事及风物人情。如《扬州梦》《东堂老》《窦娥冤》等，具有鲜明的时代性和地域性。④盛行元杂剧的同时，还继承了当地原先流行的南曲艺术。李楚仪"工小唱，尤善慢词（即南曲）"，其女继母衣钵而又"兼杂剧"，就是证明。这表明，扬州戏曲舞台不因北杂剧风靡一时遂使南曲绝响，相反却南北齐奏，互相影响。②

---

① 张本一. 永远的朱帘秀 [J]. 艺海，2007（3）.
② 明光. 扬州古代戏曲发展史略 [J]. 艺术百家，1996（1）.

　　明清时期，扬州戏曲艺术发展超过历代，扬州也成为全国民间戏曲的中心，特别是以方言评话为中心的市民戏曲艺术，"无论在艺人队伍的扩大、书目的丰富和表演艺术水平的提高方面，都出现了一个新的高峰"①。金埴《不下带编》卷七有诗曰："从来名彦赏名优，欲访梨园第一流。拾翠几群从茂苑，千金一唱在扬州。"② 说明当时从苏州来的演员一到扬州就走红的情况。需要特别指出的是，明朝扬州戏曲获得重要发展是明朝中叶之后的事情，"明中叶昆腔盛行之后，扬州似乎并未立刻跻身成为戏曲发展重镇，或是说其演剧风气（不论是家班或是职业班）都不如留都南京，以及昆腔发源地苏州、经济重镇杭州来得兴盛"③。

　　明清时期扬州戏曲迅猛发展的原因是多方面的，一方面，明清时期扬州城市经济的迅速发展，大大刺激了都市文化艺术的繁荣，这就给广大扬州市民追求思想的自由创造了条件。受到明中叶后出现王守仁"心学"思想，尤其是扬州地区泰州学派王艮的影响，广大江南城市市民表现出普遍的追求个性和解放的思想意识。在这种江南人性解放思潮的影响下，广大市民主体意识明显加强，追求思想的自由成为一种时尚。扬州市民本来就处于一种相对自由的江南城市环境里，他们积极通过民间文艺作品寻求一种自由的文化个性。正是在这样的背景下，扬州戏曲艺术中的评话、弦词等艺术形式发展尤其迅猛。另一方面，明清时期扬州盐商云集，文人荟萃，大量富商不惜重金投入蓄养戏班，邀请著名戏曲演员来扬州表演。这些都推动了扬州戏曲艺术的发展。嘉庆《重修扬州府志》卷六十记载："官府公事张筵陈列方丈，山珍海错之味罗致远方，伶优杂剧歌舞吹弹各献伎于堂庑之下。……若士庶寻常聚会，亦必征歌演剧卜夜烧灯。"可见当时扬州戏曲之盛。

①　韦人，韦明铧. 扬州曲艺史话［M］. 北京：中国曲艺出版社，1985：8.

②　金埴. 不下带编：卷七［M］. 北京：中华书局，1982：12.

③　邱慧颖. 清代扬州盐商与戏曲活动研究［J］. 戏曲研究，2005（2）.

（柳敬亭说书场景）

　　扬州评话、扬州弦词、扬州清曲等都是最具有代表性的市民曲艺，也构成了明清扬州普通市民大众文化消费的重要对象。其中，扬州平话和扬州弦词都是以"说"为主的艺术，在历史上本是同源，所以往往合称为"扬州说书"。扬州清曲则是以"唱"为主的艺术，又称"扬州小唱""扬州小曲""扬州小调"，等等。这些作品表现方式虽然不同，但是，在艺术形式上大多清新自然，具有浓厚的江南文化艺术审美特征，在内容思想上，则贴近现实生活，主张人性解放和个性自由，扬州市民对这些文艺的喜好，在很大程度上反映了扬州市民对江南城市审美文化的认同。在消费形态上，则彰显江南城市成熟经济形态下的都市大众文艺的娱乐性、世俗性等特征。仅以扬州评话成就而言，胡士莹在《话本小说概论》中说，继承宋元讲史的评话，在清代特别发达，最初中心是在扬州，其后全国有不少地方均有以方言敷说的评话，而扬州仍是主要的中心。

　　明清时期扬州的昆曲也在明清时期获得巨大发展。明代后期到清代前期，昆曲传入扬州，并为扬州人广泛接受。清初有一个扬州盐商为演出洪昇的《长生殿》，花了十六万两银子置办服装道具，另一个扬州盐商为了演出孔尚任的《桃花扇》，花了四十万两银子购买行头。《牡丹亭》《长生殿》《桃花扇》都是昆曲的代表作，昆曲在上流社会的流行程度由此可见一斑。

从清代康熙到乾隆年间，昆曲在扬州达到了历史上的鼎盛，此时扬州昆曲的演出水平，为全国之冠。两淮盐商蓄养的老徐班、老黄班、老张班、老汪班、老程班、大洪班、老江班，被称为"扬州七大内班"，这七大内班几乎囊括了昆曲界的精英人物，代表着这一时期昆曲演出的最高标准。除了七大内班之外，扬州还有著名的女子昆班——双清班。有野史记载，扬州八怪之一的郑板桥，也曾经观看过双清班的演出。①

纵观扬州戏曲艺术，其发展历程可以简单概括为形成于汉朝，发展于隋唐，鼎盛于明清，在清代成为我国戏曲南部的中心。

二、扬州戏曲艺术的市民性特征

扬州戏曲艺术经过两千年的发展，从汉代简单粗糙的百戏，最终在明清时期形成了形式完备、特色鲜明的盛况。以清代为例，根据《扬州画舫录》卷五记载：

> 天宁寺本官商士民祝釐之地，殿上敬设经坛，殿前盖松棚为戏台，演仙佛麟凤太平击壤之剧，谓之大戏，事竣拆卸。迨重宁寺构大戏台，遂移大戏于此。两淮盐务例蓄花、雅两部，以备大戏。雅部即昆山腔。花部为京腔、秦腔、弋阳腔、梆子腔、罗罗腔、二黄调，统谓之乱弹。②

又载：

> 郡城花部，皆系土人，谓之本地乱弹，此土班也。至城外邵伯、宜陵、马家桥、僧道桥、月来集、陈家集人，自集成班，戏文亦间用元人百种，而音节服饰极俚，谓之草台班，此又土班之盛者也。若郡城演唱，借重昆腔，谓之堂戏。本地乱弹，只行之祷祀，谓之台戏。

---

① 于婧. 明清时期扬州地区昆曲传播探析［J］. 艺术评鉴，2017（21）.
② （清）李斗. 扬州画舫录［M］. 北京：中华书局，1960：107.

迨五月，昆腔散班，乱弹不散，谓之火班。①

　　盐商的热衷，文人雅士的推崇，市民的参与，为扬州戏曲注入了浓郁的市民性气息，尤其是贴近百姓生活的曲艺艺术，更是遍地开花。《扬州画舫录》卷十一记载：虹桥一带的熙春台、关帝庙"每一市会，争相斗曲"；城里商店开张或请神时，有一种叫作"马上撞"的演出，即"军乐演唱乱弹戏文"；还有一种"小唱"，"以琵琶、弦子、月琴、檀板合动而歌"，其中有的"以传奇中《牡丹亭》《占花魁》之类谱为小曲者，皆土音之善者也"②。

　　首先，先看扬州曲艺的重要代表——评话的市民性。

　　评话也叫做"说话"，根据《扬州曲艺史话》一书的观点，这种市民文化精粹之一的评话，大约发生在明代中叶以后至明末之间，后来成为扬州市民最为熟悉和喜爱的一种民间曲艺形式。据记载，明代初年，曾经有一个叫陈君佐的扬州平话艺人，在皇宫中为明太祖表演评话：

　　　　陈君佐，扬州人，善滑稽，太祖爱之。尝令说一字笑话，请俟一日，上许之。君佐出寻瞽人善词话者十数人，诈传上命，明日，诸瞽琵琶。君佐引之见上，至金水桥，大喝曰："拜！"诸瞽仓皇下跪，多堕水者，上不觉大笑。③

　　但是，能够像陈君佐这样在皇宫中的评话艺人毕竟极少，即使他们身在官宦富商家中，也大多是在经历了长期的民间生活最终有所成就之后的事情。绝大多数评话艺人终生生活在城市的底层，扬州城内也就常常看见这些说书艺人的身影和表演，明中期至清朝前期，正如董伟业在《扬州竹枝词》中说的，扬州城里一片"书词到处说《隋唐》，英雄好汉各一方"。评话的产生要得益于明中期以后扬州城市经济的繁荣，以及新的市民阶层

①　（清）李斗．扬州画舫录［M］．北京：中华书局，1960：130－131.

②　李斗．扬州画舫录［M］．北京：中华书局，1960：257.

③　韦人，韦明铧．扬州曲艺史话［M］．北京：中国曲艺出版社，1985：3.

的壮大，加上扬州拥有深厚的曲艺文化传统，富商们不惜重金的投入，本地文人的参与，由此迅速形成庞大的市民消费需求市场。由于评话艺人的地位十分低下，评话表演的场所也常见于都市公共场所，这就给都市普通市民的文化消费提供了便利的条件。《扬州画舫录》记载了当时扬州城里说书市场的繁荣状况。

> 郡中称绝技者：吴天绪《三国志》、徐广如《东汉》、王德山《水浒记》、高晋公《五美图》、浦天玉《清风闸》、房山年《玉蜻蜓》、曹天衡《善恶图》、顾进章《靖难故事》、邹必显《飞砣传》、谎陈四《扬州话》——皆独步一时。近今如王景山、陶景章、王朝干、张破头、谢寿子、陈达山、薛家洪、谌耀庭、倪兆芳、陈天恭，亦可追武前人。①

学者韦明铧指出，到了同治、光绪年间，扬州评话艺人达到二三百人之多。光是说《三国》和《水浒》这两部书的艺人，就将近百人。② 由于说书艺人群体的庞大，市场竞争就变得更加激烈，为了尽可能吸引更多的消费者，说书艺人往往更为积极地从城市生活中汲取素材，并加以创新，既贴近了城市市民的心理需求，同时也刺激了扬州平话市场水平的提高。其中，柳敬亭和龚午亭就是最著名的两个。

柳敬亭原为扬州属下泰州人，吴伟业在《柳敬亭传》中如此描写这位当时最著名的平话艺人。

> 柳敬亭者，扬之泰州人，本姓曹。年十五，犷悍无赖，犯法当死，变姓柳，之盱眙市中为人说书，已能倾动其市人。久之，过江，云间有儒生莫后光见之，曰："此子机变，可使以其技鸣。"于是谓之曰："说书虽小技，然必句性情，习方俗，如优孟摇头而歌，而后可以得志。"敬亭退而凝神定气，简练揣摩，期月而诣莫生。生曰："子

---

① （清）李斗. 扬州画舫录 [M]. 北京：中华书局，1960：257 – 258.
② 韦人，韦明铧. 扬州曲艺史话 [M]. 北京：中国曲艺出版社，1985：12.

之说，能使人欢咍嗢噱矣。"又期月，生曰："子之说，能使人慷慨涕泣矣。"又期月，生喟然曰："子言未发而哀乐具乎其前，使人之性情不能自主，盖进乎技矣。"由是之扬，之杭，之金陵，名达于缙绅间。华堂旅会，闲亭独坐，争延之使奏其技，无不当于心称善也。

宁南南下，皖帅欲结欢宁南，致敬亭于幕府。宁南以为相见之晚，使参机密。军中亦不敢以说书目敬亭。宁南不知书，所有文檄，幕下儒生设意修词，援古证今，极力为之，宁南皆不悦。而敬亭耳剽口熟，从委巷活套中来者，无不与宁南意合。尝奉命至金陵，是时朝中皆畏宁南，闻其使人来，莫不倾动加礼，宰执以下俱使之南面上坐，称柳将军，敬亭亦无所不安也。其市井小人昔与敬亭尔汝者，从道旁私语："此故吾侪同说书者也，今富贵若此！"

亡何国变，宁南死。敬亭丧失其资略尽，贫困如故时，始复上街头理其故业。敬亭既在军中久，其豪猾大侠、杀人亡命、流离遇合、破家失国之事，无不身亲见之，且五方土音，乡俗好尚，习见习闻，每发一声，使人闻之，或如刀剑铁骑，飒然浮空，或如风号雨泣，鸟悲兽骇，亡国之恨顿生，檀板之声无色，有非莫生之言可尽者矣。

而另外一个传奇人物龚午亭，也是清代扬州城市市民最喜爱的评话表演艺术家之一。据朱黄的《龚午亭传》记载："上自公卿士大夫，下至村妇牧竖，莫不知有午亭。其名声流布海内。道过扬州者归其乡，人必问曰：'闻龚午亭《清风闸》否？'或无以应，则诽笑之，以为怪事。是以过扬州者，以得闻为幸，恒夸于众，以鸣得意。"从上述扬州评话两位著名艺人的传记来看，当时扬州市民文艺消费非常繁荣。就这种艺术消费整体状况而言，崇尚自由个性是一个显著的特征。

一方面，从评话创作主体的角度上说，这些评话艺人说评话往往出于谋生，即"混口饭吃"的需要，政治地位的卑微，人生经历的变故，往往使得他们更多地站在普通市民的立场上表演艺术，这就使得当时以扬州平话为代表的市民文艺生产远离了政治说教，更多地浸染了追求自由的生活观念，反映了广大江南城市在获得经济发展之后，渴望获得更多的政治自由权力，彻底解除封建政治枷锁的态度，这是扬州评话艺术的精髓所在，也是吸引市民消费的基本动力。

另一方面，从评话表演活动特点来看，评话成为当时扬州市民普及性最强的文化艺术方式之一，由于说书艺人流动性很强，除了极少数被豢养在富商家中的艺人之外，绝大多数艺人都根据消费市场繁荣状况决定表演，这不仅利于扬州城市内部市民文艺消费，也利于市民和乡下农民之间的艺术交流。因此，这个时期的扬州市民文艺消费具有非常强的流动性特征。例如，清代乾隆、嘉庆期间，由于清政府漕运盐法施行变革，扬州漕运和盐业受到直接的重创，都市经济迅速下滑，"扬州平话艺人单靠在城里献艺已无法谋生，于是纷纷转入农村，到苏北、皖北的四乡八镇献艺糊口"①。

这种依赖市场经济、远离社会政治力量控制的文艺消费方式，是由扬州城市经济发展现状及曲艺自身性质特点决定的。当城市经济繁荣的时候，吸引大量民间艺人来城市里表演，当城市经济萎缩，艺人们就走出城市到民间进行演出。主宰这种文艺发生、发展和繁荣的力量，已经不再是传统的社会政治权力，而是自由的商业市场经济。这是江南及周边地区经济型都市文化形态特有的产物。

其次，再看扬州清曲艺术的市民性特征。

清曲形成于明代中叶以后，在明末清初的时候，清曲实现了全面的繁荣，扬州则是清曲艺术繁荣的中心。扬州清曲的出现、发展和繁荣，都与明代市民的大众审美需求直接相关，它代表了扬州市民文艺深受江南城市审美文化中开放自由、活泼感性审美特征的影响。

其一，从清曲艺术的消费对象上看，扬州城市新兴市民阶层是清曲艺

---

① 韦人，韦明铧. 扬州曲艺史话［M］. 北京：中国曲艺出版社，1985：11.

术的主要消费对象，他们对自由个性有着普遍的需求。随着城市经济的发展，扬州市民阶层进一步扩大，他们对文艺的消费需求也随之膨胀。明代以前的原有曲艺消费方式，已经越来越不能满足普通市民的审美需求，"一般的市民迫切需要适应于他们的经济条件与审美趣味的新的娱乐形式出现；富商大贾们在酒足饭饱之后，声色犬马之余，也需要用一些新的方式来遣兴作乐。"① 这种建立在发达城市经济基础上的文艺活动，从一开始就获得了相对独立和自由的发展空间，大大摆脱了传统政治伦理道德的约束作用，可以自由地表达现实中人们的思想和价值追求，按照市民大众的审美趣味去创作，这就为扬州清曲注入了自由清新的艺术气息。

其二，从清曲艺术的创作和表演主体上看，扬州清曲艺术创作和表演的主体是下层普通市民，他们对摆脱政治压迫，追求自由和个性有着强烈的诉求。演唱清曲的专业艺人与评话表演者一样，大多来自城市底层，例如，歌妓在当时清曲表演中占据了相当大的比例。虽然许多艺人功成名就之后，可以享受养尊处优的生活，但是，在政治地位上，他们依然是官宦富商们赏玩消遣的工具，大部分艺人为了谋生而不得不忍受权贵富商们的驱遣。据学者研究，除了专业的艺人和歌妓，许多手工业者、店员、居家的市民、不第的文人，也都是业务的清曲艺术家。这些人长期处于卑微的政治地位，具有强烈的追求自由个性的愿望，在创作和表演中，往往把个人崇尚自由的美好愿望寄托在作品中，这就为清曲中的自由个性奠定了基础。

其三，扬州清曲表演的艺术方式和场所比较自由，与城市经济发展有着最为密切的关系，大大减少了城市传统政治力量对艺术表演的控制。早期的清曲表演主要是艺人在城市底层进行流动性的演唱，他们有的依靠走街串巷地卖唱，没有固定场所；有的在勾栏瓦肆里卖唱，以及在城市人家红白喜事的时候去唱"堂会"；还有的与其他艺人结合起来在当地著名的

---

① 韦人，韦明铧. 扬州曲艺史话［M］. 北京：中国曲艺出版社，1985：147.

风景游览区共同卖艺。"歌船"就是当时最常见的一种清曲卖唱方式，歌唱艺人乘坐小船，他们常常以一家人为单位，以船为家，顺着河流在城市内外四处漂泊。"歌船宜于高棚，在座船前。歌船逆行，座船顺行，使船中人得与歌者相歆洽。歌以清唱为上，十番鼓次之，若锣鼓、马上撞、小曲、摊簧、对白、评话之类，又皆济胜之具也。"①

其四，从清曲的内容上来看，清曲大多取材于现实生活中鲜活的真实故事，经过艺术加工改编之后，逐渐摆脱来自民间的乡野之气，经过在城市中的大量演出，最终成为明清时期具有普遍影响力的市民文艺。这种从乡野民间到城市的内容转变过程，在艺术审美精神上，就是去除江南地区乡野中农民艺术的道德伦理向城市中市民艺术自由审美的转移。对此，研究者指出：

> 清曲最初并不是纯粹的"市民文艺"，而是带有更多的田野气味的东西。也就是说，当民歌俚曲刚刚被市井中的艺人改造为清曲的时候，它并不马上就表达了市民的情感，而往往表达了广泛得多也复杂得多的农民的情感。随着它的进一步市井化，它从音乐到唱本才变成完全的"市民文艺"，它所表达的情趣、意识、思想等等也才完全是市民式的。②

郑板桥在《扬州》一诗中写道："画舫乘春破欲晓，满载丝管拂榆钱。千家养女先教曲，十里栽花算种田。"可见清代扬州民间对戏曲的热爱程度。总之，戏曲本来是当时中国江南大众休闲娱乐的重要艺术形式。扬州本土戏曲之风向来就很浓郁，到了明清时代更是百花齐放。戏曲艺术的发展，给扬州城市普通市民带来了巨大的好处，满足了广大市民的审美消费需求，促进了扬州市民戏曲文化艺术消费市场的繁荣。

---

① 韦人，韦明铧. 扬州曲艺史话［M］. 北京：中国曲艺出版社，1985：152.
② 韦人，韦明铧. 扬州曲艺史话［M］. 北京：中国曲艺出版社，1985：191.

三、扬州戏曲与盐商

扬州戏曲的发展与盐商的积极推动，有着血脉纽带关联。扬州戏曲的市民性特征的形成，也在很大程度上依赖盐商的推动。恰恰是因为盐商们对戏曲的特别嗜好，使他们为了满足自身对戏曲艺术的消费需求，不惜重金发展戏曲艺术。他们往往蓄养家庭戏班，在重要节日和日常生活中随时欣赏，不惜重金聘请名角加盟，为扬州戏曲艺术的繁荣输送了新鲜的血液。还聘请制曲名家，招集各地戏曲班社会演。在盐商们的大力资助下，扬州成为清代全国著名的戏曲中心，全国各地戏曲班社纷纷来这里表演，国内城市南北曲剧名流也大多聚于此。扬州普通市民因此才能有更多的机会去欣赏。

扬州之所以被称为戏曲艺人聚集之所，与扬州盐商的提倡、支持与扶植是分不开的，这主要体现在如下几个方面。

首先，聘请、蓄养戏曲名家。

明代扬州盐商蓄养戏曲家班的情况并不多见，"扬州盐商蓄养家乐的情形并不多见，目前可知者，仅明末的汪季玄一家"①。吴新雷指出，汪季玄的家班是明代扬州唯一的一个盐商家班②，一直到了清朝，这才成为一种风尚。清代扬州富商为了迎接皇帝巡幸，招待中央和地方官员，同时也为了满足自己对戏曲的嗜好，不惜重金聘请、豢养戏曲名家。蒋士铨、金兆燕常年寄食于江春的康山草堂"秋声馆"，厉鹗更是半生寄食于马曰璐的"小玲珑山馆"，这些制曲名家专门为扬州盐商巨贾们编演昆曲，张岱曾经称富商豢养名家为"他人之园亭，一生之别业也；他人之声伎，一生之家乐也；他人之供应奔走，一生之藏获奴隶也"③。

---

① 丘慧莹. 清代扬州盐商与戏曲活动研究［J］. 戏曲研究，2005（1）.
② 吴新雷. 扬州昆班曲社考［J］. 东南大学学报，2001（1）.
③ 张岱. 琅嬛文集：卷六：祭秦一生文［M］. 长沙：岳麓书社，1985：267.

这种说法未免过于片面，其实，盐商豢养戏曲名家并非如奴隶一般使唤，如魏长生，本为四川人，因擅长演花旦而成为秦腔名角，后来扬州，投奔江春。江春对魏长生极其敬重，演戏一出，就赠白银一千两，"演戏一出，赠以千金"。江春还常与徐班总管余淮琛饮酒游乐。① 姑且不说富商为这些艺术家们提供了优越的生活条件，让他们可以衣食无忧地投入艺术创作，单就艺术创作本身而言，有些富商自身文化造诣很高，"扬州盐商并非人人饱食终日，无所用心。其中亦不乏急公好义、重文儒雅、风雅好客的儒商，其兴办书院、结交文人、收恤贫乏、刊刻书籍、修建园林、敬宗睦祖，对扬州文化有重大影响"②。他们对戏曲也多有研究，也常常与戏曲家们一起切磋，相助戏曲创作。盐商本身也有文化素养高下之分，"其上焉者，在扬州盛馆舍招宾客，修饰文采，在歙则扩祠宇置义田，敬宗睦族收贫乏；下焉者则但侈服御居处声色玩好之奉，穷奢极靡，以相矜炫已耳"③。也就是说，只有那些盐商中的"下等"，才会穷奢极欲炫富斗狠，那些上等盐商大多是喜好吟诗结社的饱学之士。他们有足够的文学修养与艺术家们切磋，甚至亲自参与到戏曲创作中。如戏曲家蒋士铨与江春交往密切，其敷演白居易《琵琶行》故事的《四弦秋》杂剧，就是由江春倡议编撰的，编撰时间为壬辰（乾隆三十七年，1772）秋，编撰地点则是江春家的秋声馆。江春为之撰写了序言，复有题诗。④ 盐商方成培改编了《雷峰塔》一剧，成为现代"白蛇传"戏剧故事的蓝本。

扬州盐商们聘请来的名家，有的是当时戏曲制作家，有的是著名演员，他们或直接参与制作戏曲，或从事舞台表演。前者如蒋士铨，蒋士铨本为江西人，乾隆间进士，工于诗、南北曲。其所作传奇、杂剧《鸿雪楼

---

① 朱宇宙. 清代扬州盐商与戏曲 [J]. 盐业史研究，1999（2）.
② 丘慧莹. 清代扬州盐商与戏曲活动研究 [J]. 戏曲研究，2005（1）.
③ 许承尧. 歙县志：卷一 [M]// 朱宇宙. 清代扬州盐商与戏曲 [J]. 盐业史研究，1999（2）.
④ 朱万曙. 清代扬州徽商与戏曲 [J]. 浙江艺术职业学院学报，2015（3）.

九种曲》：传奇有《香祖楼》《雪中人》《临川梦》《桂林霜》《冬青树》《空谷香》六种，杂剧有《四弦秋》《一片石》《第二碑》三种。九种曲中《空谷香》《四弦秋》二种，就是他常住江春草堂的秋声馆期间创作完成的。后者如魏长生来到扬州后，当时扬州众多伶人都拜他为师，这直接影响了扬州花部，甚至连昆腔的根据地苏州，昆腔演员都想学秦腔，苏州伶人不仅"乱弹部靡然效之，而昆班子弟，亦有倍师而学者"①。

又如郝天秀，郝天秀本为安庆人，后来加入春台班，郝天秀的表演柔媚动人，直令观众销魂，人称"坑死人"。赵翼在《坑死人歌为郝郎作》一诗中说："扬州曲部魁江南，郝郎更赛古何戡。出水莲初杲日映，临风绪柳淡烟含。广场一出光四射，歌喉未启人先憨。铜山倾颓玉山倒，春魂销尽酒行三。遂令天下父母心，不重生女重生男。"

其次，富商们不惜巨资组建戏班。清代扬州的每年祝厘之日的公事演戏，演出任务由两淮盐务衙门负责，但是，承担具体演出任务的戏班都是由盐商们自己出资组建的"内班"。李斗在《扬州画舫录·新城北录下》卷五里记载了八大内班。

> 两淮盐务，例蓄花雅两部以备大戏。雅部即昆山腔。花部为京腔、秦腔、弋阳腔、梆子腔、罗罗腔、二簧调、统谓之乱弹。昆腔之胜，始于商人徐尚志征苏州名优为老徐班，而黄元德、张大安、汪启源、程谦德各有班，洪充实为大洪班，江广达为德音班，复征花部为春台班，自是德音为内江班，春台为外江班。今内江班归洪箴远，外江班隶于罗荣泰，此皆谓之内班，所以备演大戏也。

从班主姓氏看，大多都是徽商蓄养的戏班。"这八大内班的班主，都是扬州盐商的总商或首总，且'尚志''元德''元德''大安''启源''谦德''充实''广达'都不是家乐主人的真名，而是盐商的旗号。"②

---

① 沈起凤. 谐铎·南部：卷十二［M］. 北京：人民文学出版社，1985：176.
② 丘慧莹. 清代扬州盐商与戏曲活动研究［J］. 戏曲研究，2005（1）.

徐柯《清稗类钞·戏剧类》记载了乾隆时期江淮盐商重金资助昆曲演出之事：乾隆时，淮商夏某家之演《桃花扇》，与明季南都《燕子笺》之盛，可相颉颃。淮商家豢名流，专门制曲，如蒋苕生辈，均尝涉足于此，故其为昆曲最盛时代。①

（《春江花月夜·唯美扬州》实景演出）

扬州盐商江春酷爱戏曲，不惜重金组建昆曲家班"德音班"、花部家班"春台班"，建有康山草堂"秋声馆"，是用于演出昆曲的主要场所。《消寒新咏》记载："癸丑夏，集秀扬部到京。闻其当行各色，富丽齐楚，诸优尽属隽龄。一日，友人式南自歌馆回，艳称是部足冠一时。"② 这里的集秀扬部是仿苏州昆班"集秀班"而得名的，但它更是一个昆乱兼演的戏曲班社。周育德认为，很有可能是江春组建的春台班，后来成为徽班春台班组班的基础。③

关于明清时期盐商家庭戏班，台湾学者丘慧莹统计，明代唯一的盐商家庭戏班是汪季玄家庭戏班，但是这个戏班并没有在汪季玄身边存在太久，前后只有五年左右的时间，汪氏就将这个戏班送给了范长白。"今范益两班，其一自广陵来，余友季玄所教成，忽以赠长白。长白悦而优视

---

① （清）徐柯. 清稗类钞·戏剧类"昆曲戏"［M］. 北京：中华书局，1984：5013.

② 铁桥山人等. 消寒新咏［M］. 周育德校刊. 北京：中国戏曲艺术中心内部资料，19.

③ 周育德. 名噪都下得集秀扬部——读《消寒新咏》所见［J］. 戏剧学习，1982（4）.

之。"清代扬州家庭戏班，最著名如泰兴季氏、亢氏、马氏、八大内班、黄漻泰等。

　　盐商们为了组建戏班，不仅网罗扬州当地的戏曲名家，还从全国各地聘请名家，有力地推动了扬州戏曲艺术的繁荣发展。如扬州富商江春最初征聘本地乱弹组成了春台班，只是在某些特定节日时才演出的"台戏"，但是春台班并无全国著名的演员，为此江春重金聘请国内名角，这样加速了扬州本土戏曲对外来戏曲的吸收。

　　　　但是，毕竟本地乱弹无名角，不出名，为了自立门户，故而江春
　　　　征聘四方名旦，如苏州杨八官、安庆郝天秀加入春台班，大大增强了
　　　　实力。而杨八官、郝天秀又博采四川魏长生之秦腔和京腔中之优秀部
　　　　分，于是，春台班又合京、秦二腔。这样，春台班中演员既擅京、
　　　　秦、二簧，又擅昆腔，他们既能扮演雅部戏，又能扮演花部戏。①

　　盐商对全国各地名角的网罗，使得扬州成为清代国内戏曲中心。《扬州画舫录》卷五记载，昆腔名优，有"家门"的副末 5 人，老生 10 人，正生 2 人，小生 6 人，老外 7 人，正旦 6 人，小旦 17 人，老旦 6 人，大面 14 人，二面 9 人，三面 10 人；"家门"未详的 2 人。而这些名优分属盐商徐尚志的老徐班，洪充实的大洪班，江广达的德音班和春台班，以及黄元德、张大安、汪启源、程谦德等人的各个班。这些戏班名角荟萃，百花齐放。如春台班的篙玉林，本为苏州人，但其化妆花样全是采自扬州，"花攒螺髻戒风流，堕马环鸦给玉钩。八字排梳梳笼后，有人亲见学扬州"②。集秀扬部的名演员众多，如王喜龄一名双喜，声色俱，昆乱不挡，"演戏精妙，足为集秀部出色传名"③，甚至京城的一些名家，最初都是在扬州唱红的。如春台班的蔡三宝，原本是扬州戏班的著名人物，在唱红以后，

　　① 朱宇宙．清代扬州盐商与戏曲［J］．盐业史研究，1999（2）．
　　② 小铁笛人．日下看花记：卷二［M］//张次溪．清代燕都梨园史料［M］．北京：中国戏剧出版社，1988：68.
　　③ 铁桥山人等．消寒新咏［M］．周育德校刊．北京：中国戏曲艺术中心内部资料，59.

才随着徽班进京。

> 素著声于邢上……入都后，浏览梨园习尚，步武长生，别开生面，穷形尽相，一味淫佚科诨，以供时好。……一时有"赛魏三"之目。然偶见其演昆部诸剧，活泼中仍自露其本领，固非后辈所能企及，音调则弦管相随，换羽移宫，自然人化。①

如此多的国内名角迅速集中在扬州，与盐商们巨大的金钱投入有直接的关系。虽然不能低估这些名角为艺术而来扬州的高尚，但是，同样不能掩盖盐商在戏曲上耗费的巨大财力作用。如号称"北安西亢"的盐商亢氏，本为山西人，他在扬州建有亢园别业，临河造屋一百间，当地人称为"百间房"。王友亮《双佩斋集》记载：《长生殿》传奇初出，亢某"命家伶演之，一切器用，费镪四十余万"。江春的德音、春台两家班，每年开销三万两。即使到了清朝末年，大量盐商家道衰落，甚至破产，盐商一掷千金的豪情不再，对戏曲的投入严重减少，仍然有少数富商还保留庞大的戏班，如总商黄潆泰（至筠），仍蓄有家班，伶工多达二三百人，其戏箱值银二三十万两，演《琵琶记·赏荷》和《浣纱记·采莲》，布景皆用给纱丝绸做成，场面阔绰。

> 河厅当日之奢侈，乾隆末年，首必蓄梨园。……同时奢靡者为关东之洋商，汉口、扬州之盐商，苏州之铜商，江苏之州县，其挥霍与大半与河厅相上下。……道光中，陶文毅公改票法，扬商已穷困。然总商黄潆泰尚有梨园全部，殆二三百人，其戏箱已值二三十万，四季裘葛递易，如《吴主采莲》《蔡状元赏荷》，则满场皆纱縠也。②

可见盐商们对戏曲的重视程度和投入之多，如果没有这些盐商的巨额投入，就不会有扬州戏曲的繁荣。

---

① 小铁笛人.日下看花记：卷三［M］//张次溪.清代燕都梨园史料［M］.北京：中国戏剧出版社，1988：78.
② 金安清.水窗春呓［M］.北京：中华书局，1984：42.

清朝末年，扬州日渐衰落，许多盐商破产，对于扬州盐商的衰落，乾嘉时人张云傲《客怀杂感》曾有所描述。

> 扬州多富商，大厦连云高。门前车马盛，门内笙歌嘈。司阍六七辈，一一长襦袍。行者为驻足，仰之如绛霄。迟之才十年，转瞬风轮飘。昨日过东家，门巷风萧萧。为言主人死，事业如冰消。今日过西家，虚馆生蓬篙。为言有讼事，宛转愁呼号。家家题卖帖，永闭双镶牢。万事若流水，今我两鬓搔。富贵不可恃，始觉贫贱骄。①

扬州戏曲也随之受到重创。"梨园风景逐年荒，白发伶工尽散场。怪我当歌增旧感，记曾天宝听《霓裳》。"② 扬州盐商昔日那种"扬州好，盐荚甲寰区。金穴铜山夸敌国，富商大贾集成都。奢靡世间无"③ 的奢华富丽，最终化为如梦如幻的故事。

> 咸丰之后，由于战乱，两淮盐业更是雪上加霜，一蹶不振，扬州经济文化结构解体，扬州剧坛趋于衰歇。此后扬州戏曲虽仍有发展，但地位已不如以前重要，南方戏曲中心已经转移到后来发展起来的上海。④

后人对扬州盐商的奢侈消费往往不遗余力地夸耀，却少有关注他们为扬州文化做出的巨大贡献。通过对扬州盐商对戏曲发展起到的作用的梳理，我们可以说这些成就也足以记入史册。

---

① 李坦. 扬州历代诗词（三）［M］. 北京：人民文学出版社，1998：401.

② 陈晋元. 扬州历代诗词（三）［M］. 北京：人民文学出版社，1998：80.

③ 谈蓉舫. 扬州历代诗词（四）［M］. 北京：人民文学出版社，1998：450.

④ 杨飞. 两淮盐商的衰落与扬州戏曲中心的嬗变［J］. 中华戏曲，2008（1）.

第九章

诗画小说，文艺镜像幻亦真

——扬州文学艺术资源

傅崇兰在《中国运河城市发展史》中说，"扬州城市的一山一水，一草一木几乎都被唐宋诗人写遍了。以至于清代的李斗在写《扬州画舫录》时，每写到一处园林或一处小景致，大部分都用唐宋诗人留下的诗句编成的对联来加以说明，而且这样作似乎已经很够了"①。

的确，论及扬州，不能不和文学艺术联系起来，"十年一觉扬州梦，赢得青楼薄幸名"，后人对扬州的神往，很多源自杜牧的这首诗。在不能绕开的文学艺术层面，本文从诗歌、小说、绘画等方面揭示扬州丰厚的文学艺术资源。

一、唐诗中的扬州空间

在汪洋似海的唐诗中，以繁华都市为审美对象的诗歌创作蔚为大观。其时的扬州，商贾如织，青楼林立，文士毕集。唐诗对它的描写几乎切入到都市空间的每个向度，这些绚烂至极的唐诗，引领读者进入一个复杂的、多元结构的"扬州都市空间"。

一方面，诗中的扬州具有物理和心理意义上的双重维度，在本质上可以被看作一种相对静止的、固定的"容器"，即在物质性、地理性的维度上，诗歌中的扬州是客观的、真实存在的地理空间，是审美主体作为触发

---

① 傅崇兰. 中国运河城市发展史［M］. 成都：四川人民出版社，1985：399.

点或感知的基础。在中国古代诗词中，空间的描写是以地理框架为其主要的物质性基础的，这就是西方索亚所说的"第一空间"。①

在精神性、心理性的维度上，唐诗中的扬州都市又是主观的、虚构的情感世界。这种"人心营构之象"，是容纳诗人主观情感的"容器"，即"第二空间"。

另一方面，由于空间的内涵并不局限于几何学、物理学的框架，还超越了客体的"第一空间"和主体的"第二空间"，具有西方后现代社会学家"三元辩证法"意义上无限开放的维度。它通过再生产、再创造而形成的新的空间，超越物质的、精神的空间，生发特殊的意义和价值，即"第三空间"。

相对于西方后现代语境下的"第三空间"，唐诗中扬州都市则是一种"审美空间"。从社会学维度上的"第三空间"，生发出美学意义上的"审美空间"的学理性基础，正如"第三空间"自身的产生已经溢出了几何学向度的"第一空间"和精神性向度的"第二空间"一样，充满无限意蕴的"第三空间"不可能拘泥在纯粹的社会学、政治学的维度下，必然在审美的向度上延展、拉伸成为中国古典诗词的重要概念，即"审美空间"。对此，国内学者早有定论："我们借鉴当代西方的空间理论，来谈论中国古典诗词的审美空间，以此来扩展我们对古典诗词的理解向度。那么，我们这样做的作用还可以将西方空间理论的社会学思路，纳入到美学的轨道上来。"②

具体而言，作为"审美空间"指称的唐诗中的扬州都市"第三空间"内涵可以简单概括为"人对于空间的生产"和"空间对人的生产"两个方面：就前者而言，审美主体以自身的活动创造了各种各样的现实物象，这些物象在唐代扬州都市特定的空间平铺延展，最终创造了唐代扬州都市

---

① 张晶. 中国古典诗词中的审美空间［J］. 文学评论，2008（4）：45-51.
② 张晶. 中国古典诗词中的审美空间［J］. 文学评论，2008（4）.

丰富多彩的空间形态；就后者而言，审美主体立足于自身开辟的空间形态中，但是，审美主体并不是无动于衷的处身其间，而是在生产这些空间的同时，也被这些空间塑造着。

首先，就"第一空间"而言，唐诗中的扬州以"江海扬波"的独特自然景观为对象，由此构建"第一空间"的基本特征和表层形态。

相传大禹治水后，天下划分为"九州"，扬州因为"江海扬波"而得名。考古学研究也证实，距今约6500年前，扬州位于长江和大海的交汇处，地理位置类似于今天的上海，属于典型的"襟江带海"。作为扬州城市起点的古邗城"南沿临蜀冈南麓断崖，断崖下即为长江"①，扬州城址沿江而建的特点一直延续至唐代。② 唐时，长江仍在扬州城附近流入大海，江海交汇，由此形成弯曲的巨大喇叭形状的河口。"那时在圌山以上的扬州湾内，散布着'开沙'等沙洲，使江流分汊，北支在扬州城东形成曲江，湾道水浅，由东海汹涌而来的海潮，经开阔的海湾乍入曲江湾道隘处，又被水下的沙坎所激逼，形成汹涌澎湃的涌潮。即历史上有名的'广陵潮'。"③ 唐诗经典《春江花月夜》中的"春江潮水连海平，海上明月共潮生"就是深受当时扬州地理因素的影响，"实际上是艺术地再现了广陵南郊近江处的自然风光"④。早期扬州也与大海血脉关联。江淮之间的海岸线一度向西推进，最远处达扬州高邮湖西岸，距今4000年左右，江淮东部受到大规模的海侵，阜宁至海安一线以东地区还未形成稳定的陆地。⑤ 也就是说，历史上的海侵导致了扬州以下是海湾，以上才具有真正的江型。唐代扬州仍是国内最著名的海港城市。刘希夷的《江南曲》、孙逖的

---

① 朱福烓，许凤仪.扬州史话［M］.南京：江苏古籍出版社，1985：7.
② 傅崇兰.中国运河城市发展史［M］.成都：四川人民出版社，1985：94.
③ 王育民.中国历史地理概论（上册）［M］.北京：人民教育出版社，1985：184.
④ 葛永海.历史记忆与现世沉迷：唐诗中的金陵与广陵——以江南城市文化圈为研究视阈［J］.浙江社会科学，2009（2）.
⑤ 张之恒.长江下游新石器时代文化［M］.武汉：湖北教育出版社，2004：5.

《扬子江楼》、万齐融的《送陈七还广陵》、李颀的《送刘昱》等，都鲜明地塑造了唐代扬州都市"江海扬波"的地理空间，这成为扬州区别于其他都市空间的基本特征和表层形态。

扬州都市"第一空间"表层形态的背后，则是具有地方经验的深层空间结构，主要表现在两方面。一是万舸千帆、虹桥水郭的运河城市地理空间；二是古寺林立、烟雨迷蒙的"江南"宗教圣地。

对于前者，唐诗构建了不同于内陆城市的运河城市空间。运河对于扬州都市空间的塑造具有决定性的作用，扬州城市环境的改善和演变，城市居民的生活，都依赖于运河，甚至扬州城郭形状的形成，也与运河大有关系。① "它使扬州流动、活了起来。"② 扬州都市的运河空间在唐诗中随处可见："园林多是宅，车马少于船。"（姚合《扬州春词三首》）"山映南徐暮，千帆入古津。"（卢纶《泊扬子江岸》）"万舸此中来，连帆过扬州。"（李白《经乱离后天恩流夜郎忆旧游书怀赠江夏韦太守良宰》）"夜桥灯火连星汉，水郭帆樯近斗牛"（李绅《宿扬州》）"隔江城通舶，连河市响楼"（李洞《送韦太尉处坤维除广陵》）等，这些诗歌是唐代扬州运河城市大放异彩的最重要的文学呈现。

对于后者，唐诗中的扬州是让世人内心躁动不安归于平和的圣地。唐代的扬州，名刹古寺遍布，高僧辈出。唐初扬州尚存的前朝寺庙就多达65个。③ 禅智寺、大明寺、天宁寺是全国著名的寺庙。崔峒的《宿禅智寺上方演大师院》、张祜的《禅智寺》《纵游淮南》、杜牧的《题扬州禅智寺》、赵嘏的《题禅智寺南楼》等，凸显了喧闹都市中寺庙净土的纯美。其中，最著名的是张祜的《纵游淮南》"人生只合扬州死，禅智山光好墓田"，不仅把扬州都市升华到人间天堂的地步，而且，在"事死如事生"的观念

---

① 傅崇兰．中国运河城市发展史［M］．成都：四川人民出版社，1985：140.
② 朱宇宙．盐商在扬州扮演的社会角色［J］．扬州大学学报，2011（1）.
③ 李廷先．唐代扬州史考［M］．南京：江苏古籍出版社，2002：491 – 501.

深入骨髓的封建时代，扬州的寺庙圣地成为人生归宿的理想之乡，开辟了一个清幽圣洁的"向死而在"的空间。扬州大明寺，李白、高适、刘长卿、刘禹锡、白居易等著名诗人均有作品传世。他们或描写该寺外观的雄奇伟岸，如李白的《秋日登扬州栖灵塔》；或描写踏入圣地感慨嘘唏、厌倦红尘的落寞，如高适的《登广陵栖灵寺塔》；或激发斗志、勉励前行的抱负，如刘禹锡的《同乐天登栖灵寺塔》，诗人通过文字让大明寺成为文人感怀激烈的神圣空间。而刘禹锡《谢寺双桧》、温庭筠《法云寺双桧》、张祜《扬州法云寺双桧》等，通过对天宁寺的描写，开辟了一个伤感神秘的宗教场域。

"南朝四百八十寺，多少楼台烟雨中。"上述诗歌中飘逸着晨钟暮鼓的宗教情怀，静谧的宗教情感弥漫于都市的角落，缠绕着扬州都市的诗性文化内蕴，由此在繁华喧闹的商业都市中开辟了一个幽静神圣的江南宗教空间。它如同一个巨大的"容器"，以磁石般的强大吸附力，包容、聚集了意气风发的豪绅官宦、落魄失意的文人儒生、风流倜傥的名流贤士，扬州成为他们精神的栖息地。

其次，就"第二空间"而言，唐诗无论是对扬州都市繁荣的向往羡慕，及时行乐的放纵情欲，抑或对历史兴亡的凭吊感伤，都是诗人们在现实社会生活状态中的心灵构建，他们以敏感的触须在扬州都市的每个角落自由伸展，由此构成一幅色彩斑斓、五光十色的唐代文人情感世界。对此，可以从如下几个方面加以阐释。

一是唐诗营造了及时享乐、放纵欲望的都市情感空间。诗中的扬州是人们精神深处的温柔富贵之乡，人们有着精明、灵巧、独立、奔放的个性人格，追求世俗生活的快乐。他们在节日时纵情欢娱："扬州寒食春风市，看尽花枝尽不如"（赵嘏《赠歙州妓》）；或斗鸡、走马："上鸣间关鸟，下醉游侠儿"（马戴《广陵曲》）；或狎妓听曲："掩笑频欹扇，迎歌乍动弦"（刘长卿《扬州雨中张十宅观妓》）。杜牧的《润州三首》云："画角爱飘江北去，钓歌长向水中闻。扬州尘土试回首，不惜千金借与君。"《唐诗鼓吹评注》解释道："画角之声飘江北而去，渔人之唱向月中而闻。回望扬州风景，故来艳冶之处，当不惜千金之费，与君买笑追欢也。"① 扬州已溢出了具体的地理范畴，悄然凝结为高度的精神空间，成为世人心目中的乐土，俨然是人间最繁华的都市，在扬州享受人生成为"大众的梦"。

安逸享乐思想上升为城市主导形态，与扬州"人性轻扬"的土著习俗和世俗功利的"商埠型都市"伦理道德相关。扬州一向"人性轻扬"，经济的发展又导致都市社会观念的变化，人们不再视从商为低贱的职业，而是对富商巨贾极尽钦佩景仰之情。他们艳羡商人生活的奢靡浮华，渴望着现世的欲望。权德舆《广陵诗》云："且申今日欢，莫务身后名。肯学诸儒辈，书窗误一生。"透过这幅世俗生活的卷轴，可以看见维系扬州城市生活的独特的价值理念，以及鼓涌在诗人心中复杂暧昧心态。诗人们借助这种生活排遣自身的忧患和焦虑情绪，挥霍着生命的快乐。从赵嘏称扬州为"醉乡"，张祜的"人生只合扬州死"，都可看出他们寂寞的心绪与扬州的繁华相融合，形成了一种享乐安逸、世俗消费的生活态度和情感倾向，一切都在证实着"扬州人喜爱生活中的歌楼，仰羡的是富商大贾"。② "广陵城市文化更注重实际利益，诗人们沉溺于世俗生活的快乐，追求感官的各种刺激。"③

二是唐诗中的扬州是包孕着绵长的历史兴亡更替、怀古伤今的精神空间。唐代紧承隋朝，隋炀帝曾数次南下扬州，龙舟风舸，千里沸腾。扬州这段曲折复杂的历史积淀，催生了诗人们自觉反思的沉痛与愤懑。刘长卿的《春草宫怀古》、杜牧的《州三首》、罗隐的《炀帝陵》、李商隐的《隋宫》等，均关心国家兴亡更替，叹古怀昔，用前人的教训来警戒晚唐这个

---

① 钱谦益，何焯．唐诗鼓吹评注（卷六）[M]．石家庄：河北大学出版社，2000：296.
② 高有鹏．唐代扬州民俗文化初论 [J]．民俗研究，2000（4）.
③ 葛永海．历史追忆与现世沉迷：唐诗中的金陵与广陵——以江南城市文化圈为研究视阈 [J]．浙江社会科学，2009（2）.

风雨飘摇的忧患时代，表达当时文人对国家前途命运的普遍关注，由此构建了一个庞大的文人群体内心感伤焦虑的心灵空间，为我们徐徐展开了一幅扬州都市文明发展的历史卷轴。

三是唐诗塑造了商人、商妇不为人知的辛酸凄冷的情感空间。唐代扬州云集着全国各地的商贾，"商贾如织"①，富商大贾"动逾百数"。但是，光鲜生活的背后，常常掩盖着不为人知的情感。对于商贾生涯的艰辛，刘驾的《贾客词》云："贾客灯下起，犹言发已迟。高山有疾路，暗行终不疑。寇盗伏其路，猛兽来相追。金玉四散去，空囊委路岐。"对于商妇们在孤独、寂寞中尝尽相思之苦，有诗云："扬州桥边少妇，长安城里商人。三年不得消息，各自拜鬼求神。"（王建《江南三台四首》其一）商妇们一面担心着丈夫，只求其平安，一面又感叹青春就在无尽的等待中逝去，以至"悔作商人妇，青春长别离"（李白《江夏行》）。刘驾的《贾客词》云："扬州有大宅，白骨无地归"，"少妇当此时，对镜弄花枝"，商人在外已死而妻子在家仍盼望着丈夫归来，这些情感场域的塑造，在整个唐代以扬州为审美对象的诗歌中，恰如整个繁华喧闹大都市最底层的一个角落，引领读者倾听扬州都市铅华洗尽后的痛苦呻吟。

最后，唐诗中的扬州还是富有深层意蕴的都市"审美空间"，这些是扬州审美文化资源的重要内容。对此可以从如下几个方面加以阐释。

第一，唐诗中扬州都市"审美空间"的创造，是以地理向度的"第一空间"和情感向度的"第二空间"为基础，通过融合汇通感官视觉、情感体味，在人类普遍情感基础上，以艺术化的方式构建起来的具有无限意味的审美想象空间。

物质性的空间和主观性的情感体味是"审美空间"的现实材料和基础框架。刘长卿《送子婿崔真甫李穆往扬州四首》、刘希夷的《江南曲》、孙逖的《扬子江楼》、万齐融的《送陈七还广陵》、李颀的《送刘昱》、王

---

① 洪迈. 容斋随笔［M］. 上海：上海古籍出版社，1978：122.

维的《同崔傅答贤弟》等诗歌，都依据具体感性的地理空间，使得读者有了身临其境的审美情感。

以张祜的《纵游淮南》为例："十里长街市井连，月明桥上看神仙。人生只合扬州死，禅智山光好墓田。"诗中的十里长街、月明桥、禅智寺、山光寺都是扬州具体真实的地理空间，通过具体的扬州都市地理景点，为读者绘制了一幅逼真的扬州都市空间图景：街道繁华，游人如织，商旅不断，站在明月桥上，看着如云的扬州歌妓，令人遥想翩翩。寺庙周围风光秀美、景色宜人，不仅是游览消闲的好去处，就是死了作为墓地也算得上人生的大幸。该诗的魅力在于借助具体可感的形象，获得了一个深邃辽阔的审美想象空间，沿着具体的地理空间和个体的情感世界，把读者的审美感知引向一个在唐代文人心目中的理想境界，触动读者内心对风光无限的遐想和难以言表的感伤。诗中"人生只合扬州死"，超出了都市繁华、感官享受的层面，实现了对人的生存哲理性的反思，诗歌获得了切入肌肤、深入骨髓的审美力量。这是一个典型的超越具体感性视觉和私人情感的"审美空间"的创造。

第二，受到唐代文人狎妓之风时代风气的影响，唐诗对扬州都市"审美空间"的构建，往往超越了诗人主体心理的情感，而具有了普遍性的"情感的形式"的意义，由此积淀了"扬州梦"的深层意蕴。

"十年一觉扬州梦，赢得青楼薄幸名。"作为唐代描写风月青楼最著名的诗人，杜牧的青楼风月诗带有强烈的个人情感倾向性，诗中青楼故事的地点是特定的，即历史上真

（杜牧）

实的扬州都市，对扬州都市的青楼狎妓之风的描写，属于唐代扬州都市社会客观情况的真实再现，加上杜牧多次到访扬州并生活的真实经历，都成

为诗歌中"扬州梦"这一审美空间创造的最直接因素。在这个意义上，杜牧诗中的扬州之情是具体的，是诗人个体眼中的"扬州梦"，在本质上属于黑格尔说的"这个"。

但是，诗篇至今保持经典的魅力，从根本上说还与该诗"审美空间"塑造出的"扬州梦"深层审美意蕴有着血脉关系。诗中扬州不仅限于单纯的地理概念和诗人主观情感，已经在地理学的向度上伸展到历时性和社会性的维度。就历史性而言，扬州的繁花似锦承载了太多的历史厚重感，今天的繁华是建立在历史上无数变故的基础上的，历史兴亡、伤感别离的情感已完全浸透在这个城市中，对这个城市的描写也体现了作家内心复杂的情绪。当春风得意之时，城市可以成为伸展个人抱负、抒发理想壮志的地方，当理想受挫之际，城市又成为纵情声色、颓废忘忧的地方。"落魄江湖"一句就是对作家这种心理状态的直接描述，"十年一觉"则是历史沧桑、光阴易逝、及时行乐的历史感的鲜活体现。就社会性而言，扬州都市是著名的风月城市，经济繁荣、政治自由、狎妓盛行，这是唐代扬州都市社会重要的特征，本诗以青楼梦好为题旨，在表达诗人主观感情的同时，也彰显了唐代扬州都市社会的基本维度。杜牧的扬州梦首先属于那个时代普遍的狎妓之风，属于才子文人心中的一个普遍情结。唐代进士科本来就与娼妓文学有着特殊的关系，对此，陈寅恪先生曾在《元白诗笺证稿》中有过相关的论述。杜牧的《赠别》《寄扬州韩绰判官》、王建的《夜看扬州市》、李绅的《宿扬州》等诗篇，诗人把个体的情感与广阔的社会性和悠远的历史性联系在一起，从而把个人的或失落、或得意的情感提升到审美的高度，从而构建了唐代诗歌中以扬州都市青楼为主题的复杂的审美情感空间，使得诗歌中扬州都市审美空间闪烁着金属般的光泽。在这个意义上，诗歌中的扬州又超越了"这个"而具有"这一类"的普遍情感意义，具有了唐代文人"种族的记忆"特征。这既是唐诗中的"扬州梦"能够穿越千年的时空，让无数文人为之感慨唏嘘的重要原因，也是"扬州梦"

的深层审美韵味所在。

第三，唐代诗歌构建的扬州都市审美空间，和历史性的时间感勾连在一起，从而形成一个融时间向度的历史性和空间向度的质感于一体的"审美时空"。

从美学层面而言，时间和空间属于诗歌审美境界构建的重要形式，当二者融合为一体，历史性的向度向空间性的向度展开，以及空间性的向度向历史性的向度延伸，这就形成了诗歌中的"审美时空"。如果说现实时空是客观存在的时空形态，心理时空是主体对时空的心理感受形态，那么，"审美时空"则是艺术创造主体在艺术作品中所创造的时空形态，它"是美本身的存在形式，是艺术作品提供给人们的审美感知所栖息、所徜徉的灵境。它虽然不同于现实时空，心理时空，但又是以现实时空为参照、以心理时空为基础的"①。

以李绅的《宿扬州》为例，该诗塑造了扬州都市当下现实和历史过去双重的时空，长江、烟波、大潮、落叶、鸿雁、楚泽、帆船等，都是扬州都市当下的现实的具体景观，同时也是过去发生的景观。诗人着意表现的当下景观物象，在客观上与历史景观是重合的。"夜桥灯火连星汉，水郭帆樯近斗牛"写的是唐代扬州都市夜市的繁华景观，唐代扬州出现了夜市，属于当下特有都市空间。但是，这个景观却被诗人置换在隋朝覆亡、唐朝兴起的历史变更的场域之下，"今日市朝风俗变，不须开口问迷楼"。隋代的扬州也曾繁华一时，而当时最著名的莫过于隋炀帝修建的"迷楼"，这里的迷楼和上句的夜桥是两个关键的审美意象，迷楼是隋炀帝时代的产物，夜桥是唐代的产物，虽然隋朝在历史上存在的时间非常短暂，二者相比看起来缺少千年交替的历史沧桑感，但是，唐代不仅是在隋代断壁颓垣的废墟上兴起的，而且，隋炀帝的覆灭恰恰是沉迷于荒淫奢侈的生活导致的，这就使得迷楼折射的隋朝和夜桥折射的唐代之间形成了巨大的历史反

---

① 张晶.中国古典诗词中的审美空间［J］.文学评论，2008（4）.

差，深邃的历史感充盈弥漫于诗中，为扬州都市蒙上了厚重悲怆的审美韵味。

杜牧的《题扬州禅智寺》也构建了类似的审美时空。在这首诗中，暮霭下的树木，斜阳下的小楼，既是当下日暮拉起、夕阳滑落时候的具体景观，同时也寓含了历史兴衰、人生迟暮的历史感伤，把诗人杜牧人生际遇的惆怅若失、欢娱安逸两种不同的生活空间与历史阶段缝合起来，融化为荡漾在那个年代文人心中共同的失落情怀，从而创造了一种在日常平静生活景观状态下，历史兴亡交替振聋发聩的巨响。李益的《汴河曲》则把这种审美时空的生发推向更加悲怆而沉重的境界："汴河东流无限春，隋家宫阙已成尘。行人莫上长堤望，风起杨花愁杀人。"这首诗并没有直接写扬州，而是借助汴河来写隋炀帝开凿运河去扬州游玩最终导致覆亡，"隋家宫阙已成尘"一句凸显历史兴亡的时间感，与当下长堤上的杨花结合起来，历史性的时间性的向度向着当下扬州空间性的向度急转而下，借助历史沿革兴废更替这个线性的时间，在隋朝的荒冢和长堤上的杨花这个具体的审美意象中，一个萦绕在读者头脑中的"审美空间"，如同一匹绚烂至极的锦缎，婉转地平铺开来。

二、"扬州小说"与扬州

唐宋以来，叙事文学创作成就凸显，扬州名满天下，以扬州为故事发生背景，描写扬州人事风物的"扬州小说"逐渐增多。到了明清，小说和扬州城市经济双双攀至巅峰，"扬州小说"呈现出集体爆发的态势。在众多"扬州背景""扬州题材"小说中，有的是对唐代"扬州小说"的"接着说"和"进一步说"，有的只是明清特定时代的产物，它们的出现逐渐打破和重构着唐传奇"扬州小说"的范畴。

首先，看看"扬州小说"的创作群体。

所谓的"扬州小说"并不是一个被学界严格界定的术语，而是对唐宋

以来小说聚焦扬州地域文化现象的笼统描述，指的是唐宋以来小说作者
（包括创作、编纂、刊刻）出于对扬州文化的认同，成为"为扬州文化所
化之人"，以扬州地理空间作为小说故事发生的重要场景，以扬州社会生
活、文化风情、价值观念等社会空间和审美文化空间为主要内容，典型地
体现当时扬州人的心态，表达对扬州生活独特反思的风格旨趣相近的话
本、小说和笔记。

最具合法身份的"扬州小说"创作者是哪些人？我认为，他们对扬州
生活有着长期经历或深切体会，对扬州文化有强烈的文化认同感，以扬州
人的心态、立场对扬州生活独特反思的人。简言之，扬州小说创作群体是
扬州文化理念与精神的历史承载者与创造者。陈寅恪论及王国维对中国文
化理念与精神的历史承载，提出了"表现此文化之程量愈宏"者即"为此
文化所化之人"①，这同样适用于扬州小说创作群体对扬州文化的承载与
创造，可以把扬州小说的创作群体称为"为扬州文化所化之人"。

"为扬州文化所化之人"，强调的是成长于扬州文化的大背景，根本特
征是与其他区域文化历史承载者截然不同的审美主体。一方面，扬州虽然
地处江北，但在气候地貌、人文精神等方面，与唐宋以来环太湖为核心区
的江南有着家族遗传类似性，所以，唐宋以来的扬州往往超越了地理意义
的江北而成为文化意义上的江南。② 在这个意义上，成长于江南文化，对
江南文化的长期生活体验，有助于增强扬州文化的认同感，这是"为扬州
文化所化之人"的大背景，因此，"为扬州文化所化之人"并不限于土生
土长的扬州人，还包括深受江南文化影响的非扬州籍人，即有过长期的江
南生活体验，亲身经历或相当熟悉扬州生活，以扬州人的心态和立场，自
觉担当扬州文化的历史承载者与创造者。

例如，唐代李公佐《南柯太守传》，于邺《扬州梦记》都是最著名的

---

① 陈寅恪. 寒柳堂集·寅恪先生诗存［M］. 上海：上海古籍出版社，1980：6.
② 张兴龙. 江南文化的区域界定及诗性精神维度［J］. 东南文化，2007（3）.

扬州题材小说，后人也将其视为扬州小说的代表作。但是，创作者李公佐是唐代陇西（今甘肃）人，于邺是杜曲（今陕西）人。李公佐出任过江南西道观察使判官，被罢职后长期在江南一带生活游历。江南文化的强烈认同感，使他更容易成为"为扬州文化所化之人"。于邺是否在扬州生活过，现存资料无从考证，但是依据他留下的大量以南游经历为题的诗作，如《南游》《南游有感》《夜泊湘江》等，可以推断他有过长期的长江中下游地区生活经历，并且对南方地区保持深厚的情感。在清代，署名焦东周生的《扬州梦》作者周伯义，本是镇江人，太平天国战乱期间，他曾一度寄居扬州，著成笔记小说《扬州梦》。① 从这些扬州题材小说对扬州人情风物、生活百态的熟悉和详细情况来看，没有对江南文化有过亲身体会，或者缺少对江南文化强烈认同感之人，单凭文学想象或查阅文献，很难融入江南文化内部小传统的扬州文化。

另一方面，扬州虽然属于文化意义上的江南，但是，扬州文化与同为江南文化内部的其他区域文化，仍然有一定的差异，由此导致土生土长的扬州人与被扬州文化同化的外来人，在"为扬州文化所化"的程度上是不同的，体现在扬州小说创作上，出现了扬州文化表层叙事和深层叙事的差异。表层叙事可以简单概括为小说侧重对扬州风物人情、生活方式等"物"与"情"的叙事，深层叙事可以概括为侧重对扬州市井细民、兴衰荣辱等"人"与"理"的反思。这个问题将在下一节详细论述，需要强调的是，这种差异对扬州小说创作群体考量提供的意义是，创作者"为扬州文化所化"程度的深浅不一，决定了小说彰显的扬州人心态、立场的有无与强弱。例如，清代出现两部以《扬州梦》命名的小说，一是焦东周生的《扬州梦》，另一部是无名氏的《扬州梦》。前者是典型的外地人"为扬州文化所化之人"，虽然书中对扬州"物""情"的描写不可谓不详细，

---

① 吴春彦，陆林."焦东周生"即丹徒周伯义——清代文言小说《扬州梦》作者考［J］.明清小说研究，2004（1）.

但是，在"人"与"理"叙事上的简单化，使得这部小说无法切近扬州文化的深层精神结构，多少有点"外地人看热闹"的味道。后者创作时间同为清代，全书将乾隆间扬州人情风物、社会习俗、生活百态描写得淋漓尽致，对此，陈汝衡先生在《说苑珍闻·扬州梦》中说："……审其文笔，信为乾、嘉以后扬州文士所作。盖如非扬州人，不能有此翔实之记载；作者如非文士，不能详悉文人之生活也。"① 这些文本叙事上的差异，归根结底源自创作群体受到扬州文化影响程度的深浅，以及作者对扬州文化认同感强弱的差异。

再如，明代冯梦龙和凌濛初的"三言""二拍"，其中有许多以扬州为故事场景的小说，但作者冯梦龙和凌濛初都不是扬州人。冯梦龙出生于苏州府的长洲（又说吴县），其一生大部分时间在苏州度过。凌濛初则是浙江湖州人。当时的苏州和湖州，是江南文化的核心区，江南文化的大背景为二人认同扬州文化提供了前提，也使得他们成为"为扬州文化所化之人"的文化基础。但是，这些扬州题材小说，大多流于对广为人知的扬州民风人情的描写，例如，《型世言》第二十回，《警世通言》卷三十一回，《初刻拍案惊奇》卷十二，《二刻拍案惊奇》卷十四等，描写了扬州妓女的风俗习气、妓女来源、骗财伎俩等，这些都属于对扬州文化最突出的"点"的描写，但缺少对扬州文化习俗深层面、多视角的"面"的透视，小说创作者更倾向于扬州民俗风情的泛泛描述，缺少以扬州人的立场去反思扬州生活，给人一种猎艳窥视扬州风月之感，这与创作群体缺少对扬州文化的强烈认同感有着巨大关系。因此，这类作品是扬州小说多种形态中的表层叙事类型，它们与收录在《玄怪录》《太平广记》等传奇、笔记中的许多"小说中的扬州"故事一样，属于扬州人心态、立场缺失或不彰显的扬州小说。

其次，再看看扬州小说叙事内容的"三维空间"。

---

① 陈汝衡. 说苑珍闻［M］. 上海：上海古籍出版社，1981：72.

　　凯文·林奇认为，城市如同建筑，是一种空间的结构。①。从叙事内容上看，扬州小说就是讲述有关扬州的故事。那么，究竟讲述怎样的扬州故事，才算是真正意义上的扬州小说呢？此前学界对扬州小说故事内容的界定主要集中在两点，一是以扬州为故事发生背景，二是以扬州人情风物为重要描写对象。我认为，这些只是扬州小说叙事内容的早期形态。扬州小说叙事内容是一个复杂多元的系统，界定扬州小说的概念，需要对叙事内容进行多角度的"系统识别"。具体而言，至少可以把扬州小说叙事内容系统区分出如下三种形态。

　　一是在"视觉识别"层面上，以扬州作为故事发生的重要地理场景，以扬州人事风物为主要描写内容，通过聚焦"物"的直观意象层面，展示扬州地理空间的叙事模式，是扬州小说叙事内容的萌芽形态。

　　唐代的扬州小说在这方面表现得最为明显。李公佐《南柯太守传》开篇把扬州设置为故事发生场景。

> 东平淳于棼，吴楚游侠之士。嗜酒使气，不守细行。累巨产，养豪客。曾以武艺补淮南军裨将，因使酒忤帅，斥逐落魄，纵诞饮酒为事。家住广陵郡东十里。所居宅南有大古槐一株，枝干修密，清阴数亩。②

　　古代扬州又称广陵。小说描写了广陵人淳于棼进入了蚂蚁为王的"大槐安国"，荣任二十个春秋的"南柯太守"的荒诞可笑故事。小说中的扬州是人物活动的重要空间环境。在这个巨大的空间环境里，小说还特意提到了"禅智寺"这一著名的城市地标。唐代的扬州，宗教文化昌盛，名刹古寺遍布。唐初扬州尚存的前朝寺庙就多达 65 个。③ 禅智寺是其中最著名的一个。无数诗人在游览扬州禅智寺后，留下了优美的诗篇。例如，张祜

①　[美] 凯文·林奇. 城市意象 [M]. 方益萍，何晓军，译. 北京：华夏出版社，2001：1.

②　(宋) 李昉等. 太平广记：全 10 册卷四百七十五：昆虫三 [M]. 北京：中华书局，1961.

③　李廷先. 唐代扬州史考 [M]. 南京：江苏古籍出版社，2002：501.

《禅智寺》《纵游淮南》、杜牧《题扬州禅智寺》、赵嘏《题禅智寺南楼》
等，抒发了繁华扬州都市中寺庙净土的纯美。张祜的《纵游淮南》云：
"人生只合扬州死，禅智山光好墓田"，这反映了当时人们对扬州地理空间
的关注与神往。

南柯美梦固然是虚构的，但小说主人公淳于棼却是真实的人物。后人
考证指出，宋代扬州已经有南柯太守墓，相传在扬州蜀冈以北。关于淳于
棼的故居，"一说在今扬州北约十里的槐泗桥一带；一说在今扬州市汶河
路北端驼岭巷的原古槐道院内，古槐一株至今犹存，主干虽空，枝叶尚
茂，无疑是千年以上的古木"①。真实的扬州地理空间与虚构的发迹故事
结合起来，就形成了一种特殊的逻辑关系，为小说的情节安排提供了一个
具有叙事学意义的空间环境，既给读者一种回到历史的真切感与现场感，
同时，还营造出一种特殊的扬州地域文化氛围。这是唐代扬州小说聚焦
"物"的直观意象层面，展示扬州地理空间的最常见叙事模式。较之《南
柯太守传》，唐人于邺依据杜牧事迹写的小说《扬州梦记》，更为明显。小
说除了将故事发生场景设置为扬州，还聚焦扬州人情风物，从而创造出更
为直观的扬州城市画面。

> 扬州，胜地也。每重城向夕，娼楼之上，常有绛灯万数，辉罗耀
> 列空中。九里三十步街中，珠翠填咽，邈若仙境。②

唐代扬州小说类似的叙事内容，还见于《玄怪录》卷三《开元明皇幸
广陵》，卢氏《逸史》中的《卢李二生》，《太平广记》卷十六《张老》，
卷十七《裴谌》等作品。即使到了明清，扬州小说叙事焦点开始更多地投
射到扬州市井细民及他们的心态，但是，对扬州名胜风物的"物"的关注
并没有消失，依然是扬州小说叙事内容的一个基本形态。如明清最著名的
扬州小说《扬州梦》《风月梦》《广陵潮》中，出现了更多的扬州地标，

---

① 韦明铧．扬州文化谈片［M］．北京：生活·读书·新知三联书店，1994：125.
② 崔令钦．教坊记［M］．北京：中华书局，1985：287.

并且作为故事场景反复出现，展示了扬州城市地理空间和城市地标的经典魅力。这也为我们从叙事内容层面判断扬州小说提供了一个直观路径。

二是在"行为识别"层面上，展示扬州市民生活习俗、消费方式等日常生活行为状态，通过聚焦"人"的行为层面展示扬州城市社会空间，构成扬州小说的深入形态。

唐代扬州小说中的主人公，主要聚焦官员贵族、商人等城市"非主流"人群，对占据城市人口主体的市井细民的描写通常浮光掠影。如《南柯太守传》的主人公淳于棼原本"淮南军裨将"，落魄后成为结交"吴楚游侠之士"纵酒的游民，但是，小说全篇几乎没有对游侠之士、市井细民进行正面描写，活动在故事大舞台上的是"大槐安国"的王侯将相、公主贵族。对于主人公生活行为的描写，除了小说结尾寥寥几笔梦醒后的冷清生活场景外，整篇充斥着身为贵族的荣耀和权威。《扬州梦记》的主人公杜牧在扬州身为书记官，后入朝做御史，与之结交密切的除了淮南节度使牛僧孺，就是青楼妓女，杜牧的行为活动张扬着才子的风流与优雅，极少平民气息。《玄怪录》之《开元明皇幸广陵》里的皇帝，卢氏《逸史》之《卢李二生》中的卢李二生，《太平广记》之《张老》《裴谌》里的卖药商人，都最终修炼成仙，人物身上闪耀着神圣的光环。

明清扬州小说中的主人公，除了延续唐传奇中的贵族官员、商人等人物形象外，地位低微的士人、妓女、小商人、无赖、游民等更多的普通人，纷纷涌向扬州城市舞台的中央，小说中的扬州人物数量更多、角色更全，故事场景的城市意味更浓厚。这些人物身上的高贵色调逐渐褪色，生活化、世俗化的平民意识明显增强。明清出现了大量对下层妓女正面描写的扬州小说，如《风月梦》《扬州梦》《广陵潮》《金兰筏》《雅观楼》《野草闲花臭姻缘》等。清代无名氏的《扬州梦》，书中以士人陈晚桥为线索，对落魄的下层文人、低贱的青楼妓女逐一描述，《金兰筏》中的杭州书生田中桂和下层妓女郑羞花，《雅观楼》中的吴某从高利贷主沦落为街头乞丐，邗上蒙人的《风月梦》"它所描写的几乎全部是扬州以及活跃其中的文人"①。这些人物和行为，一扫唐代扬州小说下层文人、妓女、小商人的配角地位，跻身故事主角。这反映了明清扬州城市市民阶层结构的变化，以及扬州人养处女卖人做妾的"养瘦马"风俗盛行。

更重要的是，明清扬州小说对商人、妓女等社会下层人物的描写，普遍侧重对商人发迹的成长经历，以及妓女被迫沦落风尘的社会经历的动态叙事。如《雨花香》第二种《铁菱角》中的汪姓商人发迹变泰的经过很具有代表性。

> 曾有一后生姓汪，号于门，才十五岁，于万历年间，自徽州携祖遗的本银百余两，来扬投亲，为盐行伙计。这人颇有心机，性极鄙啬，真个是一钱不使、二钱不用，数米而食、秤柴而炊，未过十多年，另自赚有盐船三只，往来江西、湖广贩卖。又过十多年，挣有粮食豆船五只，往来苏、杭贩卖。这汪人，每夜只睡个三更，便想盘算。②

清代周伯义的《扬州梦》更是把妓女作为小说描写的中心对象。小说第一卷分别为二十二位青楼女子作传，妓女月仙甚至被誉为"花史上第一个人物"。这些女子大多出身卑贱，被迫沦落风尘后遭受非人的蹂躏，忍受着痛苦生活的煎熬。如月仙被卖到妓院时仅有七岁，在妓院里经常被鸨母打骂，遭受地痞无赖的凌辱。这与唐传奇中的扬州妓女的风流香艳有着很大的差异。

西方城市学家芒福德认为："陌生人、外来者、流浪汉、商人、逃难者、奴隶，是的，甚至是入侵之敌，在城市发展的每一阶段上都曾有过特殊贡献。"③ 扬州小说中人物角色数量的增加，以及社会阶层人物的更

---

① 张宏生. 哈佛大学东亚语言与文明系韩南教授访问记［J］. 文学遗产，1998（3）.

② 中国古代珍稀本小说：第九辑［M］. 沈阳：春风文艺出版社，1997：511.

③ （美）刘易斯·芒福德. 城市发展史——起源、演变和前景［M］. 宋俊岭，译. 北京：中国建筑工业出版社，2005：103 - 104.

"接地气"，标志着扬州小说空间叙事内容从乡村到城市的转移，城市人物角色从贵族、富商向下层市民的转变，商人形象从符号化向发迹变泰动态化的深化，表明了自唐宋到明清的小说创作，受到城市发展因素的影响日渐深刻，这既是扬州小说发展流变的一个特征，同时，也为我们从人物层面梳理扬州小说提供了路径。

三是在"意识识别"层面上，小说故事场景、人物行为、风物意象的背后，隐藏着作家对扬州人心态、生活态度和价值观念的独特反思，通过聚焦"意"的哲理层面，展示扬州城市审美文化空间的结构图式，构成扬州小说对城市空间叙事的最核心形态。

从唐宋到清代中期，所有对扬州地理空间展示与地标聚焦的扬州题材小说，尽管叙事内容互不相同，但是，对扬州风物"十里长街市井连，月明桥上看神仙"的美化，对扬州人情"且申今日欢，莫务身后名"的渲染，对扬州生活"十年一觉扬州梦，赢得青楼薄幸名"的向往，表现出惊人的相似性。"在一味张扬风流韵事的选材方面，在刻意追求柔靡绮丽的文风方面，在全力专注于脂香粉艳的美学趣味方面，却明显一致的倾向性"①，但是，随着晚清扬州城市经济的盛极而衰，深受城市经济发展影响的扬州小说叙事内容系统也悄然发生改变，由此出现扬州小说叙事内容系统从"重物""重情"向"重意""重理"的深化，也是扬州小说的城市空间叙事从地理空间向社会空间、审美空间的细化。

晚清出现的署名为邗上蒙人的《风月梦》和李涵秋的《广陵潮》是扬州小说这一叙事内容形态的代表。《风月梦》中的扬州已经失去了乾嘉时期的繁华如梦，人情风物展示的背后透露出强烈的风月成空、穷途末路的人生情绪。它既是扬州盛极而衰的历史写真，也是扬州小说自然风物、社会风月故事形态难以为继，必然转向哲理反思的结果。李涵秋的《广陵潮》则把这一叙事形态发挥到极致。小说写的是辛亥革命前后发生在扬州

---

① 韦明铧. 扬州文化谈片［M］. 北京：生活・读书・新知三联书店，1994：118.

的故事。但是，作者李涵秋在小说第四十八回中申明："在下这部书，既不是地理志，又不是风俗史，正自不必替一般百姓记那无意识的举动。"①小说第二十六回对扬州地标都天庙的展示，成为社会历史思考耐人寻味的象征。

> 那都天庙已露在眼前。红墙斑驳，庙额上金子都暗淡得辨不出来。一角斜阳，倒映在门里，神龛之下，还蹲着几个乞丐，在那里围着土灶烧火。一缕一缕的黑烟，将龛子里一位金甲神像，熏得像个黑鬼模样。②

小说并没有直接写扬州的衰败，而是借助曾经香火映天的都天庙的破败，凸显扬州历史兴亡的时间感，与乞丐、土灶、黑烟等意象结合起来，历史性的时间向度向着现实中扬州的空间向度急转而下，借助历史沿革兴废更替这一线性时间，在都天庙这个具体的地理空间展示中，一个引发读者切肤之痛的哲理反思空间，如一幅徐徐展开的画卷平铺开来。这就穿透了此前扬州小说自然景观展示的地理空间，以及城市生活百态聚焦的社会空间，拓展出历史兴废的哲理象征空间。这是此前扬州小说叙事内容形态中从未有过的创新。

总之，从叙事内容上看，扬州小说描写内容并不限于地理空间展示和地标聚焦，以及人事风物的描写，而是表现出直观感性的地理空间、纷繁复杂的社会空间和审美象征的哲理空间的"三维空间"。这为我们判断扬州小说叙事内容的不同形态，提供了一个具体图式。

最后，再看看扬州小说发生与繁荣的"历史区间"。

在任何一个时代中，相应的城市时期都产生了多种多样的新角色和同样丰富多彩的新潜力。界定扬州小说的概念，需要厘清扬州小说发生与繁荣的"历史区间"。在扬州小说的历史流变上，葛永海认为，扬州小说发

---

① 李涵秋.广陵潮［M］.天津：百花文艺出版社，1986：475.
② 李涵秋.广陵潮［M］.天津：百花文艺出版社，1986：263.

端于唐代传奇，它的发展可以分为两个繁荣期，前期在唐代，后期在明清。至晚清《风月梦》时，扬州及扬州小说均已逐渐进入衰落期，《广陵潮》可以说是古代扬州小说最后的代表作品。①

我认为，厘清扬州小说发生、繁荣的历史区间，是以如何界定扬州小说概念为前提的，对概念理解的不同，决定了观点的差异。把唐代传奇小说看作扬州小说的发端，认为扬州小说的繁荣有唐传奇和明清两个时期，这是把扬州小说叙事内容理解为地理空间的结果，忽视了扬州小说叙事内容对社会空间、审美空间的聚焦，以及小说中的扬州"主角扮演"问题。如果将这两方面也考虑在内，那么，扬州小说萌发于唐传奇的以扬州为故事场景的扬州题材小说，但是，真正的繁荣应在明清。原因在于如下几点。

其一，从小说叙事上看，唐传奇展示的扬州故事发生场景普遍停留在"宏大叙事"的简单化层面，而明清扬州小说对扬州地标的聚焦则呈现出"微观叙事"的全面性、反复性特点。

唐代扬州小说，如《扬州梦记》《南柯太守传》《玄怪录》卷三《开元明皇幸广陵》，卢氏《逸史》中的《卢李二生》，《太平广记》中的《张老》《裴谌》等，故事发生的地理场景一般集中在单一的扬州城或极少数几个地标上，小说中的扬州往往被设置为一个笼统的故事场景，对扬州地标的聚焦数量明显不够。如《南柯太守传》全篇小说仅仅笼统地展示了一次"广陵郡""禅智寺"，甚至没有对扬州和禅智寺进行正面描写。唐代扬州小说对城市空间的宏大叙事，体现了中国古代小说城市书写的基本特点："我国古代小说对于城市空间的整体书写，多数是比较笼统的，只有少数作品着墨较多，显示了细腻写实的特点""就如同中国传统绘画中的

---

① 葛永海. 从富贵长生到风月繁华: 古代扬州小说的历史流变 [J]. 明清小说研究, 2004 (1).

写意画，不在精雕细刻其形，而重在写出一种整体的精神、意态和氛围。"① 从唐传奇、宋元话本到明清小说，古代小说对城市的书写呈现比较笼统的特点，而且，越往前追溯，"宏大叙事"的特征越明显。

相比之下，明清扬州小说展示的城市地理空间不仅数量多，而且在小说中反复重现。如清代周伯义的《扬州梦》，全书展示的地理空间和聚焦的地标有雷塘、平山、桃花庵、小金山、康山、棣园、观音堂、露筋祠等。又如，《绘芳录》第五回写小说中的才子佳人游览扬州，涉猎众多景点："众人游赏了好半会，重又下船。经过了桃花庵、小金山、尺五楼等处，已至平山，泊了船，人众上岸。"② 这些地理场景几乎是对扬州地标的全面覆盖。更重要的是，小说对这些地标的聚焦是通过反复再现的方式完成的。这就大大增加了扬州的真切感和现实感，提高了小说叙事美学的效果，表明了小说叙事技巧的成熟。

在这个意义上，唐传奇中的扬州题材小说，只是扬州小说发展历程中的萌发，将这个阶段视为扬州小说两个繁荣期之一，并不符合扬州小说叙事内容系统复杂性，以及城市地理空间多重性的事实。

其二，从地域文化凸显程度上看，唐传奇中的扬州地域文化色彩较为模糊化、简单化，扬州地域文化的从属地位、道具功能明显，而明清扬州小说中的地域文化色彩鲜明化、深层化特征明显。

唐代扬州小说的代表作《南柯太守传》，仅开篇交代了主人公淳于棼"家住广陵郡东十里"，文中提到了禅智寺这一扬州著名地标，但是，故事中的扬州地域文化色彩暗淡无光，小说中的扬州与其说是故事发生场景，不如说是为了叙事需要而套上去的僵硬外壳。虽然于邺的《扬州梦记》《玄怪录》中的《开元明皇幸广陵》等小说，地域文化色彩较之《南柯太守传》更加浓厚，展示了扬州商业繁华、风月如梦等社会空间，但是，这

---

① 孙逊，刘方. 中国古代小说中的城市书写及现代阐释［J］. 中国社会科学，2007（5）.
② （清）西泠野樵. 绘芳录［M］. 北京：北京大学出版社，1990：48.

类小说主要集中在扬州风月繁华的表层叙事上，基本上停留在杜佑《通典》对扬州社会的认识："扬州人性轻扬，而尚鬼好祀。"① 事实上，"扬州人性轻扬，而尚鬼好祀"只是一个宏大叙事，因为人性轻扬与尚鬼好祀本身就有着整个江南文化的共性特征，如果凸显扬州社会习俗自身的特点，就必须深入到"轻扬"和"尚鬼"背后更多的"细节"。显然，在唐代扬州小说中，这方面的内容十分欠缺。

　　明清扬州小说对地域文化的展示，穿透了自然景观层面，更多地投射到社会习俗和生活方式。更重要的是，小说对社会习俗的描写不再仅仅停留在风月繁华、神灵诡异、重商求利的笼统画面，而是通过种种细节切入到这些社会习俗的不同向度。以扬州小说风月繁华主题为例，明清扬州小说不再满足于青楼歌妓、醉生梦死的场面渲染，而是更注重对社会丑恶现实的批判。如《广陵潮》对扬州风月的描写，"一是不愿落旧时小说子弟嫖娼故事的俗套，而另一方面实在不愿放弃对更深刻社会世情的探索揭示。可见此刻的作者对扬州青楼风月的写作套路多少存在着犹疑，而他确实也找到了社会写实的新视野和新思路，《广陵潮》之思想内涵显然比一般的风月故事深刻得多"②。又如，晚清邗上蒙人的《风月梦》，不仅描写扬州固有的社会习俗，还创造出了城市社会与乡村社会不同的习俗景观，被学界认为是"中国第一部城市小说"："小说场景的城市性，故事人物的城市属性，而最重要的是体现了当时的城市心态，表达出对城市生活的独特反思。"③

　　其三，从小说创作态势上看，唐代扬州小说总体数量偏少、单篇"体量小"、故事情节简单，扬州本土创作群体尚未形成，而明清扬州小说则总体数量庞大、单篇"体量大"、故事情节复杂，扬州本土创作群体崛起。

---

① （唐）杜佑. 通典［M］. 北京：中华书局，1988：969.
② 葛永海. 古代小说与城市文化研究［M］. 上海：复旦大学出版社，2004：311.
③ 葛永海. 城市品性与文化格调——论中国第一部城市小说《风月梦》［J］. 浙江师范大学学报，2005（4）.

唐代扬州小说比较著名的有《扬州梦记》《南柯太守传》，卢氏《逸史》的《卢李二生》，《太平广记》的《张老》《裴谌》，《玄怪录》的《开元明皇幸广陵》等作品，总体数量不多，小说单篇叙事规模十分有限，故事内容也较为简单，如著名的《南柯太守传》全篇仅三四千字。就创作群体而言，明确可考的属于扬州本土作家的更是寥寥无几。

（李涵秋《广陵潮》）

相比之下，明清扬州小说创作数量惊人，如《竹西花事小录》《扬州梦》《风月梦》《广陵潮》《金兰笺》《雅观楼》《野草闲花臭姻缘》《雨花香》《型世言》《杜骗新书》《两交婚》等，至于收录于"三言二拍"中的扬州小说更是数量众多。《风月梦》《广陵潮》等众多扬州小说，长篇章回小说大量涌现，叙事规模远远超过唐传奇，故事内容更为复杂。如邗上蒙人的《风月梦》，全书十多万字，在描绘出一幅幅独具扬州地方社会风俗图画的背后，批判的视角触及政治黑暗、娼妓制度、家族观念、婚姻关系等。周伯义的《扬州梦》集古代小说体制之大全，包含着传奇、志人、志怪、杂俎成分。全书分为"梦中人""梦中语""梦中事""梦中情"四卷，记录扬州烟花女子 22 人之多，内容涉及当时城市青楼妓女、落魄文人、盐商的生活群像及风土人情。就这一时期的创作群体而言，扬州籍作家大量涌现，标志着本土创作群体的崛起。明清最具代表性的扬州小说，如李涵秋的《广陵潮》，周伯义的《扬州梦》，石成金的《雨花香》，李斗的《扬州画舫录》，均是地道的扬州人。这是唐代扬州小说未曾有过的新现象。

从上述三点看，扬州小说应该孕育、萌发于唐代，全面兴起、繁荣于明清，至晚清开始衰落。扬州小说不仅记载了历史上扬州故事，而且，为今天扬州文化的保护与开发提供了宝贵的资源。

三、扬州画派的商业性艺术生产

无论扬州书画的历史多么悠久，但是让后人记住扬州书画艺术辉煌成就的，却是清代以"扬州八怪"为代表的"扬州画派"的出现。广义上讲，所谓的"扬州画派"指的是清朝康熙至嘉庆年间，活跃在扬州的文人画家群体。这个画家群体包括了"扬州八怪"在内的 550 多名画家。① 从狭义上讲，"扬州画派"就是被称为"扬州八怪"的 15 位文人画家。

"扬州八怪"是中国清代中期活动于扬州地区的一批书画家的总称，他们并非都是扬州本地人，因为其生活与扬州有着重要的联系，在艺术创作上体现出相对集中的共性特征，因此往往又被称为扬州画派。但是究竟是哪八个人，学界一直有分歧，其中有两种说法比较流行，一种说法是李玉棻《瓯钵罗室书画过目考》中的"八怪"说：罗聘、李方膺、李鱓、金农、黄慎、郑燮、高翔和汪士慎。另一种说法是清凌霞在《天隐堂集》中所作的《扬州八怪歌》里的郑燮、高凤翰、黄慎、边寿民、杨法、金农、李鱓、高翔，还有华嵒、闵贞、李啸村、陈撰也在文献中被列入"八怪"。因此，此 15 人都可认为是"扬州八怪"的成员，并在学术研究中已被普遍接受为定论。②

"扬州八怪"创造的绘画艺术是扬州都市文化的重要组成部分，其出现在明清时期的扬州，并非一种偶然。他们的绘画艺术及通过绘画表达的思想，在中国古代都市悠长的绘画艺术历史长河中，并不仅仅作为一个特定时代性的存在物，还与扬州特定的都市地域空间、政治制度、文化空间有着重要的关联。

明清时期，扬州书画艺术发展空前繁荣。其中，以扬州八怪为代表的封建士人，在艺术创造生产活动中表现出来强烈的个性化色彩，不仅体现

---

① （清）汪鋆. 扬州画苑录 [M]. 民国刻本影印本，2.
② 周卓. 扬州画派创作的经济因素研究 [D]. 中国艺术研究院博士学位论文，2017：10.

在绘画书法风格上的突破传统和不拘一格，更集中体现在士人与商人之间过于亲密的联系，虽然这些艺术家们在艺术创作风格上各有特色，但是，总体而言，扬州八怪艺术生产活动还是普遍具有追求生命个体的自由、反抗政治异化的桎梏、表现自我性情率真等特征。

无论是全国范围的时代思想解放运动，还是区域性的文化艺术创新求变，在中国诗性文化生产的深层结构上，扬州八怪的艺术生产活动属于世俗性、商业性、个性化的思想解放和诗性文化审美机制的双重建构，扬州八怪的艺术生产创作、风格、审美趋向与世俗的商业性、市民化密不可分。在这个意义上，我们可以说，扬州画派的创作活动、艺术旨趣等体现了扬州都市文化艺术生产的倾向性，和市民文化艺术消费的价值取向，代表了当时新兴士人文化生产和市民文化消费的审美特征。这至少可以从如下几个方面加以阐释。

其一，突破传统政治壁垒的森严桎梏，艺术生产活动不再主要依托于政治利益的现实需要，而是全面进入商业化、市场化领域，艺术创作更倾向于一种纯粹的文化生产和商业消费。

扬州八怪的生活来源主要依靠富商们提供的支持，在很大程度上，他们是依靠工商业者的施舍来维持生活的，过着一种寄食生活，这使得他们的艺术创作往往首先成为一种谋生的手段和技艺，而艺术创作具有鲜明的为了金钱这一物质需求的目的，由此建构了艺术家创作与富商金钱交易的市场化规则。扬州富商之多及富商对书画艺术的需求，构成了扬州都市文化艺术生产活动的重要市场，直接刺激扬州画派投身商业市场。

艺术生产者与以富商为代表的消费者之间特殊的亲密关系，在本质上就是艺术生产与金钱交易关系的体现。在中国历来的传统观念中，占据主流形态的一向是在仕途上博取功名，即使不在官场上，也往往以人的才学名望为重，富商往往被社会当作粗俗的暴发户来对待，虽然官商常常勾结，但是，对于清高狂傲的读书人而言，基本上对这些商人并没有太多的好感。例如，明代松江华亭名士钱福（号鹤滩），垂涎于江都某妓，及至扬州，该妓已嫁于盐商。"乃往谒商……祈一见妓耳。商许之，出妓把酒。酒酣，妓出白绫帨，请留新句，公遂书一绝：'淡罗衫子淡罗裙，淡扫蛾眉淡点唇，可惜一身都是淡，如何嫁了卖盐人。'"① 文人对富商的鄙视之情可见一斑。非常耐人寻味的是，扬州八怪个个都有着一副傲骨，对政治官场一向保持着"傲岸不羁""狂达自放"的特点，不与官府同流合污。但是，对商人却一反常态，这大大不同于此前中国封建失意士人与官场不合作，与商人鄙视傲慢的态度。才华横溢的扬州八怪寄食于富商门下，并没有表现寄人篱下的悲苦或愤懑，他们与富商们的关系极为融洽，甚至相互帮衬，传为佳话。例如牛应之《雨窗消意录》记载的一个故事。

> 钱塘金寿门农客扬州，诸盐商慕其名，竞相延致。一日有某商宴客平山堂，金首座。席间以古人诗句飞红为觞政，次至某商，苦思未得，众客将议罚，商曰：得之矣！"柳絮飞来片片红"。一座哗然，笑其杜撰。金独曰：此元人咏平山堂诗也，引用綦切。众请其全篇，金诵之曰："廿四桥边廿四风，凭（阑）栏犹忆旧江东，夕阳返照桃花渡，柳絮飞来片片红。"众皆服其博洽，其实乃金口占此诗，为某商解围耳。商大喜，越日以千金馈之。②

这个故事除了说明画家金农才思敏捷之外，还反映了当时扬州八怪们和附庸风雅的富商们之间亲密暧昧的关系，他们并不是采取鄙视狂傲的姿态，而是心甘情愿地享受这种被供奉尊崇的世俗生活。扬州艺术家与商人亲密无间的艺术生产活动，以及把艺术创作引入市场化和商业化的行为，在很大程度上体现了扬州都市文化深层结构中包藏的打破政治壁垒，自由舒展生命个体，追求个性自由的审美文化精神。

---

① 王振忠. 明清徽商与淮扬社会变迁［M］. 北京：生活·读书·新知三联书店，1996：123.
② 韦明铧. 两淮盐商［M］. 福州：福建人民出版社，1999：147.

其二，解除传统伦理政治意识对生命个体的严重异化和教化，艺术生产和消费体现了商品的交换价值，具有浓厚的世俗性特征，迎合市民的大众审美趣味，新兴市民审美趣味的生产与消费占据了艺术创作活动的重要位置。

早在明代，出身市井的画家就开始了

（郑板桥《墨竹图》）

以市井方式作画，从而形成了与正统画派不同的世俗性。"在绘画方面，明代就出现了身居市井的沈周、文徵明、仇英和唐寅等开一代风气之先的'明四家'，清代盛世的汪士慎、金农、郑板桥等'扬州八怪'，他们的风格虽各不一样，但都'怪'在与正统的画院派不同，生活在市井当中，在市井中作画，以市井方式卖画。"① 清代的扬州八怪则把这种世俗性文化艺术的生产推向了中国古代都市文化的一个高峰。他们常常把自己的绘画作品直接用来在市场上销售，并且明码标价，从而形成了一种类似今天商品经济中以等价交换为基本原则的商业消费景观。例如，郑板桥公然把他的作品当作商品，不仅列出了卖字画的价格，甚至还可以用实物来抵偿，从艺术生产和消费的过程而言，充满了世俗性和消费性。② 而从艺术家创作的心理角度来说，则直白地宣告对以书画高价销售的欢喜，"送现钱则

---

① 陶思炎. 中国都市民俗学 ［M］. 南京：东南大学出版社，2004：48.

② 傅崇兰. 中国运河城市发展史 ［M］. 成都：四川人民出版社，1985：412.

中心喜乐，书画皆佳，礼物既属纠缠，赊欠尤为赖账"①。傅崇兰先生指出：

> 归根到底，扬州画派画家的生活不仅仅是画家的贫困所造成，而更重要的是当时城市社会经济的发展为画家们的那种生活来源和生活方式提供了条件。因此，由这种生活直接决定的艺术家的个性和艺术风格，连同这种生活本身，都是当时扬州城市商品经济发展的这块土壤上生长出来的产物。②

更为重要的是，这种依靠富商和城市卖画的生涯，对于扬州八怪艺术生产有两个直接的作用，一是扬州八怪们首先必须使自己的画适应卖画的需要，要具备源源不断地向富商和城市提供产品的能力，这对于他们创作大量的作品具有非常重要的影响；二是让自己的作品脱离传统文人画的气味和框架，要适合当下作为自己衣食父母的富商大贾工商业者和市民的需要。这必然决定了画家们不能泥古、仿古，必须顺应时代变革和城市商人、市民的审美趣味。这既是那个时代中国江南都市涌现出来的新的艺术生产与消费方式，同时，也是扬州都市文化艺术深受以自由审美为基本理念的江南都市文化影响的结果。

其三，从传统的单纯满足一个社会政治上层建筑，转向以审美趣味的时尚性、消费的炫耀性为重要目的。

索尔·维布伦在《夸示性消费》一文中说：

> 在个人接触面最广、人口流动性最大的社会区域，消费是最适用取得名望的手段，同时，它也是最受人们拥护的一个维持体面的要素。……夸示性消费在城市的煽动力更强，引发的短时效应也更显著。正是因为这个原因，城里人才更积极投身于夸示性消费；而且在

---

① 例如，叶廷琯的《鸥波余话》卷6《郑板桥笔榜》记载："大幅六两，中幅四两，小幅二两，书条对联一两，扇子斗方无钱。凡送礼物食物，总不如白银为妙。"

② 傅崇兰. 中国运河城市发展史 [M]. 成都：四川人民出版社，1985：413.

互相赶超的比拼中，城里人把夸示性消费的正常标准推向更高，以至于他们不得不以更大的指出来表现某种既定的体面规格。遵循更高的常规标准成为强制性要求。①

索尔·维布伦的夸示性消费，固然是当下城市消费时代的社会现象，但是，对于清代商业消费文化发达的扬州而言，同样具有现实的借鉴意义。富商们慷慨资助"扬州八怪"等艺术家，使其成为座上宾，大量购买和收藏艺术作品，以此炫耀自己除了拥有物质财富之外的文化品位。

一方面，扬州盐商相互斗富攀比之风久已有之，他们需要炫耀的不仅仅是自己生活的富足，财富实力的雄厚，还体现在文化修养上的高低。于是宴请艺术家来府上做客或者参见坛会、收藏和购买名人字画，就成了当时扬州富商相互攀比的一个重要现象。例如，当时郑燮的书画作品就是富商追求购买收藏的对象，而非常有意思的是，郑燮为人刚正，虽然迫于生计不得不出售作品给那些富商，但是，还没有到只要有人出得起钱就一定卖画给他的地步，尤其是对于那些富商，往往因为个人情感上的厌恶而拒绝出售作品给他们，这更加重了富商们购买他书画作品的热情，他们为了得到郑燮的字画，甚至不惜欺骗。例如，《古今笔记精华录》卷一八有一篇"郑板桥受骗"的故事。

> 扬州郑进士板桥善书，体兼篆隶，尤工兰竹，人争重之。性奇怪，嗜食狗肉，谓其味特美。贩夫牧竖有烹狗肉以进者，辄作小幅报之。富商大贾虽饵以千金，不顾也。
>
> 时扬有一盐商，求板桥书不得。虽辗转购得数幅，终以无上款不光，乃思得一策。一日，板桥出游稍远，闻琴声甚美。循声寻之，则竹林中一大院落，颇雅洁。入门，见一人须眉甚古，危坐鼓琴，一童子烹狗肉方熟。板桥大喜，骤语老人曰："汝亦喜食狗肉乎？"老人曰："百味惟此最佳，子亦知味者，请尝一脔。"两人未通姓名，并坐

---

① 罗钢，王中忱.消费文化读本［M］.北京：中国社会科学出版社，2003：15.

大嚼。板桥见其素壁，询其何以无字画。老人曰："无佳者。此间郑板桥虽颇有名，然老夫未尝见其书画，不知其果佳否？"板桥笑曰："汝亦知板桥乎？我即是也。请为子书画可乎？"老人曰："善。"遂出纸若干，板桥一一挥毫竟。老人曰："贱字某某，可为落款。"板桥曰："此某盐商之名，汝亦何为名此？"老人曰："老夫取此名时，某商尚未出世也。同名何伤？清者清，浊者浊耳！"板桥即署款而别。

次日，盐商宴客，丐知交务请板桥一临。至则四壁皆悬己书画，视之，皆己昨日为老人所作。始知老人乃盐商所使，而己则受老人之骗，然已无可如何也。①

此故事真伪已经无可考证，但是，重要的并不是故事的真伪，而是这个故事说明了当时郑板桥绘画艺术水平的高超令扬州盐商们趋之若鹜，把得到这位怪人赠送的书画作为无限荣耀之事。

当然，比收藏"扬州八怪"绘画艺术作品更时尚、更能炫耀夸示自己地位和身份的，是能够把艺术家请到自己府上做客。"扬州八怪"无一不是富商们极力邀请的府中座上宾对象。扬州富商通过宴请艺术家来府上做客唱和的炫耀夸示心理，与当代西方学者指出的夸示性消费的深层文化心理不谋而合。正如维布伦指出的：

举办奢华的招待会，当然还有别的更为友善的动机。节日聚会的习俗，很可能发端于宴饮交际和宗教方面的目的。在后来的发展演变中，这一类动机同样存在，只不过不再是聚会的唯一理由了。有闲阶级后来举办的宴会和招待会，仍然保留了些许宗教色彩。依旧在很大程度上满足着调剂生活和交际的需要，只是，另外，它还有蓄意招人妒忌的目的，而且，那些说得出口的动机营造出一派貌似平和的气象，也无损其招人妒忌的效果。不过，即便如此，这些社交活动的经济效应并不会因此受到损害——不管是在代理消费方面，还是在难度

---

① 韦明铧. 两淮盐商［M］，福州：福建人民出版社，1999：150.

高、代价高的礼仪展示方面，取得的效果都丝毫不差。①

值得一提的是，当时扬州的附庸风雅之风不仅存在于富商大贾中间，甚至街头开铺经营小本买卖的商贩也通过这种方式招揽顾客。李斗《扬州画舫录》记载了一个开肉铺的屠户请人题写匾额的有趣故事。

> 宰夫杨氏，工宰肉，得炙肉之法，谓之熏烧，肆中额云"丝竹何如"。人皆不得其解，或以虽无丝竹管弦之盛语解之，谓其意在觞咏。或以丝不如竹，竹不如肉语解之，谓其意在于肉。②

另一方面，扬州富商的追求时尚和炫耀攀比并不完全出于纯粹的虚荣心，这和富商们具有比较高的文化修养，以及对读书人的推崇有很大的关系，在这个层面上，富商们对扬州八怪艺术作品的炫耀和夸示与一般世俗商人亵渎艺术有着本质的不同。其实，性格高傲狂放的扬州八怪能够放下架子接受富商们的嗟来之食，并不完全因为富商们的银子，还与富商们普遍具有的相对较高的艺术文化修养有着直接的关系的。这正是郑板桥等人为什么不愿意卖画给部分暴发户的重要原因。

如清代扬州著名的富商马氏兄弟，就凭借自己的文化修养及对待艺术家的真诚之心，与"扬州八怪"结交深厚。他们是清代著名的藏书家，拥有当时国内著名的"小玲珑山馆"，藏书之丰富号称"藏书百橱"，乾隆年间修撰《四库全书》时，征集藏书家私本，马氏兄弟进献"可备采样者七百七十六种"，为当时全国敬献私藏书数量之首。马氏兄弟收藏的绘画不仅数量多，而且质量高。阮元的《广陵诗氏》记载马氏兄弟"每逢午日，堂斋轩室皆悬钟馗，无一同者，其画手亦皆明以前人，无本朝手笔，可谓巨观"③。同时，马氏兄弟积极出版诗文集册，其雕刻书目丰富且精审，被誉为"马版"，而且自己喜好作诗歌咏，这种文化素养使得他们

---

① 罗钢，王中忱. 消费文化读本［M］. 北京：中国社会科学出版社，2003：3.

② （清）李斗. 扬州画舫录［M］. 北京：中华书局，1960：165.

③ （清）阮元. 广陵诗事［M］. 扬州：广陵书社，2005：100.

往往去掉了一般富商身上赤裸裸的金钱铜臭之气，不会引起艺术家们的厌恶或仇富心理，而是往往以温文尔雅的文人一面深得艺术家们的好感。盐商江春刊刻了《黄海游录》《随月读书楼集》，为扬州画派代表人物金农刊行了画册《冬心画竹题记》。盐商项絪刊刻了《山海经》《水经注》等。为人一向不屑于和一般商人为伍的郑燮，就和当时的著名盐商马曰琯关系极其融洽，郑燮曾专门赠送绘画作品给马曰琯，而马曰琯也多次和郑燮诗酒唱和，能够让他如此投机的富商当然少不了较高的文化艺术修养。

下面的这个故事，可以反映扬州富商们的文化修养，以及艺术家愿意与其为伍的重要原因。据说郑燮曾经为躲避债务暂居于镇江焦山，偶然间见到一人反复咏诵"山光扑面经宵雨"而不得下联，于是上前以"江水回头欲晚潮"相对。那人大喜，与郑燮从此订交，并暗中送给郑燮家中二百两银子以解其困。这人就是马曰琯。"马曰琯所以不当郑燮之面赠金，却暗中派人送银，完全是了解文人爱面子的心理之故。这也是马氏不同于一般俗商之处。"① 而另外一种解释则是，为了求得郑板桥的绘画，徽商程羽宸出资为他娶了郑板桥在扬州偶遇并生情的饶五姑娘。关于这段故事，还被记载在郑板桥作于乾隆十二年行书手卷《扬州杂记中》："二月，游扬州北郊，在玉勾斜饶家与饶五姑娘（十七岁）认识并相爱，为其书《道情十首》，并题《西江月》一阙赠之，亦以此为媒，其词首句'微雨晓风初歇。'"② 从记载中看出，郑板桥因为拿不出聘金，而只能与饶五姑娘相互定下媒誓，却不能娶回家。第二年，郑板桥中举留在京城，在此期间，有富商购买五姑娘为妾，遭到拒绝。恰巧此时，徽商程羽宸看见郑板桥对联题词，对他的才华大为钦佩，知道他无钱娶饶五姑娘之事，立刻出资五百金成全好事。此事被郑板桥记录如下。

---

① 韦明铧. 两淮盐商［M］. 福州：福建人民出版社，1999：151.
② 周积寅. 王风珠·郑板桥年谱［M］. 济南：山东美术出版社，1991：243.

程羽宸，过真州江上茶肆，见一对联云："山光扑面因朝雨，江水回头为晚潮。"傍写"板桥郑燮题"。甚惊异，问何人，茶肆主人曰："但至扬州，问人便知一切。"羽宸至扬州，问板桥，在京，且知饶氏事，即以五百金为板桥聘资授饶氏。明年，板桥归，复以五百金为板桥纳妾之费。常从板桥游，索书画。板桥略不可意，不敢硬索也。羽宸年六十余，颇貌板桥，兄事之。①

除了郑燮之外，扬州八怪中高翔、汪士慎等人也与马氏盐商感情深厚。例如，高翔为人交友并不广泛，但是，与马氏兄弟交情深厚，在高翔过生日时，马氏兄弟特地为高翔写了《寿高西唐五十》诗各一首。当高翔生病时，马氏兄弟又写《问西唐疾》诗以示慰问。高翔病故后，马氏兄弟更是十分悲痛，各自写了《哭高西唐》的诗以为凭吊。② 画家金农与马氏兄弟的感情也非常深厚，他在扬州时非常贫寒，马氏兄弟则把他当作座上宾，金农的许多诗歌都表现了他和马氏兄弟唱和的事情。金农的弟子罗聘也是通过金农的关系认识并结交了马氏兄弟。

需要特别指出的是，"扬州八怪"的艺术作品还成了当时许多市民的重要消费品，换言之，在经济能力上十分有限的城市市民也加入到了购买"扬州八怪"绘画艺术的消费者行列。虽然当时"扬州八怪"的绘画艺术作品价格不菲，普通市民的经济条件往往无法普遍地收藏这些作品，但是，由于扬州都市经济的相对繁华，都市市民生活相对富裕，就为收藏和购买这些艺术家的作品提供了物质性的可能。而艺术家们明码标价的艺术生产活动，尤其是可以用具体实物来当作银两交易绘画书法作品的行为，使得市民消费艺术作品获得了现实的桥梁。

这种文化消费，从消费者个人角度而言，仍然是炫耀夸示自己虽然地位较低，但是，文化品位却很高的攀比心理的体现。虽然这种行为本身并

---

① 周积寅．王凤珠·郑板桥年谱［M］．济南：山东美术出版社，1991：243.
② 韦明铧．两淮盐商［M］．福州：福建人民出版社，1999：151.

不可取，但在客观上直接推动了扬州都市文化艺术品消费市场的繁荣和发达。尤其重要的是，通过这种夸示性、炫耀性的艺术作品消费活动，培养了扬州都市大众的审美能力。正如马克思所说："艺术对象创造出懂得艺术和具有审美能力的大众——任何其他产品也都这样。"① 同时，画家与商人、市民之间关系空前的紧密，促使了他们把自己的作品作为一种商品来出售的思想激变。这种放弃文人高雅清高的架子融入市民阶层中去的都市特点，直接导致了他们的创作与整个城市居民的消费趣味保持着紧密的关系。

---

① 马克思恩格斯选集：第二卷［M］．北京：人民出版社，1995：10．

第十章

文化资源，记忆深处觅名城

——扬州文化资源的保护与开发

古希腊亚里士多德说，人们为了活着，聚集于城市；为了活得更好，居留于城市。2010 年，上海世博会提出"城市，让生活更美好"的理念，这可以被视作对古希腊哲学家城市发展理念的现实践行，证明了城市的本质就是要提供一种"有价值、有意义"的生活方式已经得到认可。

由于这种"有价值、有意义"的生活，在基于物质文明与制度文明的同时，又超越了它们，因而也可以说，城市的本质是文化，而理想城市就是文化城市。① 其学理性的依据在于美国城市学家芒福德提出的，"我们与人口统计学家们的意见相反，确定城市的因素是艺术、文化和政治目的，而不是居民数目"②。另一方面，他也不同意新城市社会学从政治经济学来描述城市的本质，明确指出："城市不只是建筑物的群体……不单是权力的集中，更是文化的归极。"③

文化，是扬州古城最引以为傲的底蕴。1982 年 2 月 8 日，国务院公布首批 24 个中国历史文化名城，扬州名列其中。在"史诗般的城市化进程"

---

① 刘士林. 文化城市与中国城市发展方式转型及创新［J］. 上海交通大学学报，2010（3）.

② （美）刘易斯·芒福德. 城市发展史——起源、演变和前景［M］. 宋俊岭，倪文彦，译. 北京：中国建筑工业出版社，2005：132.

③ （美）刘易斯·芒福德. 城市发展史——起源、演变和前景［M］. 宋俊岭，倪文彦，译. 北京：中国建筑工业出版社，2005：91.

浪潮席卷下，扬州文化资源的传承保护与开发问题，得到了前所未有的重视。学界越来越重视对文化资源传承与开发的理论探讨，地方政府也越来越重视对文化资源的经济开发。由于文化资源的传承保护与开发利用是一项复杂的工程，学术界的理论探讨与地方政府的实践开发，都需要遵循科学的规律。

但是，在现实中，扬州文化资源的开发利用问题，却是一柄双刃剑。一方面，对文化资源前所未有的重视程度，有利于梳理发掘扬州古老的文化资源，通过文化创意产业开发，使其得以传承的同时，转化为新的生产要素，为扬州地方经济服务，为打造扬州成为"让生活更美好"的文化城市，提供最基本的文化要素。另一方面，既然文化资源可以创造出不可估量的财富，那么，为了获得经济利益而违背文化资源保护的初衷，恶性损耗文化资源，甚至严重破坏文化资源的现象，已经不容忽视。

一、扬州文化资源保护开发现状

一是在政府管理层面上，扬州历届政府都高度重视文化资源的保护与建设，制定古城保护专项计划，为扬州文化资源传承与开发提供了最重要的保护。

1982年2月8日，国务院公布首批24个中国历史文化名城，扬州成功入选。其成功既得益于扬州文化资源的特别丰厚，还得益于扬州地方政府对文化资源保护与建设的高度重视。而且，这种重视并不是为了申报历史文化名城才开始的，自新中国扬州解放开始，就一直保持着高度关注的态度。1949年1月25日扬州解放，2月10日，当时的军事管制委员会就发出保护名胜古迹的"一号通令"，1956年以来，扬州先后编制过3次城市总体规划，每次的总体规划都包含了古城保护专项规划，历届党委和政府对古城保护和建设，规划提得早、保护工作做得早、考古挖掘抓得早。①

---

① 王鹏，孔茜.扬州何以成首批"历史文化名城"[N].扬州日报，2015-04-16.

2015 年，《扬州历史文化名城保护规划（2015—2030 年）》获得省政府通过，扬州历史文化名城保护有了保护规划。

2011 年，《"文化扬州"十二五规划》对扬州文化资源保护进行了系统规划，明确了扬州要用五年时间打造扬州运河文化博物馆、扬州海外交通史博物馆、扬州近现代史博物馆、两淮盐政史料陈列馆、扬州戏剧曲艺博物馆等文博场所，在 2014 年的扬州建城 2500 周年，文博场馆总数将达到 100 处以上。事实证明，扬州在如此文化规划下，文化资源保护开发取得了重要成绩，如：扬州牵头的中国大运河项目成功列入《世界遗产名录》。扬州瘦西湖及盐商园林文化景观、海上丝绸之路列入《中国在世界文化遗产预备名单》，推进了扬州文化博览城建设，修缮、有序开发了明清古城等各类文化遗存，建成文博场馆 120 处。扬州市联合国教科文组织"人类非物质文化遗产代表作"3 项、国家级非遗保护项目 19 项、省级项目 61 项、市级项目 202 项，其中国家级项目居全省第二。邗江区以"琴筝"项目被命名为"中国民间文化艺术之乡"。扬州非物质文化遗产基地（戏曲园）开工建设，推动非遗传承、艺术展演和休闲旅游融为一体。积极开展文化遗产研究整理工作，加强"抢救性"和"记忆性"保护工作，出版了《扬州文库》、"扬州曲艺传统名篇丛书"、"扬州文化遗产丛书"和系列专著、杂志，加快非遗数据库建设，增强了广大市民的文化记忆、文化认同和文化自信。①《扬州历史文化名城保护规划》对扬州市域范围、历史城市范围、历史城区范围都做了明确界定，涉及市域及市区历史文化资源保护规划、历史城市格局保护规划、历史城区保护规划、历史文化街区保护规划、文物古迹及历史建筑保护规划等众多文化资源，明确了扬州历史城市范围指扬州城遗址（隋—宋）分布范围，历史城区为明清扬州城（亦称"老城区"）等文化资源分布的范围，为文化资源保护开发提供了精准数据。

---

① 扬州市"十三五"文化发展规划．扬州市政府门户网站：2017 – 01 – 22．

依据《扬州市"十三五"文化发展规划》，从 2015—2020 年，扬州市政府对文化遗产传承保护利用，进行了新一轮的系统规划：一，加强文化遗产规划保护。继续推进扬州文化博览城建设，建成扬州城国家考古遗址公园、隋炀帝陵考古遗址公园。积极参与海上丝绸之路联合申遗，力争将普哈丁墓、仙鹤寺、大明寺、扬州城遗址申报成为重要的"海丝"遗产点。依托大运河扬州市区段城河遗产水系，打造国内独特的"世界遗产级"城市步道；整合大运河沿线遗产点，打造开放式的运河名城博物馆。二，加强非遗传承保护。编制省级以上非遗项目中长期保护规划。对扬州历史文化和代表性作品进行全面梳理、抢救性保护，充分运用现代手段进行整理、展示，加强对优秀传统文化的研究。加大扬州历史文化传承人才保护力度，按照学术、艺术、技术分类，积极为有代表性的人物立传，留下资料，传诸后世。加强扬州非物质文化遗产项目传统技艺传习，促进非遗推广传承。值得注意的是，规划中启动了文化遗产保护工程：建设扬州城遗址国家考古遗址公园、隋炀帝陵遗址公园，实施唐子城宋堡城城墙保护展示工程，加快建设扬州非物质文化遗产戏曲园基地（戏曲园）。推动古城核心景区创建国家 5A 级景区。[①]

二是在城市发展目标和具体保护建设战略上，很早明确了"文化立市"的目标，并且，在具体保护建设的战略上，当经济建设与文化保护冲突时，经济建设向文化保护妥协，经济发展让位古城保护，跳出老城建新城。

与其他运河文化积淀深厚的城市相比，扬州是较早提出"文化扬州"的城市，从国外世界级城市文化资源发展的经验来看，这些城市往往都非常重视文化规划，明确了"文化立市"的主导思想。例如，伦敦 2004 年 4 月公布的《市长文化战略》，提出要维护和增强伦敦作为"世界卓越的创意和文化中心"的声誉，成为世界级文化城市。纽约是世界文化俱乐部，

---

① 扬州市"十三五"文化发展规划. 扬州市政府门户网站：2017－01－22.

政府对文化艺术非常重视，每年都有惊人的预算。文化已经是纽约经济中最有动能的发动机，在纽约已成为一个巨大产业，创造着惊人的价值。艺术、设计、音乐、歌剧、舞蹈、电视及电影制作、建筑、出版、时装和广告等领域的发展，在纽约形成了仅次于金融业的第二大行业，2006年，文化产业从业人员达到33.9万人，占纽约劳动力的8%以上。① 作为亚洲的大都市，韩国的首尔2002年将成为"世界一流城市"作为市政最高目标，为实现这一目标，始终把以文化为中心的市政方针放在首位，并确立2015年建成"文化城市"的愿景，制定《为创建"文化城市——首尔"的文化艺术部门十年规划》。新加坡则在2000年制定的新世纪文化发展战略中提出，将新加坡发展成为"一个充满动感与魅力的世界级艺术城市"，确立建设"文艺复兴城市"愿景。

对于扬州这样一座有着2500年建城史的古城来讲，城市建设开发与保护历史文化遗产，往往是矛盾的。但是，扬州地方政府在这方面的成功经验是清醒地认识到历史文化是扬州的根与魂，1992年，当地政府做出重大决策，通过实施"西进南下"的发展战略，跳出老城建新城，为古城区保护和扬州的发展提供了足够的空间，也为城址保护创造了条件。早在1958年，扬州就有了关于铁路的规划。但是，在当时的规划中，铁路要穿过堡城、蜀冈，势必会破坏扬州的古城风貌，最终，建设向保护妥协，铁路规划被"一票否决"。虽然这一否决将扬州人的"火车梦"拖延至2004年，却为扬州收获了中国历史文化名城这块"金字招牌"。经过多年实践，当地政府在文化保护与开发矛盾中，明确了"护其貌、美其颜、扬其韵、铸其魂"的名城保护总体思路，确定了老城区保护总体框架。5.09平方千米的明清古城逐渐恢复风貌，成为中国东南沿海地区规模最大、保存最为完好、最有"中国味、文化味、市井味"的历史城区。②

---

① 吴忠. 提升城市文化软实力的意义与路径选择［J］. 学术界，2011（5）.

② 王鹏，孔茜. 扬州何以成首批"历史文化名城"［N］. 扬州日报，2015 - 04 - 16.

三是在保护开发的具体措施路径上，注意多元化、多角度、多层次保护与开发，重视城市核心文化元素，塑造典型文化品牌。

扬州文化资源保护开发建设是一个系统的复杂工程，多年来，扬州文化资源开发形成了多元化、多角度、多层次保护开发的格局，如既有政府牵头积极申报的世界文化遗产、人类非物质文化遗产、国家非遗保护项目等，也有对民间地方文化民俗的保护；既有以运河、古城、园林等为核心的旅游景点开发，也有对戏曲、饮食等非遗文脉传承人的人才培养；如《十三五文化发展规划》推进了非物质文化遗产的传承和普及，试点开展了"一学校一非遗项目"活动，在中小学校开办了扬剧、曲艺、木偶兴趣班，建立了61个非遗传习所。设置历史文化传承人才保护项目，按照扬州文化学术、艺术、技术分类，积极为代表性人物及代表作品留下音频、文字资料，传诸后世。文化资源的保护开发涉及扬州历史文化的物质遗存、社会遗存和审美遗存等众多方面。

四是扬州文化资源特别丰富的现状，对于保护工作来说，也是一柄双刃剑。文化资源的丰富便于明确保护对象，而"家底子太厚实"也不利于甄别筛选。这使得江苏沿海传统渔村在文化资源保护上，固然不必担心"巧妇难为无米之炊"，但是，也产生了"米太多让巧妇无从下手"的困境。如古城保护涉及城市规划、街区住宅、市民习俗、文学艺术等众多方面，保护古城意味着从物质文化、社会文化和审美文化等方面加以系统规划，这给保护工作带来很大的难度，在具体保护工作中，很难做到规划的全面性、系统性和协调性。

仅以运河文化资源开发为例，扬州运河文化资源涉及运河故道、运河城镇、运河码头、运河人家建筑与习俗、运河闸坝、运河传说、运河文学等内容，当前对运河文化的开发基本停留在运河景观旅游等极其有限的层面上，还有众多运河文化要素没有提炼出来，造成文化资源闲置浪费，如，120公里长的运河扬州段上，密布着邵伯闸、万福闸、芒稻闸、太平闸、金湾闸、施桥闸等大小十几个船闸，这些闸坝有的已经延续千年，它们沟通了长江、淮河、运河、高邮湖等水系，形成了一个便利快捷的水上交通运输网。闸坝文化是扬州独有的运河文化，其他城市的运河段没有像扬州这样如此众多的闸坝。闸坝的建筑、绿化、游乐、通航等多种因素都可以为旅游所用。扬州文化资源开发就应该发挥出闸坝这个独有的文化资源，将其串联、开发。不仅可以让人们了解历代政府为百姓生产生活所付出的努力，也可以让人们感受到新中国在水利建设上的巨大成就，更激发人们保护水资源的责任和义务。① 但是，目前扬州运河文化资源开发体系中，对闸坝文化的关注显然不够。同样，作为扬州文化资源另一个品牌的盐业文化资源，其可以发掘的文化资源极其丰厚，但目前还是更多地停留在盐商住宅、园林等少数几个显性文化资源层面上，对于盐商家族谱系、审美观念、文学创作等隐性研究仍有待加强。更重要的是，文化资源保护既涉及空间、经济等基础性的硬件条件，也牵涉到行政、管理和公共服务等基本的制度环境，还关涉人的保护意识、审美观念等深层次主体要素，对此，在肯定扬州文化资源保护取得成就的同时，也需要清醒认识到遭遇诸多困境的现状。

二、扬州文化资源保护开发面临的问题

扬州文化资源建设，是一项统揽全局、着眼长远的战略部署，只有牢固树立文化发展理念，加快转变发展方式，才能实现扬州从经济型城市向文化型城市的跨越式发展。从某种意义上讲，扬州是运河城市发展的缩影，运河城市带堪称中国明清内陆城市发展的缩影，在运河失去原来经济地位的情况下，扬州既面临跨越式发展的重大机遇，也面临一系列挑战和难题。

在知识经济时代，除了依靠高新科技研发的新能源、新材料之外，一

---

① 吴涛，拾景炎. 开发扬州运河闸坝旅游文化资源［N］. 扬州日报，2006 - 04 - 27.

直被看作"只消费不生产"的文化资源，摇身一变成为财富神话的创造者，为城市经济社会发展提供了可观的"软资源"与文化生产力要素。如果把现代城市的基本模式称为"经济型城市"，那么，从城市发展模式看，都市全球化的一个主导趋势是从"经济型城市"向"文化型城市"的转变。这种转变的原因在于顺应了知识经济时代文化生产力的积极作用。扬州正处于从"经济型城市"向"文化型城市"过渡的阶段，无形的文化资源在城市建设中的作用越来越大，由此引发的矛盾和问题也越来越多，因此，在肯定当前扬州文化资源建设取得成绩的同时，清醒地发现同时存在的问题、困境，对于扬州真正发展"文化扬州"，更具有科学的意义。就扬州文化资源保护开发上出现的主要问题而言，至少有如下几方面。

一是基本概念、基础理论的学理性论证太薄弱。

一方面，缺乏对具体的基本概念的学理论证。扬州文化资源保护与开发，涉及众多基本概念，如物质文化资源、社会文化资源、审美文化资源的分类标准，传统乡村、传统村落、传统古镇的区别，城市文化与文化城市的本体差异，运河古城与运河古镇的不同等，都需要首先从学理上加以区分。以运河村落的保护开发为例，对于对运河村落如何保护与开发、保护与开发什么、保护重点及开发要达到什么样的保护效果，目前还缺乏系统科学的理论研究，尤其对哪些传统运河村落应该纳入保护体系，运河古镇与一般乡村、传统运河乡村与一般乡村有何差异等，这些基础问题都没有厘清，由此往往导致运河村落认定上的"随意性"，保护上的"粗糙性"，开发上的"破坏性"等问题。这些问题也在扬州运河文化资源保护与开发中普遍存在。

再如扬州城市文化、古镇文化、园林文化的保护与开发，更直观地表现在园林物质文化设施层面上，这往往导致人们对城市、古镇、园林文化保护与开发的认识，更多地停留在现实实践方面，过于倚重园林文化基础设施的实践开发，忽视基础理论研究，认为基础理论没有作用。学界研究已经表明，基础理论的学理性论证，是实践展开的逻辑前提，理论论证的缺失，将直接导致现实实践方面的"摸着石头过河"现象的发生，无法保证实践方向的科学性、客观性和前瞻性。当前扬州在城市、古镇、园林文化保护方面，在一定程度上出现了盲目照搬他人经验和肤浅化套用的问题，在很大程度上，都与学理性论证太薄弱有关系。虽然有大量的学术成果论及上述问题，但是，系统的理论论证仍然缺失，与当前火热的文化建设相比，仍然显得过于滞后和薄弱。

因此，要进行正确的保护，先得明确保护的内容，即保护什么？住建部门强调建筑，环保部门注意生态，文化部门看重文化遗产，各家各司其职，各有侧重，也都有道理。因此，文化资源保护开发是一个人文生态和自然生态高度契合的有机系统，既要保护扬州的人文生态，包括建筑、服饰、物种，以及歌舞传说、节庆民俗等非物质文化部分，同时也要保护自然生态，包括山川、河流、湿地、地貌等。这些都是最基础的理论命题，如果连这方面都不去进行系统、科学、全面的论证，那么，在实践中推进的扬州文化资源保护开发，就无法避免频繁的出现各种问题。

另一方面，缺少对"文化城市"这一宏观科学理论的系统论述，混淆了"扬州城市文化"与"扬州文化城市"的本质区别。

推动扬州历史文化名城发展，需要科学的文化城市理论引导，刘士林指出，文化城市理论既适应了现代城市发展的历史趋势，也与当下我国城市发展的经济伦理、审美诉求相一致。有鉴于此，在扬州城市发展方式上，需要用文化城市理念引领扬州历史文化名城科学发展。"文化城市"是以"宜居指数""幸福指数""生态指数"等城市发展观为标志的最新城市化模式，"本质上是一种以文化资源为客观生产对象、以审美机能为主体劳动条件、以文化创意、艺术设计、景观创造等为中介与过程、以适合人的审美生存与全面发展的社会空间为目标的城市理念与形态"①。对于这种凸显城市宜居幸福、文化创新的城市模式，学界往往冠之以不同的名称，例如，"宜居城市""幸福城市""生态城市""绿色城市""健康城市""山水城市""文化城市""文化之都""艺术之都"等，虽然这些概念、内涵并不完全一致，但是，相对于以往恶性损耗自然资源换取城市经济的"经济城市"发展理念，它们普遍具备的一个基本特征在

（卢氏盐商住宅）

于：不再以经济、科技、资源等"硬实力"为城市发展最高目标，而是以人生活的健康、宜居、幸福等文化软实力建设为终极目的。这在本质上与学界提出的"文化城市"的发展理念是完全一致的。扬州得天独厚的历史文化资源现状，为这座历史文化名城实施文化城市战略规划提供给了现实基础。作为运河沿岸文化积淀深厚的城市，扬州可以充分利用、发掘和再创造历史文化资源。但是，对于扬州历史文化名城与文化城市之间的血脉纽带关系，学界一直没有加以系统论述，似乎只有拥有了丰厚的历史文化资源，就一定可以成为文化城市。如早在2002年扬州市就提出"打造文化扬州"，2003年又决定全力构建文化扬州，但是，对于"文化扬州"的内涵理解，基本上还是没有超出"扬州文化"的范畴，没有从本体论上确定文化的地位。这是当前扬州文化资源保护与建设中特别需要注意的。二

---

① 刘士林．文化城市与中国城市发展方式转型及创新［J］．上海交通大学学报，2010（3）．

是当前文化资源的保护偏重物质文化、轻视审美文化，保护模式和手段功利化、粗糙化、单一化倾向严重。

扬州文化资源的保护与开发，可以通过多种途径得以实现，但是，从目前来看，物质文化保护由于具备"摸得见，看得着"的"更顺手"特征，所以做得比较好，很多投资和建设都用在这方面。这固然是扬州文化资源保护与开发不可缺少的内容，甚至是最基础的"硬件"建设，但保护规划同质化、保护主要目的用于商业开发，过于功利性、短视，文化内涵方面的"软件"建设匮乏，由此导致偏重"硬件"，忽视"软件"的保护不平衡问题。如瓜洲、邵伯、湾头等传统运河古镇中，古镇文化保护大部分停留在简单而粗糙的建设设施改造维修、重建上，保护模式和手段单一，开发方式简单粗暴，文化内涵和价值建设基本上处于"粗制滥造"阶段。对此，学界研究者指出，仅仅从当前传统乡村文化举办的节庆活动来看，其运作模式还有有待改进的地方，组织策划也有有待完善的地方，还一定程度存在"为办节而办节"的问题，市场化、商业化程度不够，群众的主体性没有得到很好地发挥。这些在扬州文化保护和开发方面，都应该引起足够的重视。

三是传统文化资源内涵提炼上的"简单化"和形态上的"粗放化"。

在现代文明浪潮严重冲击传统文明的当下，保护扬州传统古镇、饮食、民俗等文化还具有落实"让城市融入大自然，让居民望得见山、看得见水、记得住乡愁"的现实人文价值。但是，扬州传统文化资源的保护工作，从内涵上讲，理想的保护模式应包括空间形态合理拓展、文化传承创新，但受到重经济轻文化、重物不重人等影响，"同质竞争"、缺乏特色和创新，这些成为影响当前扬州传统文化资源保护质量的主要问题。因而在文化资源模式发掘创新上比较简单，总体上是对其他地方的"高仿"，自己的资源禀赋和特长没有发挥，丧失了自我的存在。对于扬州文化资源内涵深层结构、精神特征缺乏高度提炼，同为古运河城市，扬州运河文化究竟与紧邻的镇江、淮阴有什么区别，与纯粹江南的杭州、苏州，与北方的临清、济宁等文化资源的差异性比较仍为空白。在运河文化保护模式和经验上，存在着与国内其他运河城市"似曾相识"的现象，内涵提炼上过于"简单化"，形态塑造上仍停留在"粗放化"阶段。

四是文化资源深层次发掘不够，过于注重城市品牌形象塑造。

按照美国城市学家芒福德的观点，如果一个城市所实现的生活，并不是它自身的一种褒奖，那么，为城市的发展形成而付出的全部牺牲，就将毫无代价。这句话同样适用于当前扬州城市品牌建设上。城市品牌是城市的名片，是城市的无形资产，在现代高度发达的信息传播时代，有了这张耀眼的名片，优秀的城市品牌可以让知名城市"锦上添花"，让默默无闻的城市"一夜成名"，这并非神话。正是因为这个原因，倾尽全力打造城市品牌，已经成为许多城市建设者的共识。于是，近年来，城市品牌塑造热潮惊涛拍岸，在我国城市化进入如火如荼的阶段，引发无数城市"竞折腰"，也就不足为奇了。

近年来，扬州的媒体也宣传过"运河之都""世界运河城市之都""美食之都""宜居城市"等，甚至有学者专门撰文论述扬州构建"休闲之都"的优势及对策。但问题在于，一方面，这些响亮的名头，在其他城市早已"众声喧哗"，扬州再塑造这样的城市品牌形象，根本无法体现扬州与其他"运河之都""美食之都""宜居城市"的本质差异，因而最终无法彰显扬州历史文化资源的特色。另一方面，虽然扬州不像有些城市文化资源贫乏却扎堆打造"休闲之都""娱乐之都"，扬州历史上并不缺少充足的休闲娱乐审美文化资源，甚至这样的文化资源非常凸显，提出打造这类城市品牌，完全不同于那种不甘寂寞"一拍脑袋"戴上某某之都品牌高帽的作秀行为。

但是，与上述文化资源先天不足却强行建设某种品牌的城市不同，扬州城市品牌建设，很容易因为自恃"家大业大"地恶性损耗，而导致了文化资源的另一种枯竭。因为"家底子太厚实"是一柄双刃剑，往往不利于甄别筛选。更重要的是，文化资源保护既涉及空间、经济等基础性的硬件条件，也牵涉到行政、管理和公共服务等基本的制度环境，还关涉人的保护意识、审美观念等深层次主体要素，由此导致了要么是这些城市许多宝贵的文化资源不被列入保护对象，处于一种"温水煮青蛙"的"渐进式消亡"，要么是自恃资本雄厚，不愿意耐心梳理文脉，野蛮开发，导致城市文化审美精神的迷失，城市品牌成了捞金的名利场，城市中的男女早已经失去了"月上柳梢头，人约黄昏后"的兴致和耐心，人们的休闲娱乐方式也与历史文脉中的消费娱乐方式发生了惊人的转变。如此一来，即使塑造了名副其实的休闲娱乐之都品牌，也无法让城市中的人真切享受到休闲娱乐的乐趣。扬州拥有充足的文化资源还不够，只有不让它荒芜，不断地深层发掘，才有可能真正创造出相应的城市品牌。基于土豪式的不计成本的物质投入而打造出来的城市品牌，甚至为了打造城市品牌而不得不"付出的全部牺牲"，都无法让城市人的生活更美好，相反，因为恶性损耗城市资源，而导致城市空有一个品牌外表，却失去了鲜活生动的"里子"，城市品牌不仅无法带给城市预期的利益，反而拖累了城市的发展，这样的城市品牌建设即使牺牲再多，也没有意义。这是当前扬州城市品牌建设上，特别需要注意的问题。

除此之外，扬州文化资源开发还有很多问题亟待解决，如经济规划凸显，文化规划淡出。城市发展仍然过分依赖经济规划，或主要根据经济规划来制定文化发展框架，文化搭台经济唱戏的局面依然没有改变。文化产业占 GDP 比重偏低。产业结构不尽合理，文化服务业发展水平不高。文化制造业创新能力欠缺，与科技融合不够。凡此种种，都需要在未来的文化扬州城市建设中解决。

三、"文化扬州"的理论阐释与实践路径

扬州很早就提出打造"文化扬州"，但是，并没有从根本上区分它与

"扬州文化"的本质差异，发掘扬州文化资源，这需要从学理上对此加以理论阐释。这可以转化为三个问题，一是引领扬州打造"文化扬州"的"文化城市"的学理性基础是什么，二是"文化扬州"的城市形象如何定位，三是文化扬州实践路径有哪些。

（一）引领扬州打造"文化扬州"的"文化城市"的学理性基础。

首先，马克思曾经说过，工业文明是一本打开了的体现着人类本质力量的书，这本书的灵魂就是产业哲学，它的骨骼与内容是一副徐徐展开的体现着人类本质力量的人文画卷，那就是城市文化。虽然马克思关注城市文化发展的时代背景已经远离今天一百多年了，但是，其对于城市发展的科学意义并没有因为那个时代的过去而失去了真理的价值。一方面，在过去的城市化发展最迅速的一百多年里，无论是资本主义城市化过程中物质文明高度异化引发的"城市病"，还是发展中国家城市化初级阶段经验不足伴随的"城市文化危机"，都证明了马克思当年所说的城市文化对于整个人类城市文明进程举足轻重的意义。另一方面，按照今天城市文化学家们的说法，在经济全球化的时代背景下，传统城市化进程正在被以"国际化大都市"及"世界级都市群"为中心的都市化进程所取代，作为传统城市化的"升级版本"与当代形态，都市化进程已经不再以打破农业经济、积累城市财富为第一要务，而是以发展更为自由艺术的城市文化生活空间作为首要革命对象。这就是现代西方都市化进程中"文化之城""艺术之城"的历史潮流发生的深刻背景。

人人都知道城市文化对于城市发展的重要意义，各国城市也把发展城市文化作为个体城市的"名片"来看待，但是，对于城市文化这个"事实的观念"则往往"可能是错误的"。一个当前普遍存在的城市文化问题是，把城市文化当作一种附属于城市的文化，而不是从本体意义上对文化的发展加以建构，从而导致文化无法成为体现工业文明成果的现代大都市的灵魂，因此，如此城市文化建设从一开始就注定了是一种纯粹的城市政治文明、物质文明的附属物，虽然它可能对于城市发展起着一定的甚至很大的作用，但是，一旦到了城市文化发展更高逻辑环节即文化城市、艺术城市的建构时期，就明显地暴露出文化底气不足的致命缺陷。这显然不是马克思说的可以体现工业文明灵魂和内容的城市文化。在马克思的经典话语中，城市文化不仅是一种可以最终支持城市发展的文化力量，而且体现了人类创造城市生活的自由目的，因为人的本质力量就是面对自然客体实现人自身的自由与解放，如果把人的自由仅仅看作创造出了繁华的城市以及物质财富，而不能在城市中获得审美的、艺术的生活空间，相反，人们成为城市这个庞大机器中的一个附属零件，甚至成为被城市严重压抑和剥夺人的需要，如此"异己的对立物"城市显然不是人类智慧的最终目的。因此，一座仅仅依靠发达的城市文化旅游为城市经济积累黄金白银，而不能实现市民审美的幸福的"诗意地栖居"的城市文化理念，并不是真正意义上的城市文化。

按照当前城市文化学家们比较普遍的观点，所谓的马克思意义上的城市文化指的是一种"文化城市"，这当然不是词语调换的文字游戏，而是在本质上属于不同于"政治城市""经济城市"的新的城市发展模式，其核心是一种"以文化资源为客观生产对象，以审美机能为主体劳动条件，以文化创意、艺术设计、景观创造等为中介与过程，以适合人的审美生存与全面发展的社会空间为目标的城市理念与形态"。无论以政治文明高度发达著称的西方古代都城，还是以高度发达的物质文明著称的当代国际化大都市，都不能轻易地以所谓的"文化城市"来指称，因为所有这些城市文化建设都停留在工具性的技术手段层面上，而不是从关注人的全面发展及文化对于人类文明的终极意义上来建构的。

其次，从城市文化向"文化城市"的转型，有着充分的学理性依据。

一方面，刘士林指出，新中国的城市化进程，主要经历了政治型城市化（1949—1978）、经济型城市化（1978—2005）与文化型城市化（2005

年以来，以"宜居指数""生态指数""幸福指数"等城市发展观为标志)三个阶段。从客观上讲，政治型城市化和经济型城市化既有其历史必然性，也有难以超越的局限性并遗留多种后遗症。具体说来，政治型城市化的根本问题在于导致了城市经济的萎缩与城市人口的下降，而以GDP为中心的经济型城市化则严重破坏了城市生活方式和城市文化生态，两者殊途同归的是，直接威胁到"美好与有意义生活"的城市本质，成为影响中国城市健康发展的主要矛盾和关键问题。① 而在经济型城市化中的"国际化大都市"战略，也就是芒福德反复提醒人们要警惕的"罗马化"的中国版本。值得庆幸的是，新时期以来，我国很多城市在发展思路上不约而同地出现了"文化自觉"，如最先以"宜居城市"为战略目标的首都北京，就是从城市环境角度开始清理经济型城市化的后遗症。如2007年春夏之交，上海明确提出建设"文化大都市"，则是从城市文化功能建设角度开始探讨城市发展新路。文化城市本质上是一种不同于"政治城市""经济城市"的新的城市发展模式，其核心是一种以文化资源为客观生产对象、以审美机能为主体劳动条件、以文化创意、艺术设计、景观创造等为中介与过程、以适合人的审美生存与全面发展的社会空间为目标的城市理念与形态。对于中国而言，一方面是有限的环境与资源无法支撑正在行走的"旧型工业化"道路，改变经济增长方式已成为悬在当代中华民族头上的达摩科利斯之剑，另一方面，作为一个拥有悠久历史传统的文明古国，丰厚的文化资源为发展文化生产力提供了"地大物博"的生产对象，这两方面的现实因素与景况结合起来，使文化城市必然要成为中国当代城市发展的重要思路与奋斗理想。就此而言，由亚里士多德天才预见、经芒福德全面展开、被中国经验深度参与的文化城市发展模式，应成为人类在城市时代的

---

① 刘士林. 文化城市与中国城市发展方式转型及创新［J］. 上海交通大学学报，2010（3）.

最高的发展理想和历史必由之路。①

由于"城市问题""文明病"在迅速的城市化进程中不断升级，使城市社会的生活环境与精神生态日趋恶化。虽然问题的很大一方面是经济社会发展失衡的后果，但是，在城市发展的逻辑上却只能通过建设城市精神文明来解决，文化城市建设则代表了人类城市文明史上的更高逻辑环节，是最能体现人类文明发展高度的新型城市。我国从十五大报告开始，国家领导人就提出了文化是综合国力的表现，尤其是在城市化过程中经历了经济型城市阶段之后的发达城市，扬州正在从经济城市向文化城市转型。

另一方面，就当前城市化进程的实际情况来看，目前城市发展已经处于知识经济时代，来自工业文明时代的高新科技研发的新能源、新材料等"城市硬件"在新一轮城市发展面前"后遗症"凸显，一直被看作"只消费不生产"的精神文化摇身变为财富神话的创造者，并为城市经济社会发展提供了可观的"软资源"与文化生产力要素。而且，在经历了"经济型城市"物质文明财富生产对人性的严重"异化"之后，城市学家们终于认识到城市并不仅仅意味着不断地追求物质财富，相反，文化城市的发展对于增强城市社会的和谐，促进城市社会的科学与可持续发展，具有更为重要的理论与现实意义。

（二）"文化扬州"的城市形象定位问题。

根据文化城市建设的理念，经历了"经济型城市"的扬州需要实现从扬州文化到文化扬州的转型，事实上，早在很多年前，扬州已经提出了建设"文化扬州"的战略方针，并推出了一系列的措施，践行扬州作为我国首批历史文化名城的文化发展目标。这是扬州坚持文化城市建设之路的逻辑起点。恩格斯说，一个民族要站在科学的最高峰，就一刻也不能没有理性思维。同样，一个城市要站在科学发展的最前沿，也一刻不能没有思考

---

① 刘士林．文化城市与中国城市发展方式转型及创新［J］．上海交通大学学报，2010（3）．

自身文化资源优劣的理性思维。尤其在全球都市化的历史进程下，文化城市建设成为一种"世界现象"的时候，更应该保持理性的头脑去思考自身文化的优势与不足。毕竟文化城市的建设并不是一个简单的文化旅游和遗产申报，而是一个复杂的文化系统工程。而在所有文化城市建设中，首先需要解决的问题则是文化城市形象如何定位。正如同人们通常把文化看作城市的名片一样，文化城市形象无疑就是城市的脸。

当前的扬州城市文化形象定位主要集中在运河上。虽然历史上的运河城市也很多，但是，在明清时期运河沿岸城市中，就城市规模、经济实力、政治影响等城市硬件上，可以和当时扬州媲美的并无第二个。从这个意义上讲，扬州以运河作为城市文化形象的品牌，无疑体现了文化形象定位应该具备鲜明性和独特性的科学原则，这对于扬州城市知名度的宣传及城市文化的历史记忆，都起着最直接的作用。尤其在全球化经济背景下，保持城市自身独立的个性特征，对于这座城市的未来发展，无疑也占据重要的位置。事实上，很多人知道扬州，也正是从大运河才开始的。也正因为如此，扬州的文化城市建设路线始终没有放弃这个法宝。

但是，如果以理性的思维反省这个问题，则正如西方哲学家康德说的，在理论上行得通的，在实践中往往行不通。城市文化形象定位鲜明性和独特性带来巨大益处的同时，往往伴随着一个潜在的隐患则是，个性化的城市文化形象容易造成整个城市文化结构的单一化和平面化，由此削弱城市文化整体内涵的广度和深度。文化城市在结构上并不是单一的平面化的"面子工程"，而是多元化、多维度的立体纵深构造，虽然出于城市文化形象定位直观性和鲜明性的需要，不应该也不可能让一个城市文化形象包含着过于复杂多元的层次构造，但是，这并不等于说设计出来的城市文化形象成为一个孤立的文化影像。文化城市形象非常具有西方现象学的意义，即从作为现象的表层上来看，一个城市的文化形象应该是直观的感性的，能够让人产生情感上的冲动和审美想象的空间，这是吸引一个人来这个城市的基础，同时也是这个城市宣传效果的资本资源。但是，作为这个城市文化的本质则是"现象背后的现象"，是通过典型特征来体现复杂内涵的深层世界。对此，可以从两个方面加以论述。

一方面，城市形象自身虽然是一种最直观的感性存在，但是，在这种直观感性存在的背后应该能够具有深刻的文化内蕴，而且，尤其重要的是，这种文化内蕴并不是仅仅来自这个形象自身的文化历史，而是整个城市文化的深层结构。这就好比一个人的脸，给我们直观的印象之后不可能就是这个人的全部性格，而是一种越看越有味道的所谓人格魅力的集中体现。

在这个意义上看扬州的文化形象定位问题，以运河定位城市形象，固然可以发挥知名度的作用，但是，从人的心理学认知的角度上说，当我们首先看到这个城市文化形象的时候，先入为主的思维模式往往使我们把最初知道的形象作为城市文化的全部。换言之，扬州的城市文化就只能留在运河文化层面，或者运河文化就等于扬州城市文化。为此，要么以"运河之都"作为城市形象，但是这仅仅是扬州文化城市形象定位建设的第一步。我们需要在这个单一的文化城市形象背后，增加更多的文化结构和文化内涵，让所有抱着运河文化印象来扬州的人，到这个城市后，不仅能够真切地感受到扬州运河文化的魅力，同时，又不会仅仅停留在运河文化这一孤立元素上。这就需要开拓运河文化城市形象背后的内涵和深度，如运河古城遗址、运河古镇、运河闸坝、运河村落、运河习俗、运河美食、运河文学、运河传说等，不能把运河文化资源局限于运河旅游、运河博物馆、运河主题公园等简单开发上。要么，对扬州城市文化形象进行重新定位。当然，如果一个城市的文化资源非常有限，就只能依靠现有的运河文化资源，但是，扬州并不是一个缺少历史文化资源的城市，如果运河文化形象过强，就会严重压抑和遮蔽其他文化内涵。从这个意义上说，扬州运河文化之都的文化形象过于强势，很容易对其他文化形象带来巨大的冲击。如扬州农业蚕桑文化也很发达，但是长期被运河盐文化掩盖，扬州在历史上是著名的海港城市，拥有发达的船舶制造业，但是，过分彰显运河文化的同时，也遮蔽了海洋文化资源的发掘。

另一方面，我们之所以设计出一个鲜明的城市文化形象，就是为了让人更好地记住这个城市，但是，这并不是目的，而只是一种技术层面上的手段和工具。如果一个城市的文化内涵完全可以通过作为脸面的文化形象一览无余的话，那么，这个城市文化形象的定位只能发挥鲜明个性的作用，并没有起到城市文化建设的作用。澳门城市文化形象定位就是一个教训。长期以来，澳门城市的文化形象定位一直是博彩业，事实上澳门的博彩文化也是这个城市经济的支柱，但是，澳门的历史文化资源远不止于单一的博彩文化，以12座"澳门历史建筑群"为代表的物质文化遗产，成功申报了"世界文化遗产"之后，人们才突然发现，原来澳门的城市文化并不仅仅就是博彩。所以，澳门开始重视文化城市建设中的全方位开发，解决过分依赖博彩单一文化形象的问题。

这为扬州城市文化形象定位，提供了非常好的思维借鉴。如果过分依赖运河文化资源塑造运河之都，而不深化其文化结构和内涵，城市文化产业无疑存在单线而脆弱的风险，而且，还容易导致扬州城市文化资源广度和深度的丧失，这往往与发展文化城市的理念背道而驰。

所以，"文化扬州"城市建设绝不应该简化为"运河文化扬州""美食文化扬州""盐文化扬州""园林文化"等，而是要全方位开发扬州运河文化、盐文化、饮食文化、园林文化等各种资源，加大对扬州多层次历史文化资源开发的力度。让每一个来扬州的人都能感觉到扬州文化的多元性、丰富性、层次性，让扬州人真切感受到生活在文化中的美好，这也是文化城市建设努力实现的目标。它不仅改变了以往扬州文化在人们心目中单一的形象，深化和开拓了扬州城市文化的内涵结构，而且对扬州城市文化形象定位如何切近文化城市本身，都具有积极的借鉴意义，其意义远远超出了纯粹的城市形象塑造本身。

（三）以"文化城市"引领的"文化扬州"城市发展，在现实中如何展开呢，或者说，"文化扬州"的实践路径有哪些呢？现代文化城市建设理念认为，文化城市的建设应该遵循分层次、分目标、可操作的文化系统模型。为此，可以从如下几个方面展开。

首先，城市发展理念上，要建立跨区域文化板块联合发展的理念，争取城市文化生存空间。

一方面，走出狭隘的扬州区域城市文化发展理念，把扬州城市文化建设纳入长三角城市群、运河城市、沿江城市等系统中，要有气魄建立跨区域城市文化的长三角大文化城市群、运河文化城市带、沿江文化城市带，要敢于和周边文化结构同质性、相似性的区域，建立一体化的文化城市群（带），以此作为未来城市建设新理念，为扬州文化城市建设开拓新的生存空间。扬州历史上一直被作为江南的一部分，在文化范畴内，一直属于典型的江南，与江南文化有着同质性的特征，早期扬州还紧邻长江，属于典型的沿江城市，因此将它列入沿江城市带也不存在任何问题，再加上扬州已经被纳入长三角城市群，所以，今天的扬州文化建设建立跨区域的文化群（带），是有着充分的历史文化基础的。在这个意义上，江南、长江、长三角都与扬州有着不可分割的历史渊源，把扬州文化资源开发纳入更广阔的地缘文化板块中，进一步建立同质性、相似性文化板块内部的联系，共同发展运河文化带、长江文化带、江南文化群落、长三角文化群落的文化事业，这是在未来文化城市竞争中实现自身突破的一个新的文化增长点。

另一方面，在扬州城市文化资源的内部空间开拓上，要以扬州独特的城市景观设计理念、城市文化氛围、城市居民生活形态为核心的非物质文化遗产资源，作为扬州文化城市建设的新空间，实现扬州从单一的运河文化形象向多元化、多层次、多结构的文化城市转型。扬州文化既具有江南

225

文化的整体风格特征，同时又具有运河文化相对独立的文化特征，因此，在实现扬州文化城市设计的理念上，应该充分考虑到以江南文化的大背景展示自身独特性的思维，如果不对江南文化的深厚背景加以吸收融合，则注定这样的文化城市是孤立的文化模式；如果不彰显运河文化特色，又会因为没有个性而最终淹没于江南文化城市群落中，只有依托雄厚的江南文化历史资源，再进行个性化的运河文化加工，才可能保持扬州文化之城的永久魅力。这是扬州发展文化城市中需要特别注意的问题。

其次，在文化城市规划上，进一步制定并完善扬州文化保护与开发的"整盘棋""一揽子"总体规划和战略，使扬州文化资源保护开发工作系统化和规范化。在此基础上，塑造"运河扬州"典型文化符号，提炼出同为运河城市的扬州与其他运河城市之间的差异性。

文化资源的保护开发都要特别强调顶层设计的重要性，虽然扬州历届政府都注重文化发展的规划，但是，由于扬州文化资源特别丰厚的现状，以及文化资源保护开发特别复杂的特点，目前扬州文化保护开发落实到具体实施上，仍然呈现"各自为战"的松散状态。为此，应当尽快制定更加系统的发展战略，要把规划的中长期目标进一步"微观叙事"，要注意从总体上规划扬州文化保护与开发的系统性方案，把扬州文化资源的保护与开发作为一个完整的"板块"，消除地方保护主义的割裂状态。

运河文化保护要特别强调运河文化建设的内涵提炼，为此，需要特别强调运河扬州建设的文化主题、文化内涵、文化符号、价值理念的塑造。需要进一步明确扬州运河文化资源建设的主题精神。运河文化的主要特色是"人工河"，不同于内陆的"自然河"，在运河文化资源的多样性结构中，既要凝聚扬州运河文化的整体特色，使之区别于运河沿岸其他城市的文化，打造运河扬州文化符号，同时，要提炼出扬州运河城市、运河古镇、运河乡村、运河园林、运河人家、运河习俗、运河文学等各自特色。例如，瓜洲与邵伯、湾头等同为扬州最著名的运河古镇，保护开发瓜洲古镇文化资源，要从古镇的建筑规划、园林码头、风俗礼仪、起居饮食、方言民谣等方面提炼出瓜洲古镇与其他运河古镇之间的相同和差异。

再次，在技术手段上，要将传统文化的保护传承与创新发展相结合，推进先进的科技保护手段，加快扬州文化融入"智慧城市""智慧古镇""智慧古村"的建设，大力发展文化创意产业。

学界研究者指出，运河文化是运河城市漫长历史的积淀，运河城市文化、运河古镇文化、运河乡村文化更是运河文化的升华。在开展传统运河民俗节日文化活动中，除了要继承优秀传统文化，保留独特的运河文化风韵外，更要紧跟时代步伐，为其输入当下新时代的新鲜血液，赋予扬州传统运河民俗节日文化以新的内涵。只有这样，传统运河民俗节日才能更加符合时代发展的节拍，才能为更多人所接受，才能有一个更为广阔的发展舞台。当然，创新发展并不是对传统运河民俗节日文化的否定，而是在继承和发扬其优秀、独特的地方风韵的基础上的再创造。对此，在扬州运河文化保护过程中，需要特别注意传承与创新的关系，保留传统运河文化的原汁原味的同时，又注入新的创意产业文化理念，这才是正确对待、传承与保护应该采取的态度和方法。

鉴于当前扬州古镇、古村文化保护方面相对落后的现状，我们应该充分发挥当代高新科技在运河古镇、古村文化建设中的作用。例如，当前我国智慧城市的一些主要技术和基础设施，已经在城市化进程中得到普遍认可，并且在许多城市文化保护中得到实践，对此，乡村文化保护上也不应把智慧手段排除在外，应当大力借鉴智慧城市在物质文化保护上的经验，打造智慧运河古镇、智慧运河古村，实现现代科技为传统古镇乡村文化服务的目的。扬州靠近上海的区位优势明显，长三角龙头城市上海的技术优势，完全可以更多地借鉴和运用到扬州文化的智慧城市建设上去，再通过辐射的方式，对扬州古镇乡村的文化建设提供帮助。

学界指出，挖掘扬州智慧城市建设，要把握两个方面：一是满足食品安全、产业发展、村民互动等硬性的信息化需求；二是要挖掘智慧村镇建设带来的文化、环保等软环境的改变。这在扬州"智慧城市""智慧古镇""智慧乡村"文化建设方面，同样具有重要的启示意义：一方面，"智慧城市"不是仅仅依靠科技智慧就能全部涵盖的，这些只是"智慧城市"文化建设的"硬件"。另一方面，相对于智慧城市、古镇、乡村的硬件建设，软件建设要凸显扬州地方文化的内涵、价值、精神特征。要把扬州文化资源的本质特征和深层精神结构凸显出来，嫁接在科技智慧的层面上，这才能构成真正意义上的智慧城市，这与当前许多城市仅仅依靠蒙上一件科技智慧的外衣，就宣称建设成功智慧城市，有着本质的区别。

文化城市构建重在推动文化的创新与发展，文化发展的重要内容是文化产业的发展。文化产业就是按照工业标准，生产、再生产、储存及分配文化产品和服务的一系列活动。智慧城市建设尤其需要推进文化创意产业，扬州打造文化型城市离不开运河文化创意产业规划，其具体形态至少可以从如下五方面展开：一是运河文化会展业。包括运河展览馆、运河文化博物馆、运河文化艺术节、运河文化主题公园等。这是打破单一的运河旅游文化产业，实施运河文化创意产业工程的重要举措。二是运河文化演出娱乐产业。包括体现扬州地方运河文化的表演艺术、剧团演出、娱乐场馆等，尤其是运河航运活动等重要文化创意产业，急需大力发展。三是运河文化创意设计业。包括运河文化广告、运河摄影、图像、工艺产品加工等。四是运河文化影视传媒。包括运河文化宣传图书期刊、音乐出版、运河影视外景基地等。五是运河文化经贸服务业。包括运河文化艺术、运河文化品牌授权等。

就文化旅游而言，建议可以从如下几个方面入手：（1）实现旅游基础设施一体化。（2）实现旅游机制一体化。当前这方面问题特别严重，例如，对旅行社的异地开办和异地导游制度的限制、有形和无形的价格壁垒、禁止外地旅游车入城、入景区等限定措施，旅游行业的多头管理等现

228

象，已经成为区域旅游一体化的主要阻力。（3）实现旅游产业一体化。通过完善基础设施、创新旅游机制体制，各城市的旅游产业得以集聚、优化和重组，实现优胜劣汰，摆脱过去小、散、弱、差的局面，打破产品雷同、市场雷同、营销雷同的发展模式，避免低水平的内耗和竞争，打造旅游产业航母，促进扬州的旅游经济发展。（4）文化基础信息一体化。实行扬州城区之间、城乡之间文化资源共享，公共文化产品共建，文化信息公开、透明，强化文化信息资源互通，以提高文化资源使用效率和投资效率。（5）从区域整体文化利益出发，根据国家和地方文件精神，梳理各自现有的政策和规章，减少不同文化板块之间在税收等特殊优惠政策方面的差异，对各种文化经济主体根据国家有关规定，实行无差别国民待遇等。

美国城市学家芒福德指出，中世纪城市有一个很大的优点，就是实现了城市的审美与艺术本质。"从美学上看，中世纪的城市像一个中世纪的挂毯：人们来到一个城市，面对错综纷繁的设计，来回漫游于整个挂毯的图案之中，时常被美丽的景观所迷惑：这儿是一丛鲜花，那儿是一个动物、一个人头塑像，哪里喜欢，就在哪里多停留一会儿，然后再循原路而回；你不能凭一眼就能俯瞰设计之全貌，只有在彻底了解图案中的一笔一勾，才能对整个设计融会贯通。"① 一言以蔽之，中世纪城市之所以是理想的，不是因为它们在物质上有多大进步，而是"取得了过去城市文化从未获得的成功"②。今天，我们在城市建设方面，应该吸取对文化特别重视的经验，充分发掘城市的文化资源，从美的规律的角度去塑造"文化扬州"。

---

① （美）刘易斯·芒福德. 城市发展史——起源、演变和前景［J］. 宋俊岭，倪文彦，译. 北京：中国建筑工业出版社，2005：325.
② （美）刘易斯·芒福德. 城市发展史——起源、演变和前景［J］. 宋俊岭，倪文彦，译. 北京：中国建筑工业出版社，2005：336.

后　记

二十多年前，还在南京读书的我，第一次去扬州，清晰记得一个人早早去了当时的中央门汽车站，一路颠簸，终于到了扬州。当天下午游玩了瘦西湖，见到了著名的二十四桥。真的应了现代作家们的话，看着一块牌子上写着二十四桥字样，心中有些莫名的失落和惊诧。但是，看了旁边"照相收费，立等可取"，很快心情大好，花了几元钱照相完毕，算是到此一游的明证。

十年前，已经人到中年，又去了上海读书。机缘巧合，跟着导师做江南文化的课题，其中一个子课题是扬州都市文化研究，于是，我的博士论文选题就顺理成章地成了扬州都市文化研究。此后，扬州成为我学术研究的主要方向。

四年前，以扬州文化资源研究为选题，申请了江苏省社会科学规划基金，三年前，又以"江南小说"为选题申请了教育部社科基金，其中，扬州文化资源中的"扬州小说"，恰恰是教育部社科基金项目的一个重要内容。于是就有了这本书稿。限于个人水平，文中疏漏和不当之处，敬请方家批评指正。另外，书中个别图片的使用，由于种种原因未能联系上作者，在表示感谢的同时，请相关作者直接与本人联系，以便及时奉上稿酬。

时光匆匆，初去扬州至今已二十五载，当书稿校对完毕，等待出版时，念及青春美好岁月，忆及中年求学之路，依然感慨唏嘘。

张兴龙

2018 年 9 月于连云港